U0932275

2018年卷

中国比较法学

改革开放与比较法

THE CHINESE JOURNAL OF COMPARATIVE LAW

主　　编◎高鸿钧
执行主编◎王志华　于　明

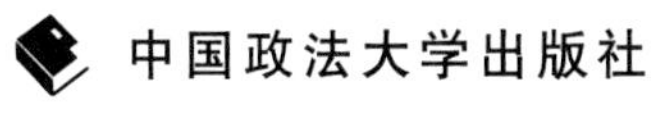
中国政法大学出版社
2019・北京

本书由中国法学会资助出版

卷首语

中国比较法学自近代以来的产生与历史发展应以1949年为界，分为前后两个不同时期；1949年以后又可以1978年为分界点划分为两个历史阶段，即前三十年（1949—1978年）和实行改革开放政策的后四十年（1978—2018年）。

1949年之前，中国近代比较法学从产生到发展，应该说取得了一定的成就，主要体现在外国法的译介、讲授，培养了一批具有外国法学教育背景的法律人才。这一时期，法学界虽然对比较法学基础理论进行了有益的初步探讨，但仍处于掌握和消化外来比较法知识阶段，尚未达到根据中国法律传统和法制发展状况进行研究开拓的理论自觉。一个明显的例证是没有产生一部真正的比较法基础理论著作，唯一一部类似概论的著作——《比较法学概要》（龚钺著，商务印书馆1947年版）却有其名而无其实，按照现代学界对比较法的认识标准，其内容与我们对著作名称所期待的比较法学基础理论可谓全然没有关系。法学期刊发表的关于外国法和比较法的论文，基本属于基础知识介绍和相关论题的分析，缺少理论高度。

中国近代的比较法教育独具特色。在全盘移植西方法律制度的大背景下，近代初期普遍的外国法教学便成为一种必然选择。其中东吴大学法学院或称中国比较法学院（The Comparative Law School of China）最为典型，其教学即采用外国法教材，以英语开展教学，在这个过程中，不仅推进了外国法律制度的传播，也带来了法律思维和法律意识的直接输入。当然，随着国民政府“六法全书”的颁布施行，这一外国法教学模式也随之寿终正寝。南京国民政府时期开始通过国家干预而加入本国法的必修课程，这多少改变了带有殖民色彩的纯粹的外国法教育机制。与此同时，由于近代法律体系的初步建立，也为中国学者的研究提供了“中国”自身的可比较对象。1949年以后，中国共产党政权废除国民政府“六法全书”，在法律上全面学习苏联，另起炉灶。学习苏联法的过程进行得轰轰烈烈，在短期内翻译了大量的苏联法资料，仅1952—1958年间就有数百部苏联法学家的著作和高等院校的法学教材被翻译成中文出版。另外还有为数众多的法学论文、法规资料见诸各种书刊杂志。但移植苏联法的实际效果并不理想，中国并没有按照最初设想的那样，在学习苏维埃法经验的基础上如期建成中国自己的法律体系，而这主要是国内政治运动不断、法律虚无主义盛行的原因所致。1949—1978年可谓中国比较法的空白期。1957年倪征燠教授曾呼吁“救救比较法”！但是，那一特殊时期实际上需要拯救的不仅仅是比较法，而是整个中国的法制和法学。没有健全的法制作为基础和原料，比较法学乃至整个法学都失去了生存和发展的土壤。

自1978年中国共产党第十一届三中全会确定实行改革开放政策至2018年以来，经过四十年的发展，中国社会经济突飞猛进，综合国力极大增强，所取得的成就有目共睹。与此同时，中国法学与比较法学也与时俱进，在这四十年中得到了飞速发展，并为中国的法制建设做出了贡献。但中国比较法学在这四十年的发展过程中发展状况如何，具有怎样的优势，还存在哪些不足，其与改革开放的关系如何和未来如何发展等这些问题，都应当很好地加以总结。

按照中国传统的说法，四十乃是人生的不惑之年：尽管未来之路仍然充满变数，但对于世界的认知和对待人生的态度已经确定。对于国家是否如此？2018年，中国的各个领域都以不同形式纪念改革开放，这一年是一个应当纪念也值得纪念的年份。历史也终将证明，这一年或将象征着一个时代的结束和一个新的时代的开始。

正是基于以上原因，2018 年 4 月 21—22 日在宁波大学法学院举办的比较法年会便将“改革开放与中国比较法学”确定为年会的主题，与会者回顾过去，展望未来，围绕中国比较法学四十年的发展和存在的问题进行了广泛而深入的探讨，其文字成果则结集为《中国比较法学：改革开放与比较法》（2018 年卷）。

本卷论文集文稿的编排整理和联系出版事宜主要由研究会副秘书长于明负责，宁波大学法学院和董茂云教授为本次年会的筹备做了大量工作，中国政法大学出版社冯琰主任和项目编辑吴濛为本论文集的出版付出了辛苦努力，在此一并表示感谢。

王志华

2019 年 10 月 10 日

目录

第三编 比较法论文

第一编　改革开放与比较法专栏

改革开放与中国比较法学的成长*

高鸿钧**

今年（2018 年）是中国改革开放四十年。各个行业和学科开始举行一些纪念和庆祝活动。值此之际，中国比较法学回顾过去的发展经历，总结所取得的主要成绩，有助于认清自己所处的位置和主要任务，正确地应对世界格局的变化和新科技革命的挑战，从而为中国法学和法治的发展中做出更重要的贡献。

一、中国比较法的四十年和三阶段

改革开放以来，中国比较法学主要经历了三个发展阶段。

（一）“重新开眼看世界”的比较法学（1978—1992）

近代史上，闭关自守的中国突然遭遇“三千年未有之大变局”，在经历了割地赔款的丧权辱国重挫之后，被迫“开眼看世界”，并从比较的视角反思自己的固有传统，审视西方世界。许多志士仁人突然发现，我们一直引以为傲的固有传统，竟然存在某些缺陷，而曾经视为“蛮夷之邦”的西方，在器物、制度和观念上，却有许多值得学习之处。于是中国便发生了洋务运动、戊戌变法和五四运动。

在 1949 年以后的一段时间里，由于国际上的冷战格局和国内极“左”思潮的影响，新中国又一度进入了比较封闭的时期，尤其是到“文革”时

---

* 本文原载于《法学》2018 年第 8 期。

** 高鸿钧，清华大学法学院教授。

期。“文革”结束后，中国再次“开眼看世界”，法学界急切了解国外法治和法学的发展状况。在这种背景之下，中国比较法学得到了迅速恢复和发展。在这个过程中，比较法学领域最重要的发展标志，可以概括为“三三四”。第一个“三”是三份期刊，即《法学译丛》《中外法学》和《比较法研究》。它们是当时比较法学的重要载体，也是中国了解域外法治和法学的重要窗口。第二个“三”是三位代表人物，即潘汉典、沈宗灵和龚祥瑞先生。潘先生主持《法学译丛》并以深厚的比较法学识和开阔视野，亲自选择并翻译了许多重要的比较法文章和著作，把国外比较法学的前沿成果及时介绍到国内法学界；〔1〕沈先生的《比较法总论》〔2〕成为中国当时最有影响的比较法学专著和教科书，对青年学者和学生的比较法学志趣发挥了重要引导作用；龚先生以其深厚的学术功底和新材料所撰著的《比较宪法与行政法》〔3〕一书，令人耳目一新。“三三四”中的“四”是指四部重要著作，即除了上述所提及的两部比较学专著，还有两部重要译著，一部是勒内·达维德的《当代主要法律体系》，〔4〕另一部是茨威格特和克茨的《比较法总论》〔5〕。通过这几位学者及其他学者的努力，20世纪后期西方重要的比较法学著作得以相继介绍到国内。通过这些著作，国内法学界不仅了解到20世纪后期西方乃至世界比较法学发展的主要趋势和重要特征，而且了解到世界主要法系法的变化。〔6〕其中龚先生的著作成为这个阶段部门法比较的先驱著作。他以广阔的比较视野和扎实的专业知识，阐释了西方国家宪法和行政法发展，使国内法学界了解20世纪后期西方福利国家时代

---

〔1〕潘先生在《法学译丛》1982年第1、2期发表的《论规则的模式》译文，是国内最早介绍德沃金的作品。他还将著名法学家耶林的《权利斗争论》(1985.2）译成中文。更为重要的是，潘先生把德国学者茨威格特和克茨的比较法学名著《比较法总论》的部分内容译成中文，相继发表在《法学译丛》上[《比较法的效用和目的》(1982.1)、《比较法的概念》(1983.3)、《伊斯兰法概说》(1984.3）以及《法系样式论》(1985.4)]。与此同时，他还把法国学者达维德的名法学名著《当代主要法律体系》的两章译成中文(《美国法的结构》[《法学译丛》1982.2）和《正义的基本原则——比较法的考察》(《法学译丛》1986.6和1987.1)]。此外，他所翻译的匈牙利学者萨博的《比较法的各种理论问题》(《法学译丛》1931.2)，使中国读者得以了解当时社会主义国家比较法学的发展状况。

〔2〕沈宗灵：《比较法总论》，北京大学出版社1987年版。

〔3〕龚祥瑞：《比较宪法与行政法》，法律出版社1985年版。

〔4〕[法］勒内·达维德：《当代主要法律体系》，漆竹生译，上海译文出版社1984年版。

〔5〕[德］K. 茨威格特、H. 克茨：《比较法总论》，潘汉典等译，贵州人民出版社1992年版。

〔6〕在20世纪50年代至20世纪90年代，国际比较法学界提出认为世界的主要法系是大陆法系、英美法系和社会主义法系。

行政权的膨胀及其行政法发展的新特点和新趋势。

（二）学以致用的比较法学（1993—2008）

随着改革的深入、市场经济的发展和适应“入世”需要，中国开始改革经济体制和推进民主政治。在这个过程中，中国的比较法学努力引进国外的法治经验和法学理论，为中国法治的发展提供可资借鉴的经验。这个阶段比较法学的主要成果在形式上趋于多样化，在数量上急剧增加，其中影响较大者是比较法学期刊、多种丛书和具有特色的学术专著。

第一个阶段的三份重要比较法学期刊〔7〕继续出版，质量不断提高。丛书主要有“外国法律文库”“美国法律文库”“当代德国法学名著”“西方法哲学文库”“宪法比较研究文集（1~3）”“宪政译丛”和“比较法学丛书”等。此外，还出版了许多比较法学专著，范围涉及中西法律文化和制度的比较、〔8〕大陆法与英美法比较以及伊斯兰法〔9〕和非洲法〔10〕等。在这个阶段，中国比较法学重要成果的主要特点是：①研究的范围得到扩展，不仅限于主要法系，还涉及伊斯兰法和非洲法；②深度明显增加，除了一般介绍，许多比较法学成果强化了分析和批判；③比较法研究开始适应国内法治发展和“入世”的需要，特别关注并致力于推动中国的人权发展、司法改革和法律体系的建构与完善；④比较法学在继续译介国外著作的同时，逐渐转向译介与研究并重，例如在“比较法学丛书”已经出版的29部中，有12部是国内学者撰写的比较法学专著。在这个阶段，比较法学在中外比较研究领域和理论与实际相结合上取得了重要进展，为中国法学和法治的发展做出了积极的贡献。

（三）致力于融合与超越的比较法学（2008年至今）

2008年的美国金融危机不仅对美国造成了重创，而且对整个西方产生了重要影响。尽管冷战时期的阴影依旧盘桓，有时回光返照，但福山关于

---

〔7〕其中《法学译丛》改为《外国法译评》，后来又改名为《环球法律评论》。

〔8〕代表性著作是张中秋教授的《中西法律文化比较研究》（南京大学出版社1991年版），至2009年已出四版。

〔9〕其主要著作有：吴云贵：《伊斯兰法概略》，中国社会科学出版社1993年版；《当代伊斯兰教法》，中国社会科学出版社2003年版。高鸿钧：《伊斯兰法：传统与现代化》，社会科学文献出版社1996年版；《伊斯兰法：传统与现代文化》（修订版），清华大学出版社2004年版。马明贤：《伊斯兰法：传统与衍新》，商务印书馆2011年版。哈宝玉：《伊斯兰教法：经典传统与现代诠释》，中国社会科学出版社2011年版。

〔10〕代表性著作：洪永红、夏新华等：《非洲法导论》，湖南人民出版社2000年版。

“历史终结”〔11〕的预言却开始以一种吊诡的方式得以兑现。与此同时，亨廷顿“文明冲突”〔12〕的危言，也在某种程度上一语成谶。此后，美国经过一段时间的徘徊，开始采取收缩政策，从全球化的领头羊逐渐变为全球化的绊脚石，从自由贸易的推动者变为自由贸易的拦路虎。与此同时，欧洲一些发达国家开始急剧分化，要么受到“福利国家”模式的拖累，债台高筑；要么迎合民粹主义的街舞，试图返归民族国家的旧路。与此同时，中国日益成为世界舞台的一支新型力量，在世界经济发展、政治交往和文化对话等方面，越来越发挥积极的作用。在这个阶段，中国比较法学的特点是，一方面积极进行不同法系和不同国家法律制度的深度比较研究，冷静地探索中国法治的发展模式；另一方面开始主动参与和推动不同法律文明和法律文化之间的平等对话，努力推进不同法律文明和法律文化之间的相互包容和互相借鉴。这个方面的代表性著作是，何勤华教授主持的“法律文明史”系列丛书，清华大学法学院法律全球化研究中心主编的“法律全球化丛书”，以及中国围绕实施“一带一路”倡议对非西方国家法律制度和文化的比较研究。

二、比较法学的成绩和不足

（一）比较法学的成绩

四十年来，中国比较法学作为中国法学的一部分，并与其他法学领域一道，在以下几个方面做出了积极努力和贡献：

第一，中国比较法学研究推出了一批重大成果。这些成果为中国的立法和司法改革，提供了重要的参考材料和智力资源，有助于中国在法治发展中借鉴国外的法律经验，汲取人类的法律智慧，改进自己的法律制度，并探索中国法治现代化的道路。

第二，中国比较法学作为中国法学的组成部分，通过法律制度和法律文化的比较研究，成为中国法学对外开放的重要窗口，开阔了中国法学的国际视野和全球视野。比较法学不仅拓展了中国法学的知识视域、研究方法和理论深度，而且推动了中国法学研究的反思，发现自己的优势与不足，

---

〔11〕具体论述参见［美］弗朗西斯·福山：《历史的终结及最后之人》，黄胜强、许铭原译，中国社会科学出版社2003年版。

〔12〕具体论述参见［美］塞缪尔·亨廷顿：《文明的冲突与世界秩序的重建》，周琪等译，新华出版社2002年版。

从而不断改进法学研究的范式和方法。

第三，中国比较法学在组织上不断发展壮大。中国法学会比较法学研究会自20世纪90年代成立以来，在沈宗灵、江平和刘兆兴会长的领导下，除了举办年会，还组织了各种学术研讨会，出版了年刊《比较法在中国》和《中国比较法学》。与此同时，许多大学和研究机构都建立起比较法学研究中心或研究所，出版了比较法学专业期刊、集刊，并设立了专业硕士点和博士点。中国比较法学培养了大批比较法领域的人才。在这个方面，比较法学研究人才具有以下两个特点：其一，比较法研究的布局越来越合理，研究对象覆盖的领域也来越广。中国比较法学界除了重视西方法律的研究，开始重视日本法、伊斯兰法、非洲法以及印度法等非西方法律。在西方法律中，分工日益精细，出现了罗马法、德国法、英国法、美国和法国等专题或国别法专家。其二，比较法学有助于跨学科研究，如比较法学与法理学相结合，比较法研究与部门法学相结合，比较法学与法律史学相结合，比较法学与社会学、政治学、经济学、人类学以及文学等相结合。令人高兴的是，一批青年比较法学者迅速成长起来，他们以70后和80后为骨干，年富力强、思维敏锐、基础理论深厚、专业知识扎实，精通一种或数种外语，大都有国外留学的背景。这批青年比较法学者正在成为中国比较法学发展的担纲者，并积极推动中国比较法学走向世界。

（二）比较法学的不足

中国比较法研究虽然得到了迅速发展，但还存在许多问题和缺点。

首先，中国比较法学还没有形成系统的理论、方法和目标。如果说20世纪后期西方比较法研究的主要问题是传统范式面临新的挑战，那么，中国比较法研究的主要问题则是还没有形成自己的独特范式。

其次，中国比较法研究虽然取得了一些重要成果，但原创性、高质量的著作还为数不多。在中国，总论性教材虽然已有多部出版，但它们多为国外比较法学著作的复述和综合，至今尚无一部独创性比较法总论教材。另外，许多比较法著作质量较低，既无新材料，亦乏创见。由于缺乏严格的学术规范和批评机制，比较法领域同法学的其他领域一样，充斥着许多低水平的重复之作。

最后，当代中国比较法学虽然摆脱了“西方中心论”，但是由于中国法律现代化面临的主要问题是中西法律的冲突，因而研究者比较的主要对象是西方法律，而非西方法律的研究则处于边缘地位，至今尚无印度法和拉丁美洲国家法律的专家。例如，中国在实施“一带一路”倡议的过程中，为了配合与沿线国家的经贸合作，急需了解这些国家的法律。然而，对这些国家的法律，中国比较法学界缺乏研究，更缺少积累深厚的专家。最近许多这方面的法律著作都是应急之作，只是对有关国家法律制度进行肤浅的介绍，而忽略了这些法律规则和制度的历史背景、文化意蕴和社会情境。这些著作在学术上没有价值，在实践上也有误导之虞。这表明，中国比较法学在研究范围的布局上不够合理，缺乏总体设计、长远规划和合理分工。总之，中国法学界的急功近利的弱点，在比较法学中也有所体现。

三、走向未来的中国比较法学

毫无疑问，没有改革开放就没有中国法治和法学的发展，也就没有中国比较法学的发展。我们今天回顾改革开放以来中国比较法学的发展，饮水思源，旨在改进范式，拓展视域，调整方法，对准焦点，迎接未来的挑战。毫无疑问，未来充满不确定性，甚至潜伏许多吊诡和危机。比较法的发展必须立足当下，放眼未来，立足中国，放眼世界，因势利导，顺势而为。所谓的“势”就是中国的政治、经济、社会和文化情势、世界的局势以及科技发展的走势。

（一）主动时代的中国比较法学

中国文化源远流长，自从成为世界文明的轴心之一，不但自身持续发展，而且对周边地区和国家产生了深远的影响。然而，近代遭遇西方入侵之后，中国便一直疲于奔命，救亡图存成为当务之急。复古之言、“中体西用”之论以及“中国文化复兴”之说，虽然不绝于耳、言之谆谆，但听者藐藐、收效甚微。俗话说，败军之将无以言勇。实际上，近代中国较为现实的选择，仍是“师夷之长技以制夷”。于是便有洋务运动、戊戌变法和建立民国的“师夷”尝试。随后，中国进入了长期的战乱时期。如果说在痛遭外患的中国，“救亡压倒启蒙”，那么，深陷内乱的中国，必然是“和平先于发展”。总之，在1949年之前，人们难以心气平和地反思中国传统典章制度的利弊得失，更谈不上自主地重构自己的文化传统。因此，对于传统，人们的主张往往趋于极端，要么抱残守缺，主张复古；要么急于求成，主张全盘西化。虽然也有人主张对传统取其精华，去其糟粕，但此论看似公允，实则大而无当，往往成为口号，流于空谈。

新中国建立初期，虽然获得了独立，但一方面试图与传统一刀两断，另一方面“以俄为师”，继承传统自然成为禁区。迨至“文革”，破旧立新，中国的传统文化遭到摧残。自改革开放以来，中国首先解决了温饱问题，同时开始了第二轮所谓“师夷”的过程。在这轮对外开放的过程中，中国不仅学习国外的“长技”，引进发达国家的一些先进技术，而且在改革中借鉴了国外一些制度和理念，积极推进民主，全面实行法治，稳步发展市场经济。今天，中国在经济、政治和军事等方面都取得了举世瞩目的成就，综合实力有了实质性提高，从而真正摆脱了近代以来的被动局面，并开始以主动的姿态和能力出现在世界舞台。当此之际，重构中国传统法律文化和制度，时机已然成熟。

毫无疑问，法治是当代中国所有人的共识。但没有合适的法治文化，法律概念和制度无论多么健全或“先进”，都无法有效运行。法治文化涉及法律信仰，法律不被信仰，往往形同虚设。实践证明，从国外移植的现代法律制度，如果缺少合适的本土法治文化土壤，就会水土不服，无法落地生根，更难以开花结果。我们在构建中国法治的过程中，在健全制度机制的过程中，需要一种法律文化与之呼应。这种法律文化应既具有本土根基，又应具有现代适应性。所谓现代适应性是指法律文化能够适应现代社会政治、经济和文化的需要，并与现代法律制度的内在价值相契合。有些人把传统与现代对立起来，认为传统法律必然与现代法律相冲突。实际上，现代法律并非必须与传统法律水火不容，而是可以相容共生。众所周知，法律现代化发轫于西方，而且在当今世界，现代西方的法律仍然被奉为世界现代法律的典型模式。然而，西方现代法律虽然在总体上超越了传统法律范式，但并没有与传统法律一刀两断，而是在许多方面吸收和融合了传统法律文化。例如，西方现代法律就包含了许多源自罗马法、日耳曼法和教会的法律文化要素。当然，在这个过程中，融入现代法律的传统法律文化经历了提炼和改造，并被赋予新的意义，成为现代法律的有机部分。同样，中国法律传统中也包含着丰富的法律文化，它们中的一些可为现代法律所利用。从当代适应性的角度来考察，中国传统法律文化大体可分为三类：一是完全过时的法律文化，二是不完全过时的法律文化，三是完全不过时的法律文化。第一类如“三纲”之类不平等的价值观，“守节”之类的泛道德义务观，以及严刑峻法的重刑主义等。对于此类法律文化应加以摒弃。第二类如“民贵君轻”的民本主义，“法不阿贵”的平等执法观，以及“以理服人”的理智主义等。对于此类法律文化可以进行“版本升级”，使之具有现代适应性。第三类如“天人合一”和“道法自然”的天道观，“道并行而不相悖，万物并育而不相害”的多元宽容观，“伐放暴君”的政治正义观，“一言既出，驷马难追”的信义观，“天下人皆相爱”的兼爱观以及“己所不欲，勿施于人”的平等道德观等。对于此类法律文化应加以发掘、提炼，使之直接纳入现代法律之中。与此同时，中国传统法律制度中也蕴藏着可以利用的丰富资源。我们只要通过整理、提炼和升华，许多传统法律制度都可以纳入现代中国的法律制度，成为体现本土元素的重要内容。

通过精心选择、提炼和升级中国传统法律文化和制度，将其中具有现代适应性的因素纳入现代法律，可以实现传统法律与现代法律、本土法律与外来法律以及法律制度与法律文化之间的有机整合。包含传统法律文化和制度的现代法律，由于植入了文化代码并具有本土话语根基，易于得到我们的接受、认同和信仰。与此同时，这些经过“创造性转换”的中国传统法律文化和制度，不仅具有现代适应性，还具有广泛的包容性。由此，我们可以凭借体现中国精神元素的法律文化，进行跨文明的法律对话，推动世界不同法律文化之间的相互包容和相互借鉴，从而对人类法律文化的发展做出重要贡献。在这个方面，我们的比较法学大有可为。

这里需要强调以下几点。首先，重构传统法律文化和制度，需要具备世界眼光，基于当代视域，面向未来，对于传统法律文化制度进行提炼、诠释和提升。训诂考据进路的法律史研究虽然有其重要意义，但是，以现代视域和比较手眼“打捞”传统的法律文化和制度，通过创造性解释赋予它们以新意义和活力，尤为重要。在这方面，英国学者梅因和德国学者萨维尼运用历史法学的方法整合传统与现代法律的努力，值得我们借鉴。其次，重构传统法律文化和制度，应避免“中国文化优越论”的狭隘之见和复古主义倒退。中国古代确实有过辉煌时期，但时过境迁，我们无法返回过去。我们重视和重构自己的传统，主要目标有二，一是避免像某些文明那样，丧失自己法律文化的根基并遗忘自己的法律传统，在精神上“无家可归”，社会秩序一直处于动荡之中；二是使自己的传统获得凤凰涅槃，使传统法律文化和制度实现转世，获得再生，即通过重构过去而走向未来。最后，重构传统法律文化和制度，并非意味着中国法律文化自足或闭关自守，而是要继续扩大外开放。如果说中国过去的四十年是开放带动改革，未来的方向则应是通过改革推进开放；如果说中国过去四十年是有限度地对外开放，未来则需要更大范围和更深程度地对外开放。我们只有深化中国的政治、经济、法律、社会和文化体制改革，才能更广泛“包容他者”。

我们只有扩大开放才能进一步敞开胸怀，学习和借鉴包括西方在内的一切人类优秀文明成果。老子有言："江海所以能为百谷王者，以其善下之"。中华文明影响广泛，延续至今，其大在于能容，其久在于善容。因此，我们一方面应对传统法律文化和制度进行"海底捞"式重构，另一方面应对其他法律文化和制度中经验和智慧施展"吸星大法"，积极借鉴和大胆吸收。

（二）"第二轴心"时代的中国比较法学

雅斯贝斯从世界历史和文明演进多元一体观出发，认为"轴心时代"是人类在散漫如星空的演进过程中，逐渐出现了几个影响较大的文明"星系"。第一轴心时代主要出现于公元前 800 年至公元 200 年之间，其高峰在公元前 6 世纪至公元前 5 世纪。轴心时代的重要标志是出现一批重要思想家，从而使哲学世界观从神话世界观中分离出来，人类社会开始从自然中自觉地分离出来，人开始从神的统治之下独立出来，思考人类与自然的关系，反思个人与群体的关系，构想秩序、设计政体并制定法律。由此，社会从自发秩序步入自觉秩序。第一轴心时代的地区是中国、印度、西方的古希腊，具有代表性的思想家则是中国的孔子、老子和墨子，印度的《奥义书》作者和佛教创始人释迦牟尼，古希腊的赫拉克利特和柏拉图等。第一次轴心文明"如同人类第二次诞生"，提升了整个人类文明的发展水平，实现了人类社会在精神领域的突变和飞跃，对当时和后来的世界发展产生了广泛和深远的影响。〔13〕

近代以来，更确切地说，自 1500 年开始，欧洲的发展突然加速，影响逐渐扩展到全世界。到 19 世纪末，"欧洲似乎统治着世界"〔14〕。由此，世界似乎出现了第二次轴心，但在第一轴心时代，"几条道路似乎毫无联系的起源通向共同的目标"，即人类的"一部历史"有"三种形态"和"三个独立的起源"，〔15〕体现了人类殊途同归的共同精神追求。按照轴心时代这种标准来衡量，西方近代的崛起和世界性扩展"完全是欧洲的现象"〔16〕，

---

〔13〕［德］卡尔·雅斯贝斯：《历史的起源与目标》，魏楚雄、俞新天译，华夏出版社 1989 年版，第 3~29 页。

〔14〕［德］卡尔·雅斯贝斯：《历史的起源与目标》，魏楚雄、俞新天译，华夏出版社 1989 年版，第 90 页。

〔15〕［德］卡尔·雅斯贝斯：《历史的起源与目标》，魏楚雄、俞新天译，华夏出版社 1989 年版，第 18 页。

〔16〕［德］卡尔·雅斯贝斯：《历史的起源与目标》，魏楚雄、俞新天译，华夏出版社 1989 年版，第 90 页。

实质上并不表明人类进入第二轴心时代。

20世纪上半叶的两次世界大战把世界卷入其中，使人类遭受了空前的灾难。“二战”之后，随着联合国的建立，人权观念及其保证机制得到了强化，民主和法治在许多国家或地区得到了发展，广大发展中国家取得了独立并进行国家重建，凡此种种都表明，世界呈现出新的面貌和希望。然而，两大阵营之间的政治对峙，经济封锁、意识形态对抗以及军备竞赛，把世界主要分割成两大冷战体系，不同文明之间对话实无可能，而人类共同的精神和整体目标完全湮没无闻。显然，冷战时期世界不能构成第二轴心时代。

冷战结束后，苏联和东欧的解体与转型，西方的新自由主义颇有全球化之势。然而，好景不长，美国在新自由主义的高歌猛进之中，突然遭遇金融危机。随后，许多欧洲国家的经济也陷入困境。近十年来，天下大势急剧变化，世界格局快速调整。西方现代化的动能似乎耗散过多，经济体制、政治模式和法律范式都出现一些困境，文化也显得软弱无力。总体而言，近代以来西方主导和控制世界的局面已有走向终结之势。以“金砖五国”为代表的发展中国家开始从世界舞台的边缘走向中心。中国的地位和影响力日益突出，印度的发展速度和潜力也引起广泛的关注。俄罗斯虽然经济发展较为缓慢，但仍然是世界不可忽视的力量。伊斯兰教国家虽然出现了分化，但伊斯兰文明在整体上仍然具有广泛影响。

雅斯贝斯认为，轴心文明的涌现需要几个条件：①在重要的科技发展之后，经过漫长的积累期，如“普罗米修斯时代”即火的使用之后，经过苏美尔、古巴比伦、埃及以及古印度和中国的早期文明之后，才出现第一轴心文明时代。换言之，科学技术的发展，尤其是铁的广泛使用，改变了社会结构、社会关系和社会价值。随后，原来的文化模式、制度机制以及观念形态变得不合时宜。②在科技发展的推动下，社会面临转型，人们产生了“礼崩乐坏”的危机意识和秩序恶化的末世论：“就在人类特殊精神觉醒之初……意识到此世是属于时代的晚期，甚至属于衰微的时代”；“人们明白自己面临灾难，并感到要以改革、教育和洞察力来进行挽救”。〔17〕因

〔17〕［德］卡尔·雅斯贝斯：《历史的起源与目标》，魏楚雄、俞新天译，华夏出版社1989年版，第11页。

此，轴心时代是个“既创造又毁灭的时代”。[18] ③轴心时代是几种文明同时从不同角度探索人类面临的共同问题和未来发展目标。④轴心时代是不同文明中的社会精英面对困境和危机，在“渴望解放与拯救”，“向新精神世界飞跃”，即重新思考人类与自然、个人与群体以及肉体与心灵之间关系，并进而重构社会结构、关系和价值，为社会转型“提供了精神动力”[19] 和未来目标及其价值。雅斯贝斯曾经预言，“我们可能已面临新的轴心期”，但第二轴心时期的出现，“必定在将来”；它“一定会建立在统一的世界范围的实体”，该形态的结果“一定是超出我们的想象力”。[20] 他还预言，中国和印度一定会成为未来的世界强国，而美国和俄罗斯虽然也会很强大，但作为“原始的创世文化”，“缺乏根基”，精神传统上无力作为轴心文明的担纲者。[21] 从广义上讲，俄罗斯和美国都属于欧洲文明的分支，而伊斯兰文明与西方基督教文明都源于犹太教，也具有同源性。这样一来，西方、中国和印度三大原创文明，虽然各具独特性，却很可能在新的世界文明冲突和整合过程中，成为第二轴心文明的担纲者。我们认为，第二轴心时代的基本目标和价值会不同于并超越第一轴心时代的目标和价值。但新的目标和价值不会凭空产生，一定会反映第一轴心时代的某些目标和价值，并在创造性运用和重构第一轴心时代的目标和价值的基础上，实现超越和转换。中国传统法律文化可以利用的价值要素，上文已经列举。关于印度可以利用的传统法律文化，我们尝试列举如下：①在传统联合家庭内部成员之间的共享所有权和互助责任观；②政治权力有限的村社共同体自治观；③以摩耶和化身理论为基础的虚拟与现实交叠互动观；④一体多象之梵的观念和由此衍生出的万物一体有机与无机交融观；⑤众生平等和人类与其他生物乃至无生命物平等的万物平等观；⑥不杀生和非暴力的和平主义精神。相比之下，西方传统中可以利用的法律文化，包括以下几点：①用以反思、改进和超越实在法的自然法理念；②制度化的管理社会和治

---

〔18〕［德］卡尔·雅斯贝斯：《历史的起源与目标》，魏楚雄、俞新天译，华夏出版社 1989 年版，第 12 页。

〔19〕［德］卡尔·雅斯贝斯：《历史的起源与目标》，魏楚雄、俞新天译，华夏出版社 1989 年版，第 10、28、14 页。

〔20〕［德］卡尔·雅斯贝斯：《历史的起源与目标》，魏楚雄、俞新天译，华夏出版社 1989 年版，第 113 页。

〔21〕［德］卡尔·雅斯贝斯：《历史的起源与目标》，魏楚雄、俞新天译，华夏出版社 1989 年版，第 229~230 页。

理国家的理性主义；③重视个人自由和尊严的个人主义；④遵守规则与程序的契约精神和法治主义；⑤强调公众参与的民主主义。在第二轴心时代，上述基本价值有些可以直接利用，有些可能因不合时宜被抛弃，有些则通过重构和升级获得新的生命力。当然，我们说中国、印度的和西方三种文明成为第二轴心时代的文明轴心，绝不主张轴心文明霸权，绝非其他文明都成为被动的服从者。上述三种文明之所以能够成为第二轴心时代的担纲者，一是因为它们在世界的综合影响力，二是基于它们在第一轴心时代以来对人类发展所做出的突出贡献，三是由于它们各自所创造的文化价值，能够为人类构建第二轴心时代的目标和价值提供重要的启示和可资利用的重要资源。实际上，第二轴心时代的目标和价值创建也应关注和利用其他文明的要素，尤其应体谅和包容世界弱小族群、民族或国家的特殊生活方式和价值观念。

根据雅斯贝斯提出的“轴心时代”标准，结合上述关于当代世界格局的分析，我们认为世界正在开启第二轴心时代。首先，科技革命的发展，工业社会开始转向信息社会，传统的工业社会结构、关系和价值受到挑战。生命科学的晚近发展改变了传统对于人大脑结构和意识特征的认识，重新思考人的意识系统与生物系统的关系、思维与存在的关系以及主观与客观的关系。人工智能技术的迅速发展，开始打破传统上有机与无机不可逾越的界限；而基因克隆技术使“女娲造人”的神话正在成为现实。其次，西方开启的延续数百年的民族国家及其治理模式日渐捉襟见肘，民主脱变为民粹主义，而国家主义甚至集权主义日益抬头。再次，对自然和生态的破坏及其带来的生态危机和灾难，人们开始质疑人本主义传统及其个人主义的价值观。最后，西方在全球化过程中逐渐退缩，中国等发展中国家在世界日益兴起，改变了西方控制世界的局面，中国、印度与西方共同成为人类世界的轴心文明。

今天，第二轴心时代已经露端倪，以中国、印度和西方为主轴的不同文明，在全球化时代进行平等对话的时代已经到来。在对话中，不同文明可以反思传统社会模式、治理机制和价值观念的得失，面对人类文明整体转型过程中和人类走向未来过程中的种种挑战，通过提炼自己的经验和智慧，提供各自的规划和方案，并在相互沟通和互动协商中达成某些共识。毫无疑问，不同文明因其文化价值、政治体制、社会制度以及生活方式存有一定差异，在频繁的接触和多维的交往中，难免发生碰撞和冲突。但是，不同文明也存在互惠合作、互动交流和共赢交易的潜能。其一，在西方主导世界的时代，比较文化和法律的主要范式是中-西、印-西、伊-西和俄-西等比较，西方中心主主义的特征十分突出。在第二轴心时代，尽管西方在开始阶段仍略占优势，但文化和法律的比较研究，主要范式应是世界各个文明之间的平等对话与自由交流，其中几大轴心文明之间的平等对话和自由交流具有特殊重要性。其二，文化、文明或法律的比较研究，应摒弃先进与落后之分，主张“法律西方主义”固然错误，而坚持“法律东方主义”，也失之偏颇，至于“21 世纪是东方的世纪”之类的说法，更不可取。因为除了西方和东方，世界还包括不应忽视的众多“他者”。在第二轴心时代，世界发展的趋势不应以“新拳王”取代“老拳王”，而应把“拳坛”变成论坛，进行对话和协商。显然，第一轴心文明时代是几种主要文明独立发展，分别指向人类社会发展的共同目标，并为人类社会的大转型提供了精神动力。在第二轴心时代，不同文明处在全球一体的“地球村”中，作为人类共同体的不同“家庭”，应通过交流和对话，取长补短，应对人类面临的共同挑战。换言之，未来世界可以期待的局面是“大同大异”，即在协商和对话的基础上，不同文明达成基本共识，并把这些共识作为互惠交往与和平共处的“底线”。同时，在生活方式上，相互宽容，保持文明和文化的多样性。其三，近代以来，西方的现代化席卷世界，为了应对西方的挑战，非西方社会不得不改造甚至抛弃自己的传统，比较法研究便采取了“传统与现代”的二元叙事；前者代表落后，后者代表进步。在第二轴心时代，比较法研究应超越传统与现代的划分，通过重构和升华传统，联通古今之维。其四，传统比较法的主要方法是观察者视角的功能主义，即以置身于外的姿态比较不同族群、民族或国家法律在功能上的异同，辨析所谓的“同名异物”和“同物异名”。在第二轴心时代的跨文明和跨文化的法律比较，则除了采取传统的功能主义，重视共享视角的功能主义，并采取参与者的视角，通过“移情潜入”和同情理解，在分析法律概念、规则和制度过程中，尝试理解它们在不同文明和文化中所承载的意义。

（三）新科技革命时代的中国比较法学

晚近科技的发展日新月异，新成果令人目不暇接。其中最引人瞩目的科技发展是计算机网络技术、虚拟现实技术以及人工智能技术。这些科技新成果的应用，带来了许多便利，产生了巨大经济效益，但也引发了一些重要问题。每次重大科技革命，都会引起社会结构、社会关系和和社会价值的重要变革。历史上，弓箭的发明和使用，推动狩猎-采集社会转向游牧社会；铁的发现和广泛应用，推动游牧社会转向农耕社会；蒸汽机的发明，引发了近代工业革命和社会现代化。在当代，计算机技术的广泛应用，使人类迈入信息社会。新科技革命除了带来许多新的具体法律问题，还会引发法律范式的重大转变。

第一，美国学者莱斯格教授是当今世界网络法的权威。他根据代码在网络空间所发挥的重要作用，提出了“代码即法律”的命题。〔22〕与此同时，德国学者卢曼基于控制论和生物学以及数理逻辑等研究成果，建构了他的“自创生”法律系统论。他认为，法律系是基于法/不法的二值代码所建构出来，并根据这种代码封闭地运作。从这个意义上讲，他认为法律就是代码。〔23〕他们从不同角度提出上述两个命题，并且对各自命题做出了不同的论述。但是，上述两个命题从不同角度涉及了法律性质的重构：①在网络空间和作为社会子系统的法律系统中，法律与代码具有同质性。②法律代码类似计算机代码，是人为建构的结果。在网络空间中，编码师是立法者；在法律系统中，法律系统是建码者。③代码性质的法律或法律性质的代码，都具有技术的特性，它们本身“价值无涉”，并不以道德和伦理作为基础，甚至与道德和伦理没有关联。④作为法律的代码和作为代码的法律都不同于国家法，不是自上而下强加的准则或规则，而是社会中自己生成的沟通协议架构。当然，莱斯格关于“代码就是法律”的命题，仅仅适用于网络空间，在其他领域，约束机制主要是诉诸共同体压力的准则、市场价格和法律的制裁与惩罚等。但是，我们应该注意的是，计算机的应用领域和互联网的覆盖范围不断扩展，当今社会在信息交流、价值转移以及社会组织管理等方面，已经出现网络化的趋势。因此，作为代码的法律所适用的范围越来越广。另外，在现代社会，法律职业不断专业化，立法与司法分化开来，法律从宗教、道德、政治和经济中独立出来，成为一个独

〔22〕［美］劳伦斯·莱斯格：《代码2.0：网络空间中的法律》，李旭、沈伟伟译，清华大学出版社2009年版，第1~9页。该书第一章的题目就是“代码就是法律”。莱斯格教授指出，“代码就是法律”这个命题是由约耳·芮登博格（Joel Reidenberg）在信息法学研究中第一次提出，参见［美］劳伦斯·莱辛格：《代码2.0：网络空间中的法律》，李旭、沈伟伟译，清华大学出版社2009年版，第6页。

〔23〕参见［德］尼可拉斯·鲁曼：《社会中的法》，台湾翻译馆主译，李君韬译，五南图书出版股份有限公司2009年版，第4、5章。与我国台湾地区学者不同，中国大陆学者把“Luhmann”通译为“卢曼”。

立的功能子系统。晚近科学技术的发展和社会的网络化加剧了这种分化趋势。这样一来，现代法律的特性，如自主性、运作功能、动态结构以及与其他领域之间的关系，都越来越接近卢曼所描述的“自创生”法律系统。根据托依布纳的具体研究，自20世纪后期以来，跨国企业的数量迅速增加，规模也不断扩大，在世界商业活动中的重要性也日益突出。为了寻求一种更便利的法律和纠纷解决机制，避开特定国家的法律及其司法体制，跨国企业便在商业实践中形成了“新商人法”（new lexmercatoria）。这种“新商人法”有别于国家法，是一种“自我合法化”的法律，它不依赖国家法及其法院，是一种“自我繁衍”和“自我发展”的“自创生”法律制度。“新商人法”的有效性基于跨国企业之间所订立的商事合同。这种合同是一种“无法律的合同”，其效力不是源于法律而是源于合同本身，即合同所适用的法律，然后法律反身性地适用于该合同。跨国企业还在合同中建构出诉诸仲裁的纠纷解决机制，或称为“国际性私人化司法”，使有关纠纷的仲裁快捷且节省费用。〔24〕 根据他的另一项研究，与民族国家的主权联系最密切的宪法业已出现了碎片化的趋势，通过代码横向建构的“全球社会宪治”成为一种新的发展趋势。〔25〕

总之，在社会信息化和信息网络化的时代，代码作为法律的适用范围越来越广泛。经济的全球化推动了这种趋势。面对这种新的趋势——“代码就是法律”或者“法律就是代码”，我们过去对于法律性质以及法律与政治、经济、宗教之间关系的理解，显然不足。

第二，计算机互联网的发展，为人们获取信息提供了极大的便利。更为重要的是，互联网所营造的虚拟空间，使人们可能在“虚拟社区”展示“第二人生”，尝试不同于现实生活的虚拟生活，甚至可能化身为不同的形象出现在不同的虚拟空间，扮演不同的角色和体验不同的生活方式。就此而言，互联网从实质上扩展了人们的自由空间。互联网产生的初期，确实呈现出一个不受现实政府控制的自由空间。互联网基于匿名化和跨地域等特征，似乎具有控制的“免疫性”。因此，巴洛在1996年发表的《网络独立宣言》，针对以主权和领土为特征的国家不无挑战地宣布：“我们正在建

---

〔24〕 参见［德］贡塔·托依布纳：《魔阵·剥削·异化——托依布纳法律社会学文集》，泮伟江、高鸿钧等译，清华大学出版社2012年版，第30~59页。

〔25〕 有关具体论述参见［德］贡塔·托依布纳：《宪法的碎片化：全球社会宪治》，陆宇峰译，中央编译出版社2016年版。

造的全球社会空间，网络世界并不处于你们的领地之内”；“我们的成员可能分布各地，跨越你们的不同司法管辖区域。我们内部的文化世界所共同认可的惟一法律就是‘黄金规则’”；“我们希望能够在此基础上构建我们独特的解决办法”，而“决不接受你们试图强加给我们的解决办法”。〔26〕然而，正如莱斯格教授的研究所表明，网络空间出现不久就处于政府的规制之下，政府通过规制架构和代码而规制网络，〔27〕以致莱斯格预言，“互联网将有可能成为迄今为止实现最完美规制的空间”。〔28〕实践中，在政府的规制和编码师、运营商的操制下，互联网自由的空间受到压缩，以致现在互联网存在较悲观的情绪。

但是，区块链的产生标志着网络发展的崭新阶段。近年来，区块链的发展已经引起国内外各界的广泛关注，关于区块链的利弊得失已有很多争论。毫无疑问，区块链的技术尚存在问题，应用范围也有一定限制，甚至具有一些负面效应，如用于洗钱和贩毒等犯罪活动。但是，区块链所具有的优势、潜能和应用前景值得我们予以关注。①区块链作为一种大型数据库的信息载体，通过分布式记账的方式，使得所有的数据记录都公开透明并可以追溯，任何篡改行为都会被其他共同记账者及时发现。②区块链作为一种具有延展性的交易平台，不仅可以交流信息，而且可以转移价值，实现了价值传递智能化，而传统的网络则无法实现这一点。③区块链作为一种无中心或多中心网络，通过点对点的数据传输和无需中介的价值转移，摆脱了传统网络受控于代码师、运营商和政府控制的弊端，因而成为一个更自由的网络空间。根据新进出版的《监管区块链：代码之治》一书，私人行动者主导的网络世界，曾经试图以“代码之治”（rule of code）摆脱现实世界的“法律之治”（rule of law），但不久“代码之治”就受到现实世界由政府所主导的“法治之治”的控制。自2009年区块链涌现出来之后，私人行动者试图通过自组织的方式，以“密码法”（Lex cryptographica）摆脱

〔26〕［美］约翰·P. 巴洛：《网络独立宣言》，李旭、李小武译，载高鸿钧主编：《清华法治论衡》（第4辑），清华大学出版社2004年版，第509~511页。

〔27〕［美］劳伦斯·莱斯格：《代码2.0：网络空间中的法律》，李旭、沈伟伟译，清华大学出版社2009年版，第70~133页。

〔28〕［美］劳伦斯·莱斯格：《代码2.0：网络空间中的法律》，李旭、沈伟伟译，清华大学出版社2009年版，第70页。

"法律之治"，并取得了成功。[29] ④但代码或密码之法与"法律之治"未来处于何种关系，是否也面临一般互联网代码的命运，仍有待观察。区块链作为一种远程匿名的合作机制，以其独特的加密技术，可以比传统网络更好地保护参与者的隐私。⑤区块链作为一种合作信用保障体系，以共识机制和信用保证方式，为人们的合作提供了交易安全。其中智能合约不同于传统合约，不仅节省了邀约、了解合作对方背景、谈判和签约等成本，而且自动执行的机制，使得违约成为不可能，可以节省履约监督成本以及违约寻求救济成本。⑥区块链最初用于比特币交易，应用范围不断扩大，1.0版是数字货币，2.0版是数字资产与智能合约，3.0版是分布式人工智能合作平台和组织管理机制等。区块链的应用前景十分广泛，可用于创建新的经济模式、政府管理方式以及社会合作形式。例如，在政府公共管理领域，区块链技术可用于公民信息保护、公民身份认证、政务公开、税收监督以及公共保险资金监管等；通过公开透明的数据和资产等信息共享以及公民参与和监督，可以减少腐败、欺诈、错误，重建政府与公民之间的信用。在经济领域，将区块链技术运用到物联网中，实现万物互联，可以使资产管理和交易智能化。[30]

区块链网络中所内嵌的虚拟现实技术和人工智能技术，通过网络覆盖范围不断扩展，会使我们的社会成为一个可编程社会，而这会深度影响和改变的经济、政治、社会和文化生活，进而会改变社会结构、社会关系和社会价值。首先，在一个网络全面覆盖的可编程社会，生产与生活、生产与消费、生产与管理的界限会逐渐模糊，甚至可能会融为一体。其次，在信用具有保障的情况下，协作主义的人际合作将会取代人际防范、博弈和对抗的个人主义价值，并将超越国家主义的价值。国家主义以凌驾于社会之上的强制姿态，为人际合作提供信任担保，但这种保证机制成本很高，且具有官员寻租和政府滥权等负面效应。与此同时，合作主义的共享经济超越传统所有权观念，使用开始重于占有，共享和责任的概念可能取代传

〔29〕 参见 P. De Filippi & A. Wrigt, *Blockchain andthe Law: The Rule of code*, Harvard University Press, 2018, http://harvardpress.typepad.com/hup_publicity/2018/04/blockchain-and-the-law.html?from=singlemessage&isappinstalled=0. 代码或密码之法与"法律之治"未来处于何种关系，是否也面临一般网络代码的命运，受到政府的控制，仍有待观察。

〔30〕 当然，只有公有链才具有去中心化的特征，联盟链具有部分去中心的特征，而私有链则保留了中心化的特征。另外，区块链中还存在"女巫攻击"之类的技术设计漏洞。

统的权利与义务范式，而作为现代法范式的主体性、个人自治和意志自由概念，都将受到冲击，并根据协作主义的价值进行重构。与传统时代不同，在信息时代，一个人拥有普通数据及其数据产品，他人可以同时分享，而这并不影响该物所有人的权益，在合理付费的情况下，甚至会增加他的收益。因此，信息时代所有权的一个重要变化，就是“从重视所有权到使用权”正在“转向一个灵活积累的体制的过渡”。[31] 过去具有排他性的所有权观念以及公与私的界限，都会发生改变。共享经济的发展不仅有助于资源共享，而且有助于减少社会不平等。在这个方面，中国许多城市共享单车所带来的益处，令人印象尤其深刻。最后，社会各个维度的网络化，使得代码将在越来越多的领域和范围取代法律在稳定社会的规范性期待方面的功能；通过代码和应用程序而嵌入的智能合约，以其自动执行实现“不能违约”，使法律所追求的“不敢违约”的信任保证机制相形见绌，从而使传统合同法上的一些违约防范和救济机制成为蛇足凤角。对于这种通过代码设定的内在技术规则，人们一旦参与相关的“游戏”，就无法违反，不同于以事后惩罚作为保障的外在法律规则。[32]

第三，我们都知道，现代法律的基本范式是基于人本主义的个人主义。然而，生命科学的晚近成果和人工智能技术的迅速发展，对基于人本主义的个人主义构成了挑战。

首先，生命科学关于人体和意识的研究揭示，人的意识并不是独立于物质的灵魂，而是特定基因构造促使大脑出现的某种电化学反应。意志受到欲望的驱使，并不自由；欲望作为一种生命存在的动力，在意识之流中起伏不定，变来变去。换言之，科学家打开了智人头脑的黑盒子，既没有找到灵魂，也没有找到自由意志，只找到基因、激素和神经元。[33] 另外，

---

〔31〕［美］凯瑟琳·海勒：《我们何以成为后人类：文学、信息科学和控制论中的虚拟身体》，刘宇清译，北京大学出版社2017年版，第52~53页。本书虽然不是关于生命科学的直接研究成果，但从一个侧面反映了生命科学的前沿成果。

〔32〕关于区块链的基本原理、运作机制、应用场景以及有关技术规则与法律规则的差异，参见以下两部著作的有关论述：唐文剑、吕雯等编著：《区块链将如何重新定义世界》，机械工业出版社2016年版；徐明星等：《图说区块链：神一样的金融科技与未来社会》，中信出版股份有限公司2017年版。

〔33〕［以色列］尤瓦尔·赫拉利：《未来简史：从智人到神人》，林俊宏译，中信出版股份有限公司2017年版，第116、256、260页。本书虽然不是关于生命科学的直接研究成果，但从一个侧面反映了生命科学的前沿成果。

具有物理结构的人体，也不再仅仅作为物质客体，而同时被作为信息模式，是对基因信息的表达。[34]

其次，人体不是一个不可分割的统一体。人体是细胞合作的集合体，每个细胞具有相对的独立性。大脑有左右之分，各自侧重不同的功能；心理学研究表明，自我可分为体验自我和叙事自我，体验自我是参与和经历生活过程中的具体感受，叙事自我则是事后对体验过程的重构和回忆。叙事自我从感觉中寻找峰值，从混乱中寻找秩序，从结果中重建过程，实际上是有选择地回忆某些体验和经历，只记得体验的高峰和终点者，并把这两者相加作为体验的平均值。[35]

最后，每个人都置身于社会之中，必然受到既定社会结构、关系和价值的影响，甚至无法抵御时尚潮流人虽然可以逃离社会、彻底与社会隔绝，但这种做法却与人的社会属性相悖。某人试图保持一定程度的自主，戴上“专注头盔”，有选择地隔绝某些声音、接受某些声音，但又无法确定屏蔽哪些声音、接受哪些声音。实际上，人类作为一种生物，与其他生物一样，也是算法；人工智能可与意识脱钩，智能甚至比意识重要，而意识则可有可无；算法比自己更了解自己，会为一个人更好地做出大部分重要的决定。[36] 这样一来，作为现代法律的基本预设前提的个人自治和意志自由，似乎都成问题。

历史上，人们通常认为，人与机器之间存在一道不可逾越的鸿沟。但早在20世纪50年代初，控制论之父维纳就认为，从信息的角度讲，人类与机器之间并没有一道不可逾越的鸿沟。当时许多美国人的身体都由于某种原因植入了人工器官或其他机器部件。从这个角度，维纳指出，当时美国人-机链接的人口比例已经高达10%。他预测，人与机器之间、机器与人之间以及机器与机器之间的信息链接与沟通，势必要在社会中占据日益重要

---

〔34〕［美］凯瑟琳·海勒：《我们何以成为后人类：文学、信息科学和控制论中的虚拟身体》，刘宇清译，北京大学出版社2017年版，第38、136页。

〔35〕［美］凯瑟琳·海勒：《我们何以成为后人类：文学、信息科学和控制论中的虚拟身体》，刘宇清译，北京大学出版社2017年版，第143页；［以色列］尤瓦尔·赫拉利：《未来简史：从智人到神人》，林俊宏译，中信出版股份有限公司2017年版，第262~276页。

〔36〕［以色列］尤瓦尔·赫拉利：《未来简史：从智人到神人》，林俊宏译，中信出版股份有限公司2017年版，第75、281、298~306页。

的地位。[37] 维纳还预言了机器学习的潜能和人机互联的发展前景。晚近控制论和生命科学结合，在人-机互联方面取得了重要进展。有关研究成果表明，身体性存在与计算机仿真之间、人-机结构与生物组织之间、机器人科学与人类目标之间，并没有本质的不同或者绝对的界限。换言之，如果把信息视为无形之物，则其可与物质分离，即信息可与载体分离，而从人工智能的发展趋势看，信息与实体的分离不可避免。这样，一旦信息可以摆脱人体载体，把人的意识下载到计算机内，人-机结合就不是难题。从人工智能技术的角度，可以把人理解为一种信息模式，人的思考模式和代码之间没有本质的区别。在早期，控制论一直在模拟人体制造机器，机器人就是这种思路的产物。后来，研究者从信息的角度来思考，发现计算机代码不仅仅模拟生命，而且智能机器本身就有生命。这样一来，人们开始认识到，人和机器都是信息处理器，而人-机同源使我们有理由认为，虚拟实境的虚拟现实可与日常生活的现实等量齐观，因为前者运转时根据的规则，在最基本的编码水平上，与支配人类神经功能的规律相一致。实质上，生物机体是代码，代码也是机体。随后，研究者开始反转“机器是人”的拟制，认为人类就是神奇的机器。换言之，在人工生命范式中，机器变成了用来理解人类的模型。总之，晚近的有关研究进一步揭示，生命是信息载体，生物与作为信息载体的智能机器一样，都是算法，区别在于人类是以碳所表现的算法，而智能机器则是以硅所表现的算法。[38]

面对人工智能技术的发展，采取抵制的观点的人已经很少。就接受人工智能技术发展的观点而言，总体上分为两大阵营。一是人本主义阵营，二是数据主义阵营。人本主义内部又分为四种主张。①技术风险论认为，技术的发展和应用具有潜在风险，应保持高度的警觉。一些科幻小说和影视作品都从这个角度，描述机器对人类带来的风险，甚至使人类面临灭顶之灾。但在关键时刻，人类总是通过合作、信仰或爱情力量，或依靠个别英雄的勇敢和牺牲精神，最终化险为夷。②技术有益论认为，人和机器同是自由主体，技术作为扩展自由的手段，并不会颠覆人本主义和个人主义。

---

〔37〕［美］N. 维纳：《人有人的用处——控制论和社会》，陈步译，商务印书馆2014年版，第2页。

〔38〕［美］凯瑟琳·海勒：《我们何以成为后人类：文学、信息科学和控制论中的虚拟身体》，刘宇清译，北京大学出版社2017年版，第1~3、81~90、308~321、373页。

这种观点认为科学发展会有益于人的自由和发展，人工智能机器能够像人一样工作甚至在许多领域代替人类工作，提供更多的劳动成果和生活资源，使人有更多的闲暇和娱乐时间。③技术解放论认为，运用人工智能技术改造人类自身，可使人类摆脱或超越固有的某些生理局限和遗传弱点，从而使人得到全面的发展，进入真正进入自由、平等和博爱的状态。这种技术乌托邦在许多科幻小说中得到了反映，例如在贝尔的科幻小说《血音乐》中，研究者弗吉尔在把芯片与细胞相结合的实验中，失控的实验结果导致细胞自我学习和不断进化，开始溶解人体，结果使人摆脱了肉身的负担，并打破了人与人之间无法沟通的隔阂，人以细胞的形式进入一种比现实人类更加自由、平等和博爱状态，甚至获得永生。[39] ④技术决定论认为，人工智能发展会使大部分劳动都由机器人完成，不但医生和律师失业，就连作曲等艺术性工作，也可以被人工智能所取代。因此，99%的人类特性及能力都成为多余的东西，绝大多数人则变成无用的废人，或作为人工智能的辅助劳力。其结果，一方面是人工智能将把大多数人挤出就业市场，另一方面是掌握和控制技术的人将成为超人或神人。这样一来，人类多数的个体就没有价值，芸芸众生只有在整体是作为神人所控制的人力资源时，才具有类似机器一样的使用价值。按照这种思路，人工智能的发展则会加剧社会不平等，人类社会将变成少数精英统治多数大众的“技术利维坦”和“人工类蚂蚁窝”。[40]

在以上四种人本主义的技术观中，只有第四种观点虽然仍然属于人本主义，但结果却与现代个人主义价值观相悖。相比之下，数据主义的技术观更为激进，不仅颠覆了以自由和平等旨向的个人主义，而且颠覆了人本主义。

数据主义认为，同样的数学定律同时适用于生化算法和电子算法，只要我们把数据转化为信息，信息转化为知识，最后把知识转化为智能，智能机器就会远远胜于人。因为数据的流动量之大，并非人所能处理，这项工作只能交给超过人类大脑的智能机器和电子算法。[41] 维纳曾经认为，机

---

〔39〕 参见［美］格雷格·贝尔：《血音乐》，严伟译，四川科学技术出版社2014年版。

〔40〕［以色列］尤瓦尔·赫拉利：《未来简史：从智人到神人》，林俊宏译，中信出版股份有限公司2017年版，第288~295、317、330页。

〔41〕［以色列］尤瓦尔·赫拉利：《未来简史：从智人到神人》，林俊宏译，中信出版股份有限公司2017年版，第335~336页。

器的危险可以被某些人利用，控制其余的人类，尤其是政治领导人利用机器控制人民，但机器对社会的危险并不是来自机器自身，而是来自被人利用。[42] 在维纳时代，人工智能的发展水平很低，机器控制人类的现实危险并不明显。随着当代人工智能技术的迅速发展，智能机器已经具备了自主学习的能力。智能机器通过自主学习，在信息储存和算法上战胜了人类最佳棋手。这个事件暗示，智能机器的算法在其他方面也会逐渐超过人类的智力，甚至未来会控制人类，可能使人类陷入机器所控制的《黑客帝国》之中。实际上，在数据主义看来，"智人就是个该淘汰的算法"。[43]

另外，在进化过程中，黑猩猩链接的信息沟通网络，容纳的个体数量有限。智人所以胜出，主要在于能够通过宗教、国家和货币等虚拟机制，形成更大的信息交流网络与合作群体。在信息时代，信息最大化是数据主义的诫命之一。数据信息流的激增，信息扩展的范围将无孔不入，无远弗届，从人-机互联到万物互联乃是自然而然的过程。在物联网的扩展过程中，一方面，生物计量装置、仿生器官和纳米机器人置入人体，人体机器化；另一方面，信息网络可能从地球向外扩张，扩展到其他星系乃是整个宇宙。届时，人类将被并入这个万物互联的系统，由万物互联的创造者功成身退，转变为这个宏观数据宇宙网络系统的联系媒介和结点。在计算机宇宙中，信息为王，而人类将被数据所吞没，消融在数据之中，"'个人'逐渐成为一个巨大系统里的微小芯片"和"数据流里的一片涟漪"。[44]

总之，关于人工智能技术的发展所带来的可能后果，无论是主张技术决定论，认为控制技术的少数精英将统治大多数无用的大众，还是认为结局将是人本主义的个人主义走向终结，人类将进入受到机器主宰的后人类社会，消融于数据之流，淹没于信息宇宙之网，都为时尚早。人工智能技术的发展才起步不久，许多关键的技术还有待突破。即便人工智能技术得到了实质性突破和广泛应用，我们也不应认为人工智能无所不能，一定会导致少数技术精英控制多数大众，或智能机器控制人类。另外，我们也不

---

〔42〕［美］N. 维纳：《人有人的用处——控制论和社会》，陈步译，商务印书馆2014年版，第161～163页。

〔43〕［以色列］尤瓦尔·赫拉利：《未来简史：从智人到神人》，林俊宏译，中信出版股份有限公司2017年版，第347页。

〔44〕本段内容参见［以色列］尤瓦尔·赫拉利：《未来简史：从智人到神人》，林俊宏译，中信出版股份有限公司2017年版，第311、346～360页。

能对于人工智能技术发展正在带来的挑战和产生的潜在影响视而不见、无动于衷。实际上，就人工智能对法律的影响而言，法学界许多学者已经开始研究，并提出了许多颇具启示的观点。但是，这些研究更多集中在微观层次，例如预防和打击网络犯罪、保护网络隐私和信息财产等。我们以为，新科技对于法律的影响，主要在于对传统法律范式的挑战。胡凌博士、鲁楠博士和余成峰博士等在这个方面进行了深入和系统的思考，并取得了可喜的成果。〔45〕基于上文所描述的生命科学和人工智能技术发展，笔者认为，生命科学和人工智能技术的法律，对于现代人本主义的个人主义法范式提出了以下挑战。①当有关生命科学的研究在一定程度上解构了传统上关于人的一些基本预设，如自我统一性、自主性以及自由意志等预设，建立在这些预设基础上的法律原则和命题，以及从这些原则和命题所引申出来的法理范式和宪法、民法和刑法制度与规则，是继续视为理所当然，还是应进行某些调整抑或彻底重构？②在信息和网络时代，法律越来越多转变为代码，作为代码应用程序的网络协议，要求具有更高的动态性和灵活性，是继续坚持传统的法律概念，不承认代码具有法律的功能或法律具有代码的性质，还是承认并主动运用代码的原理和机制，推动法律与代码的相互补充，实现国家法与自组织规则之间的良性互动？③“自创生”的法律系统论揭示，与神明裁判、大众审判或政治主判等方式相比，以司法为中心的法律系统，能够更大程度稳定全社会的规范性期待，我们是仍然恪守立法中心主义，从有法可依的思路义无反顾地健全法律体系，或不辞辛苦地追求宏大体系的法典，还是构筑自主的法律系统，强化独立的审判机制，从而使法律从结构功能主义的“自动售货机”转向功能结构主义的“变形金刚”？④人-机结合和万物互联正在打破有机与无机的界线，从而挑战了人本主义、个人主义以及人类中心主义。在这种背景下，我们是继续坚持传统关于人与物关系的思考范式、主体概念和个人占有性所有权观念，还是放弃人本的主体性预设，通过拟制赋予动物和无生命之物以“主体”资格，从而强调人与人之间分共享公用的所有权观念，发展出人类与动物和无生命物之间和睦相处和协调共生的新观念？比较法学应对上述问题做出

〔45〕 参见胡凌：《人工智能视阈下的网络法核心问题》，载《中国法律评论》2018年第2期，第86~95页；鲁楠：《科技革命、法哲学与后人类境况》，载《中国法律评论》2018年第2期，第96~107页；余成峰：《法律的“死亡”：人工智能时代的法律功能危机》，载《华东政法大学学报》2018年第2期，第5~20页。

积极回应，即在人工智能技术快速发展的信息时代，尤其应重视功能导向的比较法研究。

综上所述，在中国主动时代、第二轴心时代和新科技革命时代，中国比较法学必须调整范式。

首先，我们应强化功能导向的比较法学。这种功能导向的比较法学，不应拘泥于传统的法律概念，而应开放地理解法律的概念，把代码和信息等概念纳入自己的视野，把动物、植物和无生命物纳入法律的主体之中。我们也不恪守立法优位的法律结构主义，而应重视司法的重要地位，并充分发挥司法的专业自主和动态灵活的作用。我们不应恪守传统大陆法系、普通法系等法系划分和法律部门的划分，而应根据世界格局的变化和第二轴心时代的涌现重构法系，并超越传统的公法与私法以及部门法划分。我们不应过分强调法律的禁止、规制、惩罚和警示功能，而应重视法律的赋权、确权和维权功能，法律功能应由侧重通过惩罚使人们“不敢违法”，转向运用科技使人们“不能违法”，从运用法律保护交易行为和交往活动——“以法护行”，转向借助法律的机制建构多维的交流平台和安全的合作网络——“由法成事”。

其次，我们应强化多元导向的比较法学。在纵向之维，比较法学除了关注国家法，在还应重视地方法、行业法、自主组织或私人行动者之间的协议法，各种组织与之间的约定法，以及国际法、跨国法和全球法等。在横向之维，比较法学除了继续关注传统上人本-社会之法，还应关注人与动植物之间、人与无生命物之间以及万物互联中物与物之间的法律。在第二轴心时代，比较法学不仅应关注轴心文明国家或地区的法律，还应关注非轴心文明国家或地区的法律。从研究方法上，比较法应不仅努力实现法学理论与部门法知识相结合，而且应注重跨学科的研究方法相结合，如法学与历史、政治、经济、哲学、宗教、文学以及自然科学方法的结合，把其他学科的前沿成果和方法尽可能及时引入比较法学。

再次，我们应强化情境导向的比较法学。情境导向的比较法学关注法律运作的具体场域，在微观层次，关注“地方知识”之法的效力场域和区块链等网络之法的应用场景。在中观层次，我们应关注行业法和国家法所发挥作用的宗教、政治、经济、历史和文化背景。在宏观层次，我们应关注国际法、跨国法和全球法的形成过程、运作机制和适用情境。这样，比较法学就能超越规范与事实、理想与现实、历史与现实以及特殊性与普遍性之类的二元对立。

最后，我们应强化意义导向的比较法学。传统的社会理论认为，意义往往与宗教、道德和伦理等价值相联系。例如，在韦伯的理想类型中，形式理性的法律具有“价值无涉”的特质。这种法律所追求目的的理性的理性行为，便具有意义丧失之虞。对此，韦伯处于矛盾的心理：他一方面主张，形式理性法律将在现代社会占据支配地位；〔46〕另一方面又对现代法的形式性和现代人的意义丧失心存忧虑，担心形式化的法律会变成“铁笼”，而意义丧失的现代人则会蜕变成“专家没有精神”和“纵欲者没有心肝”的“空心躯壳”。〔47〕而卢曼则完全摆脱了韦伯的忧虑，不无冷漠地认为，意义只是作为法律系统的媒介，其作用在于诱导法律系统持续运作，从而实现稳定全社会规范期待的功能。〔48〕换言之，在卢曼所描述的法律系统中，意义被功能内在化，成为功能系统的组成部分，只是实现功能的衔接媒介和辅助形式。卢曼的法律系统论虽然包含许多值得借鉴的主张和洞见，但对于他的功能决定意义论，我们并不能接受。现代人本主义的个人主义认为，意义与个人体验密切联系。但根据数据主义的观点，数据化的信息已与个人的体验相分离；体验只有转化为数据，通过算法才能找到意义，即个人只有融入数据之流的信息宇宙整体计划中，才能找到意义。〔49〕对于这种技术统治人类的后人类功能主义观点，我们更不能认可。笔者认为，伴随人-机互联和万物互联，我们也许应放弃人本主义或重构关于人的预设，但人仍然应该保留自身的基本属性，仍然会具有作为意义之维的情感、体验和价值，而不会蜕变为功能机器或“空心躯壳”。另外，人类一旦完全取向于功能，就会丧失任何价值共识和同情之心，并可能回归“丛林法则”的时代。

因此，在进入中国主动的时代，我们应重构传统文化的意义，使之滋润我们的心田、抚慰我们的心性、安顿我们的心灵。与此同时，我们运用

---

〔46〕 参见［德］韦伯：《法律社会学》，康乐、简惠美译，远流出版事业股份有限公司 2003 年版，第 352~364 页。

〔47〕［德］马克斯·韦伯：《新教伦理与资本主义精神》，阎克文译，上海人民出版社 2010 年版，第 274~275 页。

〔48〕 参见［德］尼可拉斯·鲁曼：《社会中的法》，台湾翻译馆主译，李君韬译，五南图书出版股份有限公司 2009 年版，第 3 章。

〔49〕［以色列］尤瓦尔·赫拉利：《未来简史：从智人到神人》，林俊宏译，中信出版股份有限公司 2017 年版，第 351~352 页。

体现意义的价值，在第二轴心时代进行跨文明对话，推动人类的基本价值达成共识，作为人类的基本人权，并作为多元法律的共同基础。随后，我们应将这些基本人权予以宪法化，作为一般法律底线规则或“价值基石”。这样，人类才能做到世界“大异”与“大同”并行不悖，才能在科技革命的时代，使科技的发展及其生产功能，服务于人的生活和生命意义。我们相信，在所有上述问题上，中国比较法学应该并能够发挥重要的作用。

改革开放以来的法学翻译与分析法学在中国的发展

邱昭继*

导　言

法学翻译与法学研究的关系是一个非常重要却又未引起中国法学界足够重视的研究领域。[1] 学界在反思检讨中国现代化的过程中，逐渐将思考的视点切入翻译本身。正如孙歌所言："近代以来翻译在中国的定位问题，其实是一个尚未得到充分讨论的问题，近现代史中丰富的翻译理论资源，还未得到正面的检讨和梳理。而且工作一旦展开，或许会提供一个重新认识我们的近现代历史的新视角。"[2] 黄克武在《自由的所以然——严复对约翰弥尔自由思想的认识与批判》一书中指出，严复在翻译弥尔的《群己权界论》时将一些源于传统的儒、墨、老、庄、杨朱等思想投射到所译介

* 邱昭继，西北政法大学教授，法理学教研室主任。

〔1〕 国内仅有少数几位学者对法学翻译问题做过理论探讨，参见王健：《沟通两个世界的法律意义：晚清西方法的输入与法律新词初探》，中国政法大学出版社 2001 年版；苏力：《当代中国的法学著作翻译——从制度或经济学的角度考察》，载许章润主编：《清华法学》（第 4 辑），清华大学出版社 2004 年版，第 130～149 页；《美国法律文库》会务组编：《法学翻译与中国法的现代化——"美国法律文库暨法学翻译与法律变迁"研讨会纪实》，中国政法大学出版社 2005 年版；贺卫方：《1949 年以来中国的法律翻译》，载《中国政法大学学报》2007 年第 1 期，第 119～122 页；刘毅：《法学翻译与法律现代化》，载《北京理工大学学报（社会科学版）》2012 年第 5 期，第 117～127 页；刘毅：《他山的石头——中国近现代法学译著研究》，中国法制出版社 2012 年版。

〔2〕 孙歌：《前言》，载许宝强、袁伟选编：《语言与翻译的政治》，中央编译出版社 2001 年版，第 22 页。

的对象之上，因此他的翻译与引介不仅是客观地介绍西方现代性的诸多面貌，也掺杂了主观的理解、诠释与评估。[3] 世纪之交，一位大陆出身的美国学者刘禾挑起“翻译中生成的现代性”（translated modernity）这样一个极富启发性的话题。[4] 刘禾在《跨语际实践》一书中明言：“跨语际实践的研究重心并不是技术意义上的翻译，而是翻译的历史条件，以及由不同语言间最初的接触而引发的话语实践。总体而言，我所要考察的是新词语、新意思和新话语兴起、代谢，并在本国语言中获得合法性的过程。”[5] 刘禾提出的这个问题不仅是文学所面临的，也是所有人文社会科学共同面对的普适性问题。就法学而言，自清末变法修律译介西方法学著作以来，延续数千年之久的律学传统开始断裂并终结，一个全新的学科门类——法学诞生了。法学一开始根本就没有自己的传统，法学中的概念术语、理论模式都是在法学翻译的过程中慢慢建构出来的。[6] 从知识社会学的角度讲，“中国社会科学的学科制度化过程实际上是与国人引进西方社会科学的知识运动同时展开的甚或是这一知识引进运动的一部分；它不仅表现为中国社会科学学科门类是按照西方社会科学学科结构加以确定的，而且这也在更深的层面上有可能意味着西方社会科学有关学科分类的一系列理论预设在中国学术场域的正当性。”[7] 那么，法学又是如何在国人引进西方社会科学的知识运动中建构起来的？法学翻译又是如何引用西方的理论资源建构我国的法学传统？在这里，笔者无意全面讨论这一宏大的问题，仅探讨分析法学著作的翻译史以及在这个过程中所呈现的主要特征，并在此基础上反思法学翻译与法理学研究的关系。

一、分析法学的概况

分析法学是一个从方法角度命名的法学流派，它主要关注的是法律的

---

〔3〕 黄克武：《自由的所以然——严复对约翰弥尔自由思想的认识与批判》，上海书店出版社 2000 年版，第 1 页。

〔4〕 刘禾：《跨语际实践——文学，民族文化与被译介的现代性（中国，1900—1937）》，宋伟杰等译，生活·读书·新知三联书店 2002 年版，第 6 页。

〔5〕 刘禾：《跨语际实践——文学，民族文化与被译介的现代性（中国，1900—1937）》，宋伟杰等译，生活·读书·新知三联书店 2002 年版，封底。

〔6〕 详见李贵连：《中国近现代法学的百年历程》，载苏力、贺卫方主编：《20 世纪的中国——学术与社会》（法学卷），山东人民出版社 2001 年版，第 216~217 页。

〔7〕 邓正来：《自由与秩序——哈耶克社会理论的研究》，江西教育出版社 1998 年版，第 8 页。

性质、基本法律概念的性质以及部门法的哲学基础等问题，侧重于探讨法律概念和范畴的逻辑结构与必然属性。法律文明秩序中的概念范畴，比如“法律”“权利”“义务”“责任”“正义”“自由”“犯罪”“惩罚”“规则”“原则”“财产”“侵权”“合同”“法人”等，都是分析法学家研究的重点。分析法学对概念的探讨不同于注释法学，注释法学的目的是弄清某一概念在特定文本中的含义，分析法学的目标是揭示所有法律和法律体系共同的概念框架。分析法学的奠基人是英国法学家杰里米·边沁（Jeremy Bentham，1748—1832）以及约翰·奥斯丁（John Austin，1790—1859）。

分析法学的原创性思想是由边沁提出来的，这主要体现在他的《论一般法律》一书中，但该书直到20世纪才得以公开出版。奥斯丁对分析法学的发展发挥了更大的影响。托马斯·厄斯金·霍兰（Thomas Erskine Holland，1835—1926）、威廉·马克本（William Markby，1829—1915）和谢尔登·阿莫斯（Sheleon Amos，1835—1886）的法理学都建立在奥斯丁学说的基础之上。新西兰的约翰·萨尔蒙德爵士（John Salmond，1862—1924）和澳大利亚的乔治·W. 佩顿（George W. Paton，1902—1985）所出版的法理学教科书也带有奥斯丁分析进路的特征。20世纪初，分析法学在欧洲大陆已经失势，可是在美国则正盛行一时。最值得一提的美国分析法学家有约翰·奇普曼·格雷（John Chipman Gray，1839—1915）、韦斯利·纽科姆·霍菲尔德（Wesley Newcomb Hohfeld，1879—1918）、艾伯特·考克雷克（Albert Kocourek，1875—1952）和阿瑟·林顿·科尔宾（Arthur Linton Corbin，1874—1967）等人。奥地利人汉斯·凯尔森（Hans Kelsen，1881—1973）的纯粹法理论推动着分析法学沿着一条不同的道路发展，它的理论也注重对实在法含义的分析或说明。

现代分析法学的开山鼻祖是20世纪著名的法哲学家赫伯特·L. A. 哈特（Herbert L. A. Hart，1907—1992）。朗·富勒（Lon Fuller，1902—1978）、托尼·奥诺尔（Tony Honore，1921—）、罗纳德·德沃金（Ronald Dworkin，1931—2013）、大卫·莱昂斯（David Lyons，1935—）、汤姆·坎贝尔（Tom Campell，1938—）、约瑟夫·拉兹（Joseph Raz，1939—）、约翰·菲尼斯（John Finnis，1940—）、尼尔·麦考密克（Neil MacComick，1941—2009）、菲利普·索普（Philip Soper）、斯坦利·保尔森（Stanley Paulson，1941—）、朱尔斯·科尔曼（Jules Coleman，1947—）、格瑞尔德·波斯特马（Gerald Postema，1948—）、弗里德里克·肖尔（Frederick Schauer）、史蒂芬·佩里

（Stephen Perry，1950—）、杰里米·沃尔德伦（Jeremy Waldron，1953—）、威尔弗里德·瓦拉乔（Wilfrid Waluchow）、大卫·戴泽豪森（David Dyzenhaus）、安东尼·赛伯克（Anthony Sebok）、安德鲁·西梅斯特（Andrew Simester）、蒂莫西·麦克勒姆（Timothy Macklem）、马修·克雷默（Matthew Kramer）、安德雷·马默（Andrei Marmor）、布赖恩·比克斯（Brian Bix）、约翰·加德纳（John Gardner）、莱斯利·格林（Leslie Green）、蒂莫西·恩迪科特（Timothy Endicott）、尼科斯·斯塔罗普洛斯（Nicos Stavropoulos）和斯科特·夏皮罗（Scott Shapiro）等人都可以归于分析法学的阵营。〔8〕

二、改革开放以来分析法学著作的翻译状况

改革开放以来中国法学界翻译分析法学著作的历史分为两个阶段。第一个阶段是1980年到1995年，这个阶段中国法学界开始翻译分析法学的著作，这一时期国内学者开始翻译哈特、德沃金和拉兹等分析法学家的著作。第二个阶段是1996年至今，这一阶段国内学者开始大规模翻译分析法学著作。改革开放以前仅有一些学者写了介绍分析法学的论文。〔9〕

（一）第一阶段（1980—1995）

分析法学的著作翻译成中文是1980年以后的事了。中国社会科学院法学研究所主办的《环球法律评论》〔10〕在翻译分析法学著作方面居功至伟。早在1980年，时任该刊编辑的潘汉典先生翻译了萨默斯教授的《富勒教授

〔8〕富勒和德沃金是世俗自然法学的代表人物，他俩的理论主张和哈特派法律实证主义有很大的分歧，但他们同样归属于分析法学阵营，富勒和德沃金同样深受概念分析方法的影响。科尔曼和莱特认为，哈特、富勒、德沃金和拉兹都属于分析法学派，他们都是自由主义法学的代言人。参见朱尔斯·科尔曼、布赖恩·莱特：《确定性、客观性与权威性》，载［美］安德雷·马默主编：《法律与解释：法哲学论文集》，张卓明、徐宗立等译，法律出版社2006年版，第254、259页。

〔9〕在1906年，梁启超翻译了日本法学博士奥田义人所著的《法学通论》中《论法律之性质》一章。在这篇文章中，他介绍了奥斯丁的主权命令说，这是国内最早介绍分析法学的文章。梁启超还发表了《功利主义者泰斗边沁学说》《近世文明初祖二大家之学说》等与分析法学相关的文章。20世纪二三十年代，当时知名的法学研究者（如王凤瀛、方孝岳、丘汉平、梅汝璈、吴经熊、燕树棠等）都或多或少地涉及分析法学思想，并且对分析法学派做了初步的探讨。他们的介绍涉及边沁、奥斯丁、霍兰、萨尔蒙德、格雷、霍菲尔德、考克雷克等分析法学家的思想。虽然这段时间国内的学者非常关注分析法学的最新发展，但仅有刘燕谷将凯尔森的《纯粹法学》从日文转译成中文，而其他的分析法学著作未见有人翻译。参见陈锐：《隔阂与落寞：分析法学在近代中国的传播及其命运》，载《政法论坛》2009年第1期，第30~31页。

〔10〕《环球法律评论》诞生于1962年，乳名《法学研究资料》。1979年复刊，易名《法学译丛》，1993年再度更名为《外国法译评》，2000年最后定名为《环球法律评论》。本文在引用时皆采用文章发表时该刊物的名称。

的法理学和在美国占统治地位的法哲学》[11]一文和罗纳德·德沃金教授的《认真地对待权利问题》,[12] 两年后他又将德沃金教授批评哈特法律观的两篇长文翻译成中文。[13] 潘汉典先生是第一位翻译德沃金法律著作的学者，也是第一位向国人介绍富勒法理学的学者。此后，该刊陆续刊载了德沃金的其他作品的译文。H. L. A. 哈特和约瑟夫·拉兹作品的中译文最早也是发表在《环球法律评论》。[14] 在这个阶段，国内学者还翻译了一些国外评论分析法学家著作的文章。周新铭先生先后翻译了博登海默《法理学》一书中的《新分析法学和语言法律学》以及约翰·麦克伊评论德沃金法理学思想的《第三种法律理论》。[15] 在这一时期，国内仅出版了三本分析法学的译著，分别是：凯尔森的《国际法原理》(1989)、哈特的《惩罚与责任》(1989) 和边沁的《立法理论：刑法典原理》(1993)。

（二）第二阶段（1996 年至今）

1996 年在分析法学著作翻译史上具有里程碑意义。江平先生主编的“外国法律文库”一年间推出三本分析法学的译著，分别是：凯尔森的《法与国家的一般理论》(1996)、哈特的《法律的概念》(1996) 和德沃金的《法律帝国》(1996)。这三本译著的问世拉开了国内全面引进分析法学的序幕。“外国法律文库”此后还出版了《科宾论合同》(1997、1998) 的中译本和德沃金《认真对待权利》(1998) 的中译本。江平先生在序言中指出：“自 1949 年直到今天，西方法律学术著作在大陆译为中文出版者只有寥寥十余种。”[16] 而这十余种著作中没有一部是分析法学作品。凯尔森、哈特和德沃金都是分析法学阵营中最重要的学者，“外国法律文库”出版他们著作的中译本的确独具慧眼。

---

[11] [美] 罗伯特·S. 萨默斯：《富勒教授的法理学和在美国占统治地位的法哲学》，潘汉典译，载《法学译丛》1980 年第 1 期。

[12] [美] 罗纳德·德沃金：《认真地看待权利问题——论美国公民的反对政府的权利》，潘汉典译，载《法学译丛》1980 年第 2 期。

[13] [美] 罗纳德·德沃金：《论规则的模式——略论法律规则与原则、政策的法律效力，批判实证主义》，潘汉典译，载《法学译丛》1982 年第 1、2 期。

[14] [英] 赫伯特·L. A. 哈特：《英国人眼中的美国法理学》，刘同苏译，载《法学译丛》1989 年第 4 期；[英] 约瑟夫·拉兹：《论法治原则》，李林译，载《法学译丛》1990 年第 5 期。

[15] [美] 埃德加·博登海默：《新分析法学和语言法律学》，周新铭译，载《国外法学》1984 年第 3 期；[英] 约翰·麦克伊：《第三种法律理论》，载《法学译丛》1985 年第 3 期。

[16] 江平：《“外国法律文库”序》，载 [美] 哈罗德·J. 伯尔曼：《法律与革命：西方法律传统的形成》，贺卫方等译，中国大百科全书出版社 1993 年版，第 I 页。

许章润和舒国滢主编的“西方法哲学文库”组织翻译了许多分析法学的名作。这套译丛先后出版了奥斯丁的《法理学范围》(2002)、拉兹的《法律体系的概念》(2003) 和《实践理性与规范》(2011)、凯尔森的《纯粹法理论》(2008) 以及霍菲尔德的《基本法律概念》(2009)。法律出版社策划的“博观译丛”将分析法学的翻译和引进事业推向了高潮。这套译丛已经出版了8部分析法学的译著，分别是：哈特的《法理学与哲学论文集》(2005)、《法律的概念》(2006) 和《法律、自由与道德》(2006)，麦考密克的《法律推理与法律理论》(2005)，拉兹的《法律的权威》(2005)，马默主编的《法律与解释》(2006)，科尔曼的《原则的实践》(2006) 和比克斯的《法理学：理论与语境》(2008)。“博观译丛”出版的这些译著都是现代分析法学家的著作。他们之间的师承关系非常清晰，哈特是现代分析法学的创始人，拉兹和麦考密克是哈特的学生，而马默和比克斯又是拉兹的学生。科尔曼深受哈特的影响，他与哈特都坚持柔性法律实证主义。

其他译丛、文库或丛书也零星翻译出版了分析法学的著作。由美国新闻署策划主办、中国政法大学出版社翻译出版的“美国法律文库”推出了3部分析法学的译著，分别是：菲尼斯的《自然法与自然权利》(2005)、哈特和奥诺尔的《法律中的因果关系》(2005)以及格雷的《法律的性质与渊源》(2012)。法律出版社推出的“边沁法学文库”近年推出了3部研究边沁的分析法学著作，分别是：英国法学家哈特的《论边沁：法理学与政治理论》(2015)、美国法学家杰拉德·波斯特玛的《边沁与普通法传统》(2014) 和英国法学家菲利普·斯科菲尔德的《邪恶利益与民主：边沁的功用主义政治宪法思想》(2010)。商务印书馆的“汉译世界名著丛书”移译了2部分析法学著作，一本是边沁的《道德与立法原理导论》(2000)，另一本是富勒的《法律的道德性》(2005)。商务印书馆的“政治哲学名著译丛”出版了约瑟夫·拉兹的《价值、尊重和依系》(2016) 和大卫·莱昂斯的《伦理学与法治》(2016)。中国政法大学出版社的“当代法学名著译丛”出版了英国分析法学家麦考密克与魏因贝格尔合著的《制度法论》(2004)。法律出版社的“大师学述”丛书组织翻译了麦考密克的《大师学述：哈特》(2010)。“上海三联法学文库”推出了边沁最重要的分析法学著作《论一般法律》(2008)。吉林人民出版社的“人文译丛”翻译出版了拉兹的《自由的道德》(2006)。北京大学出版社的“法律今典译丛”翻译出版了恩迪科特的《法律中的模糊性》(2010) 和麦考密克的《修辞与法治：一种法律推理理论》(2014)。法律出版社的“法律语言学译丛”推出了比克斯的《法律、语言与法律的确定性》(2007)。清华大学出版社的“法意”丛书出版了陈锐编译的《法律实证主义：思想与文本》(2008)和《法律实证主义：从奥斯丁到哈特》(2010)这两本分析法学论文集。中国社会科学出版社的“西方学术经典译丛”出版了奥斯丁的《法学讲演录》(2008)。中国政法大学出版社推出了马默的《解释与法律理论》(2012)、《社会惯习：从语言到法律》(2013)、莱斯利·格林的《国家的权威》(2013)、肖尔的《依规则游戏：对法律与生活中规则裁判的哲学考察》(2015)和德沃金的《刺猬的正义》(2016)。北京大学出版社推出了德沃金的《身披法袍的正义》(2010)和马默的《法哲学》(2014)。中国人民大学出版社的“法学译丛·法治诚信系列”推出了汤姆·坎贝尔的《法律与伦理实证主义》(2014)。北京大学出版社的“世界法学译丛”翻译出版了格瑞尔德·波斯特马的《哲学与侵权行为法》(2005)。中国法制出版社推出了斯科特·夏皮罗的《合法性》(2016)。江苏人民出版社的“凤凰文库·当代思想前沿系列”出版了约瑟夫·拉兹的《公共领域中的伦理学》(2013)。此外，1996年以来国内学者翻译了大量的分析法学的论文。

三、分析法学译著之面面观

(一)译著与原著出版的时间差逐步缩小

在自然法学、法社会学和分析法学这三大法学流派中，分析法学著作的汉译史起步最晚。著名翻译家严复先生早在1913年就翻译出版了自然法学派代表人物孟德斯鸠的《法意》(即《论法的精神》)。[17] 美国法社会学家罗斯科·庞德的《社会法理学论略》中译本于1935年出版。[18] 相比而言，分析法学著作的翻译出版要晚得多。边沁的《道德与立法原理导论》完成于1780年，出版于1789年，而中译本出版于2000年，译著比原著晚了200多年。[19] 分析法学奠基之作是约翰·奥斯丁于1832年出版的《法理学的范围》。[20] 该书中译本直到2002年才出版，译著的问世比原著晚了

---

〔17〕［法］孟德斯鸠：《法意》，严复译，商务印书馆1913年版。

〔18〕［美］罗斯科·庞德：《社会法理学论略》，陆鼎揆译，商务印书馆1935年版。

〔19〕Jeremy Bentham, *Introduction to Principles of Morals and Legislation*, Oxford: Clarendon Press, 1907.

〔20〕John Austin, *The Province of Jurisprudence Determined*, London: John Murray, 1832.

170年。霍菲尔德的《司法推理中应用的若干基本概念》[21]和《司法推理中应用的基本法律概念》[22]两篇长文分别发表于1913年和1917年，而中译本比原著晚了将近100年。格雷的《法律的性质与渊源》出版于1909年，而中译本是在103年后出版的。[23]凯尔森的代表作《法与国家的一般理论》1945年出版，中译本出版于1996年，出版的时间差是51年。

现代分析法学的发展起步于20世纪50年代，但国内翻译现代分析法学的著作也是1980年代以后的事了。现代分析法学的创始人H. L. A. 哈特的《法律的概念》出版于1961年，中译本翻译出版于1996年，译著比原著晚了35年。富勒的《法律的道德性》出版于1969年，中译本直到2005年才出版，译著比原著晚了36年。现代分析法学第二代传人德沃金、拉兹和麦考密克等人的原著和译著的出版时间缩短了很多年。德沃金的《认真对待权利》[24]出版于1977年，中译本出版于1998年，译著与原著出版的时间差是21年，他的另一本著作《法律帝国》[25]出版于1986年，译著在10年后就翻译出版了。拉兹的《法律的权威》[26]出版于1979年，中译本出版于2005年，译著的出版时间比原著晚26年。麦考密克的《法律推理与法律理论》[27]出版于1978年，中译本出版于2005年，译著的出版时间比原著晚27年。现代分析法学第三代传人比克斯、马默、恩迪科特等人的著作被翻译为中文的时间就更快了。比克斯的《法律、语言与法律的确定性》出版于1993年，中译本出版于2007年，译著的出版时间比原著晚14年，他的另一本著作《法理学：理论与语境》(第4版）出版于2006年，而中译本仅在两年后就出版了。马默主编的《法律与解释》[28]出版于1995年，中译本出版于2006年，译著的出版时间比原著晚11年。恩迪科特的《法律中

---

〔21〕 Wesley Hohfeld, "Some Fundamental Conceptions as Applied in Judicial Reasoning", 23 *Yale Law Journal* 16 (1913). 中译本参见［美］W. N. 赫菲尔德：《司法推理中应用的基本法律概念》(上)(下)，陈端洪译，载《环球法律评论》2007年第3、4期。

〔22〕 Wesley Hohfeld, "Fundamental Legal Conceptions as Applied in Judicial Reasoning", 26 *Yale Law Journal* 710 (1917). 中译本参见［美］霍菲尔德：《基本法律概念》，张书友编译，中国法制出版社2009年版。

〔23〕 John Chipman Gray, *The Nature and Sources of the Law*, Columbia University Press, 1909.

〔24〕 Ronald Dworkin, *Taking Rights Seriously*, Harvard University Press, 1977.

〔25〕 Ronald Dworkin, *Law's Empire*, Harvard University Press, 1986.

〔26〕 Joseph Raz, *The Authority of Law*, Clarendon Press, 1979.

〔27〕 Neil MacCormick, *Legal Reasoning and Legal Theory*, Clarendon Press, 1978.

〔28〕 Andrei Marmor, *Law and Interpretation*, Clarendon Press, 1995.

的模糊性》[29] 出版于2000年，中译本出版于2010年，译著仅在原著出版10年之后问世。

（二）译者的年轻化趋势

分析法学的翻译事业是由中国的老中青三代学人共同推动的。在国内最早翻译分析法学论著的译者多为新中国成立前上大学的老先生。潘汉典先生1982年翻译德沃金的《论规则的模式》时已是62岁高龄，王铁崖先生1989年翻译出版《国际法原理》时已是76岁高龄，沈宗灵先生1996翻译出版凯尔森的《法与国家的一般理论》时已是73岁高龄，周叶谦先生翻译《制度法论》时也是70多岁的高龄，2004年该书出版时周先生已经作古。“文革”后上大学的中年学者为分析法学著作的翻译工作做出了开创性的贡献。他们出版分析法学译著时多为40岁左右。张文显1996年翻译出版哈特的《法律的概念》时是45岁，信春鹰、吴玉章1998年翻译出版德沃金的《认真对待权利》时分别是42岁和43岁，刘星2002年翻译出版奥斯丁的《法理学的范围》时是46岁。

现如今，1980年前后出生的青年学者已经成为分析法学著作翻译的主力军。青年学者普遍英语较好，而分析法学又是主要活跃在英语世界的法学流派，因此青年学者选择翻译分析法学的著作也是一件自然而然的事情。国内有一批法理学青年热衷于分析法学的研究，他们希望通过翻译来促进自身的研究，研究始于翻译是他们当中许多人学术成长的道路。诚如苏力所言，“许多年轻人都是通过翻译外国的重要法学著作提升了自己，补充了自己”。[30] 他们在翻译分析法学著作时多为30岁左右的博士生或刚出道的博士。

（三）翻译的选题具有随意性

“译什么?”是一个颇费思量的问题。通常我们会说要翻译经典著作。英美法学界对哪些著作属于分析法学的经典著作能达成基本共识，但对国内法学界而言，这是一件很不容易的事情。国内分析法学的研究起步晚而且起点低。未必每位研究者和译者都了解分析法学的概况。在挑选分析法学翻译书目的时候难免“东一榔头、西一棒子”。

---

〔29〕 Timothy Endicott, *Vagueness in Law*, Oxford University Press, 2000.

〔30〕 苏力:《当代中国的法学著作翻译——从制度或经济学的角度考察》，载许章润主编:《清华法学》(第4辑)，清华大学出版社2004年版，第143页。

分析法学著作的翻译在选书问题上多数采取众多学者民主推荐的方式和译者推荐的方式。“外国法文库”“美国法律文库”和“博观译丛”组织翻译的分析法学著作多数是由众多学者推荐的选题。以我自己的翻译经历来说，我翻译比克斯的《法理学：理论与语境》缘于法律出版社“博观译丛”策划编辑的推荐，而翻译比克斯的《法律、语言与法律的确定性》是我自己向“法律语言学译丛”主编推荐的。学者和译者都有各自的理论偏好，而且他们对分析法学的认识水平也高下有别，这导致翻译书目选择上的随意性。目前，分析法学著作的翻译选题至少存在下面两方面的问题。

第一，侧重于翻译哈特—德沃金—拉兹传统的分析法学著作，忽视了其他分析法学传统著作的翻译。在上面列举的30多本翻译过来的分析法学著作中，属于哈特—德沃金—拉兹传统的著作有23本。哈特—德沃金—拉兹传统实际上就是牛津大学法哲学传统。哈特一脉以牛津大学法哲学研究中心为大本营，在法哲学界培养了一大批的弟子。自哈特1952年担任牛津大学法理学讲座教授以来，牛津法哲学就成为世界法哲学的中心。60年来，牛津法哲学长盛不衰，薪火相传、生生不息。从牛津法哲学研究中心走出了一批杰出的法哲学家。这一批法哲学家之间有着千丝万缕的联系。德沃金、拉兹、菲尼斯和麦考密克是哈特的学生，而沃尔德伦、佩里和斯塔夫罗普洛斯是德沃金的学生，加德纳、格林、马默、恩迪科特和比克斯又是拉兹的学生。在现有的分析法学译著中，哈特、德沃金、拉兹、麦考密克、比克斯、马默的著作是最多的。

相比而言，早期分析法学、纯粹法学和其他分析法学传统在国内的受关注度就要低许多。托马斯·厄斯金·霍兰的《法理学要素》、威廉·马克本的《法律的要素》和谢尔登·阿莫斯的《法律科学》、约翰·萨尔蒙德的《法理学或法律理论》和乔治·W. 佩顿的《法理学教科书》都是分析法学的名作，但国内学者很少关注这些著作，也没有人将它们译为中文。虽然凯尔森的代表作《纯粹法理论》和《法与国家的一般理论》已经翻译为中文，而同样代表他的纯粹法学思想的《公法理论的主要问题》《规范的一般理论》和《法律与道德哲学论文集》却无人问津。《规范性与规范——关于凯尔森主题的批判性视角》[31] 和《论凯尔森》[32] 是英语世界研究凯尔森纯粹法思想最重要的两本论文集，但未引起汉语法学界的广泛关注。

第二，侧重于翻译法律本体论的著作，忽视了其他主题的著作的翻译。《法理学的范围》《论一般法律》《法律的性质与渊源》《纯粹法理论》《法与国家的一般理论》《法律的概念》《法律的道德性》《法律帝国》《法律体系的概念》《法律的权威》和《制度法论》等已经翻译过来的分析法学著作都对法律本体论做出了巨大的贡献。分析法学除了探讨法律的本体问题外，还关注法律基本概念的分析以及部门法的哲学基础问题。[33] 在分析法学的译著中，关于法律基本概念和部门法哲学的译著只有寥寥几本。[34] 分析法学家探讨基本法律概念和部门法哲学的著作中，约瑟夫·拉兹的《权威与解释之间》(2009)、杰里米·沃尔德伦的《私有财产权》(1988)、马修·克雷默的《客观性与法治》(2007) 和约翰·加德纳的《冒犯与防卫》(2007) 都是值得翻译的优秀著作。普通法的哲学基础向来是国内法学界忽视的领域。这与中国法学研究的专业壁垒不无关系。法理学研究者不太关注部门法的问题，部门法学者不太关注理论问题，导致中国的法学研究出现了法理学与部门法学相互分离的格局。分析法学的影响不限于法理学，它广泛运用于各个具体的普通法领域。刑法哲学、侵权法哲学、合同法哲学、财产法哲学、宪法哲学、证据法哲学、国际法哲学等领域都有一批的分析法学著作，但国内法学界鲜有人关注这些著作。

四、法学翻译与中国的分析法学

分析法学著作的翻译为中国分析法学的发展提供了知识基础。换句话说，中国分析法学的研究始于法学翻译。

(一) 分析法学翻译与当代中国的西方法哲学研究

我仅以哈特、德沃金和拉兹三位分析法学大家在中国的研究进展为例

---

〔31〕 Stanley L. Paulson and Bonnie Litschewski Paulson eds., *Normativity and Norms: Critical Perspectives on Kelsenian Themes*, Clarendon Press, 1998. (作者包括 H. L. A. Hart, Alf Ross, Carlos S. Nino, Joseph Raz., Neil MacCormick, and Georg Henrik von Wright.)

〔32〕 Richard Tur and William Twining eds., *Essays on Kelsen*, Clarendon Press, 1986. (作者包括 Joseph Raz, Ota Weinberger, J. W. Harris and Stanley L. Paulson.)

〔33〕 [美] 布赖恩·比克斯:《论美国法中的哲学——分析法哲学》，祝梦君译，载《法哲学与法社会学论丛》2009 年第 00 期。

〔34〕 这两个领域的译著仅有:《基本法律概念》《认真对待权利》《自然法与自然权利》《法律中的因果关系》《责任与惩罚》《科宾论合同》《哲学与侵权行为法》和《宪政的哲学基础》。

阐述这个问题。英语世界首屈一指的法学家哈特在中国经历了从备受冷落到红得发紫的过程，新中国成立后的30年间，哈特的学说无人问津，改革开放后的头10年只有关于他思想的零星介绍，1989年他的《惩罚与责任》被翻译成中文，但未引起广泛关注，1990年代初评介哈特法律思想的著作或论文仍是凤毛麟角。哈特的《法律的概念》中译本的问世成为哈特在中国命运发生转折的分水岭。1996年以后，国内研究哈特的文献越来越多。20多位学者曾专门撰文探讨过哈特的法哲学思想。但"哈特热"的形成是2005年以后的事了。哈特的《法理学与哲学论文集》中译本恰恰是这一年出版的。2005年以后，国内出版了5本以哈特为主要研究对象的专著，分别是：徐爱国的《分析法学》〔35〕、陈景辉的《法律的界限——实证主义命题群之展开》〔36〕、支振锋的《驯化法律——哈特的法律规则理论》〔37〕、谌洪果的《哈特的法律实证主义——一种思想关系的视角》〔38〕和沈映涵的《新分析法学中的方法论问题研究——由哈特的描述性法理学引发的争论》〔39〕。根据笔者在中国期刊网硕士论文库的检索，2005年以来专门探讨哈特法律思想的博士论文有5篇，研究哈特法律思想的硕士论文有39篇之多。

哈特的弟子和继任者罗纳德·德沃金在中国的命运比他的老师要幸运得多。德沃金的《认真对待权利》和《法律帝国》的中译本出版后，国内关于德沃金法律思想的研究也逐步多起来。2002年德沃金访问中国，国内一时间兴起了一股研究德沃金的热潮。笔者在中国知网期刊库以"德沃金"为题搜索，检索到180多篇研究德沃金政治法律思想的论文，发表在1996年以前的仅3篇。在中国知网博硕论文库以"德沃金"为题名检索，检索到10篇研究德沃金政治法律思想的博士论文，检索到32篇研究德沃金政治法律思想的硕士论文。拉兹的两本著作《法律体系的概念》和《法律的权威》被翻译成中文之后，国内法学界兴起了"拉兹热"。在拉兹的著作的中译本出版以前，国内仅有几本西方法理学的教材和两篇论文讨论了拉兹的

---

〔35〕 徐爱国：《分析法学》，法律出版社2005年版。

〔36〕 陈景辉：《法律的界限——实证主义命题群之展开》，中国政法大学出版社2007年版。

〔37〕 支振锋：《驯化法律——哈特的法律规则理论》，清华大学出版社2009年版。

〔38〕 谌洪果：《哈特的法律实证主义——一种思想关系的视角》，北京大学出版社2008年版。

〔39〕 沈映涵：《新分析法学中的方法论问题研究——由哈特的描述性法理学引发的争论》，法律出版社2010年版。

法律思想。拉兹著作中译本的出版极大地推动了国内的拉兹研究。2003 年以来，十几位学者先后发表了 20 余篇论文专门探讨拉兹政治法律思想，专门研究拉兹法哲学思想的博硕士学位论文共有 7 篇。

反过来，如果分析法学家的著作没有被翻译过来，那么他们的思想也不会引起国内法学家的关注和重视。比如，托马斯 · 厄斯金 · 霍兰、威廉 · 马克本、谢尔登 · 阿莫斯、约翰 · 萨尔蒙德爵士和乔治 · W. 佩顿也是重要的分析法学家，但由于他们的著作没有被翻译过来，国内法学界也就无人没有研究他们的法理学思想。实际上，这批学者在分析法学历史上是承上启下的法学家，他们的著作在国外都有重要的的影响，而国内法学界忽视了他们的贡献，直接从边沁、奥斯丁跳到哈特，这无疑是一种遗憾。

（二）分析法学翻译与当代中国的法理学教材改革

目前国内法理学教科书的绪论、本体论和价值论的许多观点源于分析法学。沈宗灵先生率先将分析法学的观点引入我国的法理学教科书。现行法理学教科书在绪论部分都会介绍法学研究中的语义分析方法，这一研究方法专属于分析法学。国内最早提出这一方法的学者是沈宗灵先生。他在 1986 年发表的《研究法的概念的方法论问题》一文中提出，研究法的概念应该注意语义分析方法。〔40〕他后来将这一研究成果写进了法理学教科书。当然，沈宗灵对语义分析的理解是初步的，他仅仅抓住了语义分析方法的一个方面，即澄清语词的意义。此后，张文显教授在他的著作《法学基本范畴研究》中进一步强调了语义分析方法对于法学研究的重要性。他指出，"语义分析，亦称语言分析，是通过分析语言的要素、结构、语源、语境，而澄清语义混乱，求得真知的一种实证研究方法。"〔41〕他首次用分析法学的语义分析方法对法、权利、义务、法律行为、法律关系、法律责任这些基本的法学范畴进行了系统的研究。他关于法学基本范畴的研究成果也写进了法理学教科书。经过张文显对法理学教科书的更新，法理学的本体论部分具有了浓厚的分析法学色彩。

法律作用是法理学价值论部分的一个重要问题。将法律的作用分为规范作用和社会作用是沈宗灵先生的首创。他"在 1984 年《法学基础理论》

〔40〕沈宗灵：《研究法的概念的方法论问题》，载《法学研究》1986 年第 4 期。
〔41〕张文显：《法学基本范畴研究》，中国政法大学出版社 1993 年版，第 20 页。

（新编本）教材中引进了英国法学家拉兹关于法律作用的学说”。[42] 约瑟夫·拉兹认为，每一法律规范必然有规范作用，通常又都有社会作用。法律因有规范性而具有规范作用，因有或想有社会影响而有社会作用。[43] 国内法理学教材通常在介绍法律效力的概念时都会谈到它与法律实效的联系与区别。法律效力是指法律的约束力，属于应然范畴；法律实效表明法律在实际生活中的状况，属于实然范畴。同时，法律的实效是效力的一个条件。[44] 沈宗灵先生在1988年就区分了法律的效力和实效，他的这一观点来自凯尔森的学说。[45]

关于法律要素问题，我国法理学界长期采用法律规范说，将法律归结为法律规范这一单一要素，这一理论来自苏联法学界，其理论源头是奥斯丁的主权命令说。目前我们关于法律要素的通说是三要素说，即法律要素包括法律概念、法律规则和法律原则。[46] 三要素说综合了哈特的规则模式论和德沃金的原则理论。法理学教科书关于构成性规则和调整性规则的观点与哈特关于第一性规则与第二性规则的观点如出一辙。在法律规则与法律原则的区分这个问题上，法理学教科书要么采用了哈特的观点，要么采用了德沃金的观点。由中国政法大学法理学研究所老师集体编写的《法理学原理》是国内所有法理学教科书中分析法学特色最鲜明的一本教材。[47] 这本教材由四编内容组成：法概念论、法规范论、法学方法论以及法价值论。法概念论和法规范论分别由分析法学研究者陈景辉和范立波撰写。法概念论的设问方式和论证方式与现代分析法学教科书的写法如出一辙。法规范论探讨了规范的一般理论、法律体系和规范与实践推理的关系等问题，作者的研究方法、论证资源和基本立场完全是分析法学的。

---

〔42〕 沈宗灵：《再论法理学的创新》，载沈宗灵、罗玉中、张骐编：《法理学与比较法学论集——沈宗灵学术思想暨当代中国法理学的改革与发展》（下册），北京大学出版社、广东高等教育出版社2000年版，第843页。

〔43〕 Joseph Raz, "On the Functions of Law", in *Oxford Essays in Jurisprudence*, A. W. B. Simpson ed., Clarendon Press, 1973, p. 280.

〔44〕 参见沈宗灵主编：《法理学》，北京大学出版社2002年版，第366~367页。

〔45〕 沈宗灵：《再论法理学的创新》，载沈宗灵、罗玉中、张骐编：《法理学与比较法学论集——沈宗灵学术思想暨当代中国法理学的改革与发展》（下册），北京大学出版社、广东高等教育出版社2000年版，第845页。

〔46〕 参见张文显主编：《法理学》（第4版），高等教育出版社2011年版，第66页。

〔47〕 参见徐显明主编：《法理学原理》，中国政法大学出版社2009年版。

结 语

西方法学家在国内的地位与他的著作是否被翻译有着密切的联系。国内法学界的“博登海默热”“哈耶克热”“波斯纳热”“哈特热”“德沃金热”“拉兹热”“凯尔森热”“韦伯热”“哈贝马斯热”“霍姆斯热”“卡多佐热”“拉伦茨热”“阿列克西热”都始于他们著作中译本的出版，这是国内法学界的先翻译后研究的学术发展路数导致的。但哪些著作被翻译成中文带有很强的偶然性和随意性。可能一个学者碰巧看到一本自己感兴趣的著作，就把它翻译过来了，于是这本书的作者就为国内学术界所熟知。法学翻译的偶然性给中国的法学研究带来了重要的影响。按刘禾的话说就是：“我们或许更应该关注的是，在历史偶然性的关键时刻，西方和中国过去的思想资源究竟是怎样被引用、翻译、挪用和占有的，从而使被称为变化的事物得以产生。”[48] 国内法学界经由法学翻译在国内塑造了一幅与西方法学不同的地图。一个形象的说法是，中国的法学界是一台油墨不足的复印机，我们将西方法学的有些流派复印过来了，而有些法学流派没有复印过来，或者有些法学流派复印得油墨过深，而有些法学流派却复印得油墨过浅。

现如今，国内学者的外语水平普遍提高，多数学者都能自如地阅读外文原著，有学者提出翻译已无必要。实则不然，即使我们能够阅读外文原著，也需要翻译，因为我们是用汉语表达法律思想，只要我们引用国外学者的著作，我们就要进行翻译。要么你引用已有的翻译作品，要么你自己将原著的观点翻译为中文，区别仅仅在此。在这个意义上，每一位研究分析法学的学者都在从事翻译工作。只是有些学者将翻译的作品公开出版了，有些学者仅仅是在自己写论文的时候翻译了相关的观点。关键问题不在于是不是需要翻译的问题，而在于出版一批高质量的译著，通过名著名译建立汉语的分析法学传统，从而形成中国的分析法学派。紧密追踪世界法哲学的发展动态，积极参与他们的前沿研讨，这是中国法哲学走向世界的重要途径，法学翻译在这个过程中大有可为。

---

[48] 刘禾：《跨文化研究的语言问题》，宋伟杰译，载许宝强、袁伟选编：《语言与翻译的政治》，中央编译出版社 2001 年版，第 251 页。

从强制型到权威型：中国司法的范式转变

——以法理学教材为主线*

田　夫**

自1949年至今，总体而言，随着中国社会的转型，中国司法也经历了某种范式性的转变。如何理解这种范式性转变？法理学、宪法学、司法制度、诉讼法学等学科的学者都进行了积极探索。总体而言，这种转变在司法理论、司法制度与司法实践三个维度都有体现。由于不同学科研究视角的差异，也导致了各自的研究内容在这三个维度上各有侧重。

首先，就宪法学而言，中国宪法并未规定"司法权"，〔1〕"我国传统的宪法学教科书在阐述'国家机构'这部分内容时，通常是直接说明人民法院和人民检察院的组织机构和活动原则，而不对'司法机关'的内涵进行解释，更是回避了对司法权理论问题作出回答。这种拒绝阐述司法权理论的做法，在很长一段时间内成为我国宪法学教科书通行的编写模式"。〔2〕因此，宪法学并未提供司法的概念、特征等一般化的司法理论问题，更未从这些问题出发讨论中国司法的转型。宪法学者一般是从社会转型本身的角度讨论中国司法的转型的，如有学者根据社会转型期的划分将中国的司

---

* 本文原载于《法商研究》2017年第6期。

** 田夫，中国社会科学院国际法研究所副研究员。

〔1〕一个集中的研究，参见韩大元：《论1954年宪法上的审判独立原则》，载《中国法学》2016年第5期。

〔2〕胡夏冰：《司法权：性质与构成的分析》，人民法院出版社2003年版，第157页。

法价值观划分为政治司法价值观（1949—1978）、经济司法价值观（1978—2004）、社会司法价值观（2004—2010）、衡平司法价值观（2010年至今）。[3] 这一类研究当然也涉及司法理论，但其重点实际上落在了司法制度和司法实践上。

其次，就司法制度而言，作为一门在20世纪80年代才产生的新兴学科，其名称就昭示着它重制度而非理论的研究面向。即便由于理论与制度的深刻关联而使得该学科对司法理论有所涉及，一来由于性质和篇幅的限制导致涉及的程度非常有限，二来由于该学科产生较晚，也使得无法从它出发考察中国司法的整体性变迁。

最后，就诉讼法学而言，由于其进一步分为民事诉讼法学、刑事诉讼法学、行政诉讼法学，也决定了其难以提供一般化的司法理论。相对而言，诉讼法学对中国司法转型的研究更多地集中于与相应研究视角相关的司法制度和司法实践上。

相较于宪法学、司法制度、诉讼法学等学科，法理学为中国司法的范式性转变奠定了最一般的理论基础，这尤其体现在法理学教材之中：从20世纪50年代中国法理学引进、继受苏联法理学教材开始，到20世纪90年代中期乃至现在，中国法理学教材不但提供了一般化的司法理论，而且实现了一般化司法理论的转型，同时也留下了一些至今仍需解决的问题。在法学界关于中国司法转型的既有研究中，法理学教材并没有得到充分的关注。因此，本文以分析法理学教材为主线，力求展现一般化的司法理论及其转型。通过这种研究，本文拟从理论维度丰富对中国司法转型的研究，进而为从制度维度和实践维度对中国司法转型的研究提供理论基础。

通过研究近七十年来法理学教材的发展，可以将中国司法理论的范式性转变概括为从强制型司法到权威型司法的转变。为此，需要从三个方面予以说明：

第一，本文中的强制型司法、权威型司法是理论维度上的概念，它们从法理学教材中的法律适用理论提炼而来，分别代表了不同时期的一般化司法理论形态。从20世纪50年代开始，法律适用就是法理学教材的一个传统章节。一般化司法理论隐藏于法律适用理论之中，尽管在很长一段时间内，法律适用的主体不只包含司法机关，以至于法律适用不能与司法画等

[3] 参见江国华：《转型中国的司法价值观》，载《法学研究》2014年第1期。

号；但从法律适用这一章节的内容来看，主要是以司法为中心的。1990 年以后，在一些教材依然保留法律适用这一名称的同时，也有相当一部分教材直接将法律适用这一章节的名称改成了司法。这些都说明，法律适用理论是提炼一般化司法理论的源泉和基础。当然，不论是在理论史上，还是就现状而言，法律适用与司法并不完全等同，本文的研究主题是后者而非前者。

之所以使用强制型司法和权威型司法这对概念，是因为强制性和权威性分别是不同历史阶段法理学教材对法律适用核心特征的直接表述，从 20 世纪 80 年代下半期到 20 世纪 90 年代中期，权威性逐渐取代了强制性。尽管在强制性和权威性之外，还存在法律适用的其他特征，譬如专属性、专业性等；但是，本文认为，相较于其他特征，强制性与权威性分别构成了不同历史阶段法律适用的核心特征，这有两个基本原因：其一，近七十年法理学教材法律适用理论的发展表明，强制性与权威性二者及其相互关联的确构成了贯穿理论史的核心线索。其二，强制性与权威性是联结法律基本特征与法律适用基本特征的关键：法律适用是对法律的适用，因此，法律的基本特征当然会体现到法律适用的基本特征之上，这种体现就是强制性与权威性；如果将视野稍加扩大，不难发现，法律的强制性与权威性相继构成了 19 世纪以来世界法理学讨论法律基本特征的主题。置身于此背景下的社会主义法理学，也不可避免地受到了上述讨论的影响。因此，正是在强制性与权威性分别构成了不同历史阶段法律适用核心特征的意义上，本文将从相应历史阶段法律适用理论中提炼的一般化司法理论命名为强制型司法和权威型司法。

第二，强制型司法与权威型司法是理论维度上的概念，但它们也兼具制度维度和实践维度的意义。理论、制度与实践三者之间存在着复杂而非简单的对应关系，下文还会进一步讨论这种关系。本文的重心是理论维度，只有在必要时才涉及制度维度和实践维度。

第三，从强制型司法到权威型司法的转变，主要发生在 20 世纪 90 年代中期以前的法理学教材中。因此，为了尽可能充分地解释这一转变过程，本文将以法理学教材为主线，这有两个方面的含义：其一，研究法理学教材相关内容的变化构成了本文的形式线索；其二，只有在必要时，本文才会在符合学术史的基础上使用法理学教材之外的材料。

一、强制型司法的母体、形成及特征

（一）强制型司法的母体：苏联的法律适用理论

1. 苏联20世纪40年代的法律适用理论：对强制的两种截然不同的定位

从现有的中文译著来看，在俄语中，法律适用概念在19世纪末20世纪初俄国法学家舍尔舍列维奇的著作中已经出现。俄国当代学者马尔琴科在《国家与法的理论》“法律适用”一节中，就不时引用舍尔舍列维奇的观点。舍尔舍列维奇认为，法律适用是“让日常生活关系建立在抽象的法律规范基础之上”。[4] 马尔琴科由此得出结论：“任何一个力图使自己的行为符合法律规定的人都可以适用法律规范。”[5]

舍尔舍列维奇将法律适用的主体界定为“任何一个力图使自己的行为符合法律规定的人”的观点，影响到了后来的苏联法学家。但后者对法律适用理论进行了马克思主义的改造，苏联科学院法学研究所科学研究员集体编著的《马克思列宁主义关于国家与法权理论教程》(下文简称“研究所，1949”）认为：“法权的适用就是法权的生效，是法权的实行，是法权所制定的那些规定与规则的实现……因此苏维埃社会主义法权的适用，首先依靠苏维埃人民的自觉及其对表现共产党与苏维埃政权政策的并符合苏维埃人民社会主义法权意识的苏维埃法律之尊重。苏维埃法权的适用，当然也由国家强制、国家机构的力量来保证的，但是这种强制是对破坏社会主义秩序与社会纪律的人们，是对违犯苏维埃法律的人们，是对苏维埃国家的敌人，是对卖国者与叛国者，是对外国侦探机关的代理人而适用的。”[6] 在这里，自觉与强制这一对范畴出现在了对法律适用的解释中。自觉是对苏维埃人民而言的，强制是对违法者而言的。并且二者之间的关系表现出历史唯物主义决定的时间继承性。在尚且存在剥削阶级的苏维埃社会主义国家发展的第一阶段，法律适用主要依靠强制；在业已消灭剥削阶级的苏

---

〔4〕 转引自［俄］马尔琴科：《国家与法的理论》，徐晓晴译，中国政法大学出版社2010年版，第442页。

〔5〕［俄］马尔琴科：《国家与法的理论》，徐晓晴译，中国政法大学出版社2010年版，第442页。

〔6〕 苏联科学院法学研究所科学研究员集体编著：《马克思列宁主义关于国家与法权理论教程》，中国人民大学马克思列宁主义关于国家与法权理论教研室译，中国人民大学1954年版，第498~499页。另：由于本文涉及大量法理学教材，为简便计，正文中一律以“（主编或作者，出版年份）”简称相关教材；其中，苏联法理学教材出版年份为俄文版出版年份。

维埃社会主义国家发展的第二阶段，法律适用主要依靠自觉。二者之间存在着时间继承性；进一步地，这种时间继承性由于受到了历史唯物主义的决定而具有必然性：强制是自觉的手段，自觉是强制的归宿。〔7〕

但是，在20世纪40年代的苏联法理学中，“研究所，1949”只代表了关于法律适用的一种观点，另一种观点是以杰尼索夫所著的《国家与法律的理论》(下文简称“杰尼索夫，1948”）为代表。后者指出，法律适用意味着：“将法规应用于个别事实，恢复被损害的权利，惩罚破坏法律秩序的罪人。”〔8〕根据法尔别尔的理解，这句话的意思是：“苏维埃法律规范只有在它遭到破坏时才适用，苏维埃法律规范适用中的主要特点就是强制。”〔9〕显然，这与“研究所，1949”自觉优先于强制的基调是截然不同的。

2. 苏联20世纪50年代的法律适用理论：强制意义的分化

1954年，法尔别尔的一篇论文引发了苏联法理学关于法律适用问题的讨论。法尔别尔认为“研究所，1949”和“杰里索夫，1948”的观点均不令人满意。针对“研究所，1949”认为法律适用就是法的实现的观点，法尔别尔指出：“法的适用的概念不能也不应当包括有关法的实现的所有一切多种多样的社会现象。法律规范的适用，这当然是实现法律规范的事实，但法的实现还需要其他的、不具有法律性质的手段……法的适用只是法的实现的方式之一，它不包括法的实现的一切形式。”〔10〕针对“杰里索夫，1948”认为法律适用只包括国家对违犯法律规范的人实施强制（即法律规范的制裁部分）的文件的观点，法尔别尔指出，这种将法律适用的主要点定位于强制的做法是不正确的：“有很大一部分具有法律意义的文件，它们所实现的，不是法律规范的制裁部分，而是其处理部分；这些文件完全应

〔7〕参见苏联科学院法学研究所科学研究员集体编著：《马克思列宁主义关于国家与法权理论教程》，中国人民大学马克思列宁主义关于国家与法权理论教研室译，中国人民大学1954年版，第499页。

〔8〕［苏］杰尼索夫：《国家与法律的理论》(下册)，方德厚译，中华书局1951年版，第452页。

〔9〕［苏］法尔别尔：《论苏维埃社会主义法律规范的适用》，李嘉恩译，载中国人民大学国家与法权理论教研室编：《国家和法的理论论文选译》(第1辑)，中国人民大学出版社1956年版，第165页。

〔10〕［苏］法尔别尔：《论苏维埃社会主义法律规范的适用》，李嘉恩译，载中国人民大学国家与法权理论教研室编：《国家和法的理论论文选译》(第1辑)，中国人民大学出版社1956年版，第162~165页。

该算作是适用法的文件。"[11] 法尔别尔将法律适用与对社会实施国家领导相关联，因而区分了法律适用与法的执行和遵守："执行和遵守社会主义法律规范的，当然不只是公民，而且还有全部苏维埃国家机关。但是国家机关还具有一种特殊的、只有它才具有的权力，即适用法律规范的权力。"[12] 他强调适用法律规范的权力专属于国家机关，所以，公民不是法律适用的主体。

凯里莫夫在赞成法尔别尔法律适用概念的基础上，对强制概念作了进一步的说明。他批评了既有研究"把苏维埃法中的强制概念同以强制保证苏维埃法律规范遵守的概念混淆起来"的做法，并指出："全部法律规范在其实现中都受到国家强制力的保证，这一点实际上也就是法律规范实现的保障，不过绝大多数苏维埃人民都是自愿地遵守苏维埃法律规范的。"[13] 换句话说，在此前法理学的强制概念中，存在两种未分化的意义：一是制裁意义上的"苏维埃法中的强制概念"，二是"以强制保证苏维埃法律规范遵守的概念"。这种分化在法尔别尔那里是不存在的或者不重要的，凯里莫夫则将它们区分开来，客观上为此后强制概念在法律适用理论中再度扮演重要角色奠定了基础。

1955 年，苏联《苏维埃国家和法》杂志编辑部在总结由法尔别尔引发的法律适用问题的讨论时，进一步发展了凯里莫夫第二种意义上的强制概念，从"以强制保证苏维埃法律规范遵守的概念"中提炼出了"强制职权"这一概念，并将其与法律适用的主体这一问题结合起来："公民不能以国家的名义行事，他的行动决不是始终都要具有某种特殊的正式的形式，决不和颁布适用法律规范的文件有关联。对于国家机关来说，适用法律规范是日常的实际活动和组织活动，在进行这种活动时，它们表现为强制职权的直接担当者，积极影响社会关系；至于个别公民，大家知道，他们是不具

---

[11] [苏] 法尔别尔：《论苏维埃社会主义法律规范的适用》，李嘉恩译，载中国人民大学国家与法权理论教研室编：《国家和法的理论论文选译》（第 1 辑），中国人民大学出版社 1956 年版，第 165 页。

[12] [苏] 法尔别尔：《论苏维埃社会主义法律规范的适用》，李嘉恩译，载中国人民大学国家与法权理论教研室编：《国家和法的理论论文选译》（第 1 辑），中国人民大学出版社 1956 年版，第 167 页。

[13] [苏] 凯里莫夫：《论苏维埃法律规范的适用——对苏维埃法律规范适用问题的讨论》，李嘉恩译，载中国人民大学国家与法权理论教研室编：《国家和法的理论论文选译》（第 1 辑），中国人民大学出版社 1956 年版，第 178~179 页。

有这种强制职权的。"〔14〕 于是，强制职权概念构成了法律适用的前提。

（二）强制型司法的形成

1. 法律适用强制性的继受与发展

苏联法理学20世纪50年代关于法律适用问题的讨论直接影响了同期产生的社会主义中国的法理学。作为新中国的高等法学教育基地，中国人民大学法律系在使用数年的苏联法理学教材之后，出版了《国家和法权理论讲义》(下文简称"人大，1957")。该书基本上采纳了法尔别尔的观点，并完全赞成苏联《苏维埃国家和法》杂志编辑部关于强制职权概念的观点，指出："社会主义国家机关、公职人员，依其职权范围，组织社会主义法权规范在生活中具体实现的法权方式……适用法权规范在很多情况下是和国家强制相联系的，而这正是国家专有的活动"。〔15〕 这样，强制职权概念在法律适用理论中的地位得以凸显，这一点直接影响了强制型司法的形成。

改革开放以后，中国人民大学法律系国家与法律理论教研室编的《国家与法的理论》(下文简称"人大，1979") 大体延续了"人大，1957"的法律适用概念："社会主义法律规范的适用，就是指社会主义国家机关及其工作人员依其职权范围，运用法律手段，实施法律规范的一种方式。"〔16〕相对于"人大，1957"沿袭苏联直接采用强制权概念的表述，"人大，1979"强调的是强制性。〔17〕 后来，孙国华主编的《法学基础理论》(下文简称"孙国华，1987") 进一步解释了强制性："法的适用以法律规范为根据，使法律的一般规定具体化，从而产生个别性的规定，即从属于法律规范的法律文件——适用法律文件……适用法律的文件象法律规范一样具有国家意志性和国家强制性，是人们必须遵守的。"〔18〕

---

〔14〕 "苏维埃国家和法"杂志编辑部：《苏维埃法律规范适用问题讨论总结》，李嘉恩译，载中国人民大学国家与法权理论教研室编：《国家和法的理论论文选译》(第1辑)，中国人民大学出版社1956年版，第153页。

〔15〕 中国人民大学法律系国家和法权理论教研室集体编写：《国家和法权理论讲义》(下册)，中国人民大学出版社1957年版，第296~297页。

〔16〕 中国人民大学法律系国家与法律理论教研室编：《国家与法的理论》(第3册)，校内用书1979年版，第86页。

〔17〕 参见中国人民大学法律系国家与法律理论教研室编：《国家与法的理论》(第3册)，校内用书1979年版，第86页。

〔18〕 孙国华主编：《法学基础理论》，中国人民大学出版社1987年版，第394页。

2. 司法在法律适用中地位的提高

20世纪50年代的中国法理学继受了苏联法理学的法律适用理论，认为国家机关是法律适用的主体，但是在国家机关中，司法机关并不具有优先的地位。这种状况在改革开放后逐渐改变。“人大，1979”第一次指出：“在法律规范的适用中，人民公安机关、人民检察院和人民法院起着极其重要的作用。人民公安机关、人民检察院和人民法院是执法机关。”〔19〕

1980年以后，随着“法律适用”一章在法理学教材中地位的变化，司法在法律适用中的地位进一步提高。从“研究所，1949”到“人大，1979”，法律适用一直是法理学教材中独立的一章。1981年，刘升平提出了法律适用的上位概念——法律实施，并将法律实施作为独立的一章，法律适用作为该章重要内容。从表面上看，与以前相比，这似乎降低了法律适用的地位；实则不然，这种变化乃是由于中国法理学开始窄化法律适用概念所导致的。刘升平指出，法律实施，包括守法和执法两个方面。其中，执法即法律适用——“要求国家机关和公职人员正确适用法律，并对违法者实行法律制裁”。〔20〕不同于法尔别尔区分法律适用与法的执行和遵守的做法，刘升平只区分了法律适用与法的遵守，而将法律适用与法的执行相等同。在此基础上，他延续了“人大，1979”在法律适用中重视公检法三机关的做法，并充实了关于公检法三机关的论述：“公安、检察、法院又简称为公、检、法三机关，它们是代表国家专门行使司法权的国家执法机关。”〔21〕司法概念首次出现在法律适用理论中，而且还以司法权的形式出现。

1982年，张泉林提出了法律适用的“双义说”，“从广义上讲，它是指国家专门机关及其工作人员和国家授权单位按照法定的职权和程序，将法律规范适用于具体的人或组织的专门活动。从狭义上讲，它专指国家司法机关适用法律规范处理案件的活动”。〔22〕至此，强制型司法基本形成。

强制型司法形成的标志，在于20世纪80年代司法与强制性的结合；但更重要的是，其所蕴含的内在逻辑，则可以上溯到20世纪50年代，甚至更

〔19〕中国人民大学法律系国家与法律理论教研室编：《国家与法的理论》（第3册），校内用书1979年版，第87页。

〔20〕陈守一、张宏生主编：《法学基础理论》，北京大学出版社1981年版，第362页。

〔21〕陈守一、张宏生主编：《法学基础理论》，北京大学出版社1981年版，第363页。

〔22〕孙国华主编：《法学基础理论》，法律出版社1982年版，第284页。

早的苏联时期。如果仅仅拘泥于法理学教材的字面表述，则大大降低了强制型司法的意义。

（三）强制型司法的特征

1. 强制性

强制型司法的首要特征在于强制性。经过从苏联到中国的演变之后，强制性实际上具备两层互相区分但又互相影响的意义。其一，从“人大，1957”中的强制权，到“孙国华，1987”中适用法律文件的强制性，强制性的表现形式从赤裸裸的强制权演变为具有规范意义的强制性。其二，但是，苏联法中制裁意义上的强制概念并未失去意义，恰恰相反，制裁意义上的强制概念与国家强制性并不矛盾，甚至成为国家强制性的进一步保障。

2. 工具性

强制型司法的工具性是指，司法是无产阶级专政的工具，在此基础上，司法权可以由多个主体享有，它们在行使司法权这一点上并不是非此即彼的关系，而是彼此合作的关系，合作的目的是为了巩固无产阶级专政。强制型司法的工具性特征，也是将强制型司法追溯到 20 世纪 50 年代的重要证据。

从主体上讲，强制型司法不强调司法权的主体与分配，司法权可以由多个主体享有。这从 1949 年后界定司法的复杂状况可见一斑。比如，《人民司法工作是无产阶级专政的锐利武器》一书将公安、检察院、法院甚至人民调处委员会、公证机关的工作都纳入人民司法工作，并写道：“人民公安机关、人民检察院和人民法院，是在党的绝对领导下掌握在无产阶级手里的对一切敌人实行专政的武器，是党和人民群众实现建设社会主义总路线的工具。”〔23〕

从任务上讲，强制型司法的任务是：“通过法律规范的适用，处理刑事案件、民事案件和经济案件等，及时准确地镇压敌人，惩罚犯罪，保护人民，巩固无产阶级专政，保障社会主义革命和社会主义建设事业的顺利进行。”〔24〕

从原则上讲，强制型司法有一条原则是：“严格区分两类不同性质的矛

〔23〕 中国人民大学审判法教研室编著：《人民司法工作是无产阶级专政的锐利武器》，中国人民大学出版社 1958 年版，第 5 页。

〔24〕 中国人民大学法律系国家与法律理论教研室编：《国家与法的理论》（第 3 册），校内用书 1979 年版，第 87 页。

盾，划清反革命罪与其他刑事犯罪的界限，罪与非罪、违法与合法的界限……如果划不清上述界限，对于案件的性质认定有错误，就不可能正确适用法律，就会打击好人，放纵敌人；惩办无罪的人，使有罪的人逍遥法外；公民正当的合法的权益得不到保障，违法的行为得不到制裁。"[25]

3. 阶级性

强制型司法过于强调阶级性，这甚至体现在法律解释这一法律适用的基本技术之中。"在资产阶级国家内，法律的解释经常以保证这种法律的适用符合资产阶级的阶级利益为任务"；[26] 为此，资产阶级法学家在进行法律解释时标榜所谓"合理原则"，但实际上却与"法制原则"相对立。与之相反，"在苏联当适用和解释法律时，坚决反对把法制和合理对立起来。籍口精确和严格适用法律不合理而破坏法制，是绝不允许的……对于苏维埃法律在适用上的解释，只能是说明它的真正的和精确的意义"。[27]

法律解释的目的充满了阶级性，法律解释的尺度也就充满了阶级性。"在资产阶级国家中，限制解释与扩充解释被广泛地运用来当作回避法律、破坏法律的手段。"[28] 而在社会主义国家，限制解释和扩充解释则被严格限制；相比之下，字面解释"在社会主义国家中是主要的，因为社会主义国家的文字表述都是很明白的确切符合其原意的，社会主义国家竭力作到使字面含义确切符合立法原意"。[29]

但是，仅仅做到字面解释是不够的。"保证正确解释法权规范的最主要之点就在于：站稳工人阶级立场，运用阶级分析法……从工人阶级和劳动人民的利益出发，必须深刻领会共产党的有关政策，必须分析在该法律所

---

〔25〕 中国人民大学法律系国家与法律理论教研室编：《国家与法的理论》(第3册)，校内用书1979年版，第92~93页。

〔26〕 苏联科学院法学研究所科学研究员集体编著：《马克思列宁主义关于国家与法权理论教程》，中国人民大学马克思列宁主义关于国家与法权理论教研室译，中国人民大学1954年版，第506页。

〔27〕 苏联科学院法学研究所科学研究员集体编著：《马克思列宁主义关于国家与法权理论教程》，中国人民大学马克思列宁主义关于国家与法权理论教研室译，中国人民大学1954年版，第509页。

〔28〕 苏联科学院法学研究所科学研究员集体编著：《马克思列宁主义关于国家与法权理论教程》，中国人民大学马克思列宁主义关于国家与法权理论教研室译，中国人民大学1954年版，第516页。

〔29〕 中国人民大学法律系国家和法权理论教研室集体编写：《国家和法权理论讲义》(下册)，中国人民大学出版社1957年版，第307页。

规定的问题上所反映出的阶级关系、阶级斗争”。[30]

当然，应当看到，强制型司法在具有强制性、工具性、阶级性的同时，也具有若干符合法治要求的因素：其一，强制型司法提出了正确、合法、及时的法律适用要求。其二，强制型司法提出了以下法律适用的基本原则：在法律面前人人平等，司法机关独立行使职权、只服从法律，以事实为根据、以法律为准绳，专门机关的工作和群众路线相结合，坚持实事求是、有错必纠。[31]

二、权威型司法的形成及特征

从20世纪80年代下半期起，随着中国法理学对法律适用特征的强调从强制性转向权威性，强制型司法开始向权威型司法过渡。这一过渡直至20世纪90年代中期得以完成，并持续至今。

（一）权威型司法的形成

在强制型司法的基础上，在沈宗灵主编的《法学基础理论》（下文简称“沈宗灵，1988”）中，刘升平因循其在法律适用中重视公检法三机关的一贯逻辑，对“双义说”进行了颠覆性改造：“法律适用通常是指国家司法机关在宪法和法律规定的职权范围内，依照法定程序，具体应用法律审理案件的专门活动。由于它是以国家名义来行使司法权，故一般又简称‘司法’。广义地说，行政机关依法作出裁决的活动，也称为适用法律。”[32] 刘升平改变了他此前的做法，转而区分了法律适用与法律执行：“法律执行，简称‘执法’，也有广义、狭义两种理解。从狭义上说，主要指国家行政机关在法律规定的职权范围内，依照法定程序对社会进行的组织和管理活动。从广义上说，执法不仅指国家行政机关，也包括司法机关具体实施法律的活动。”[33] 刘升平在延续强制性特征的同时，强调了建立在“说服教育的基础上的”强制性，或者说开始尝试将说理性与强制性相结合：“法律适用是在说服教育的基础上依靠国家强制机关作为后盾，以此来保证法律在社

---

〔30〕 中国人民大学法律系国家和法权理论教研室集体编写：《国家和法权理论讲义》（下册），中国人民大学出版社1957年版，第305页。

〔31〕 参见陈守一、张宏生主编：《法学基础理论》，北京大学出版社1981年版，第364～380页。

〔32〕 沈宗灵主编：《法学基础理论》，北京大学出版社1988年版，第365页。

〔33〕 沈宗灵主编：《法学基础理论》，北京大学出版社1988年版，第365页。

会生活中得到实现，因此它具有很大的强制性。”[34]

在沈宗灵主编的《法理学》(下文简称“沈宗灵，1994”) 中，刘升平继续对法律适用理论进行着改造。他 1988 年的改造从法律适用的定义出发确立了司法的中心地位，而 1994 年的改造则体现为两个相互关联的方面：其一，刘升平改变了他 1981 年关于司法权主体包括公检法三机关的论述，将司法权主体限定为法检两机关：“在我国，司法权一般指审判权和检察权。”[35] 其二，继 1988 年尝试将说理性与强制性相结合之后，刘升平将说理性从强制性中独立出来，并将其发展为与专业性相结合的权威性。他指出，法律适用这项权力“只能由国家司法机关行使，其他任何组织和个人都不能具有此项权力。因此，它具有很强的权威性和专业性”。[36] 正是明确将司法权主体限定为法检两机关，才确立了法律适用的权威性。

在权威性特征在教材中日益彰显的同时，是强制性特征在教材中的弱化。在张文显 1997 年主编的《法理学》(下文简称“张文显，1997”) 中，刘作翔将强制性附属于权威性，概括为法律适用的裁决权威性特征。[37] 这成为此后教材处理强制性的通行做法。权威性特征的提出与强制性特征的弱化，一并标志着强制型司法演变成了权威型司法。在权威型司法中，依然承认司法的强制性，但是，强制性的地位大幅下降，而且应以权威性为前提。从“沈宗灵，1988”，经“沈宗灵，1994”，到“张文显，1997”，可以看到强制性地位逐步下降的过程：先是被说理性稀释，继而被置于权威性之后，最后被纳入权威性。

(二) 权威型司法的特征

1. 权威性

相对于强制性从苏联到中国的学理脉络，法理学界并未为理解权威性提供丰富的理论资源。或者说，从 20 世纪 80 年代下半期到 20 世纪 90 年代中期，法理学教材中从强制型司法到权威型司法的过渡，是自发而非自觉地完成的。在这种情况下，要理解权威性，就需要结合权威型司法的形成过程并在与强制型司法比较中思考。

---

〔34〕 沈宗灵主编：《法学基础理论》，北京大学出版社 1988 年版，第 366 页。

〔35〕 沈宗灵主编：《法理学》，高等教育出版社 1994 年版，第 344~345 页。

〔36〕 沈宗灵主编：《法理学》，高等教育出版社 1994 年版，第 345 页。

〔37〕 参见张文显主编：《法理学》，法律出版社 1997 年版，第 366 页。

第一，权威型司法取代强制型司法，是与法理学学科精神气质的变化紧密关联的。法理学学科精神气质的变化，典型地体现为学科名称的变化。从20世纪50年代继受苏联的“国家和法权理论”、20世纪70年代末期的“国家与法的理论”，经20世纪80年代的“法学基础理论”，到20世纪90年代以来的“法理学”，法理学学科的精神气质经历了从国家与法合为一体到法相对独立于国家的过程。这个过程与从强制型司法到权威型司法的过渡相一致，这种一致性具有必然性。强制型司法的强制性，指的是国家强制性。在20世纪50年代，国家强制性表现为赤裸裸的强制权；在20世纪80年代，国家强制性表现为以国家强制机关为后盾的强制性。国家强制性表现出了一个从幕前到幕后的演变过程。在权威型司法中，强制性不再是一个单独的特征，而是附属于权威性。权威性不是国家的权威性，而是法本身及其适用的权威性。相对于作为后盾的国家强制性，权威性居于优先地位。

第二，权威型司法取代强制型司法，是与法律适用、法律执行二者从互不区分到相互区分的过程相一致的。在强制型司法中，法律执行就是法律适用，法律适用就是法律执行，二者互不区分。1982年《宪法》第135条可以为此做一个注脚，该条规定：“人民法院、人民检察院和公安机关办理刑事案件，应当分工负责，互相配合，互相制约，以保证准确有效地执行法律。”从强制型司法的角度看，该条中的执行概念与“适用”同义。在权威型司法中，法律适用区别于法律执行。尽管学界通过广狭义的区分为二者相互重合保留了可能，但不能否认的是，狭义也即典型意义上的法律适用与法律执行已经相互区分开来。

上述两点之间还具有一定的关联性。1992年，李巍在区分法律适用与法律执行时指出，“这两种活动的主体、地位、内容、目的、方式、程序等都有明显的不同，这种不同是由法律的‘自主性’或‘独立性’决定的，法律是自主的规范，有独立的制定、解释和运用的机构，独立的操作程序”。[38] 他批评了将这两种活动简单地等同起来的做法，认为这种做法“在理论上和实践上都容易造成混乱，在理论上对两种执法活动（这里李巍是在广义上使用法律执行概念，从而包含了法律适用与狭义的法律执行，但事实上他在区分法律适用与法律执行时使用的是狭义的法律执行概

〔38〕 刘金国、张贵成主编：《法理学》，中国政法大学出版社1992年版，第289页。

念——引者注）的特殊缺乏了解，既不利于提高行政效率，发挥社会管理的社会功能，也不利于树立司法的权威”。[39] 李巍在区分法律适用与法律执行时提到了法律的自主性和独立性这一重要的思想，而该思想在当代中国法学中的出现恰恰是发生在从国家与法的理论走向法理学这一时代背景之下的；也正是在同样的背景之下，法理学界开始主张司法的权威性，强制型司法走向了权威型司法。

2. 目的性

权威型司法的目的性，是相对于强制型司法的工具性而言的，它是指，司法不仅是人民民主专政的工具，而且有其自身的目的，它追求公正地处理案件本身。为了实现这一目的，权威型司法在主体、功能、原则等方面均不同于强制型司法。

从主体上讲，与强制型司法中不强调司法权的主体与分配相对，权威型司法中法律适用具有职权法定性。刘作翔在“张文显，1997”中提出了职权法定性：“法的适用是享有司法权的国家司法机关及其司法人员依照法定职权和法定程序运用法律规范处理案件的专门活动，也就是以国家名义行使司法权的活动。这项权力只能由享有司法权的国家司法机关及其司法人员行使，其他任何国家机关、社会组织和个人都不能行使此项权力。”[40] 与强制型司法相比，权威型司法在法律适用主体上的重要进步无疑是将公安机关从法律适用主体中排除出去。1989 年，李巍指出：“在我国，专门适用法律的机关或称司法机关包括国家的审判机关，检察机关。司法行政机关（如负责刑事侦察的公安机关）的执法活动，虽与国家审判机关和检察机关的适用法律活动，有较为密切的联系，但仍属于行政机关执法的范围。”[41]

从功能上讲，权威型司法最直接的功能是纠纷解决，此外还承担着法律适用和规则确认、维护政治秩序和权力的合法性等社会功能。[42]

从原则上讲，除了继受强制型司法中具有法治因素的法律适用基本原

---

〔39〕 刘金国、张贵成主编：《法理学》，中国政法大学出版社 1992 年版，第 289 页。
〔40〕 张文显主编：《法理学》，法律出版社 1997 年版，第 365 页。
〔41〕 刘金国主编：《法学基础理论》，国际文化出版公司 1988 年版，第 275 页。
〔42〕 参见朱景文主编：《法理学》，中国人民大学出版社 2012 年版，第 276~277 页。

则外，权威型司法还增加了司法责任原则、[43] 司法公正原则，[44] 同时抛弃了正确区分和处理两类不同性质的矛盾原则。

3. 专业性

权威型司法的专业性，是相对于强制型司法的阶级性而言的。与从强制型司法到权威型司法的过渡完全同步，权威型司法的专业性也是在“沈宗灵，1988”中开始萌芽的。萌芽的标志在于教材体例的一个显著变革：在此前的教材中，法律解释都是作为法律适用的一节而出现的，而在“沈宗灵，1988”中，刘升平将法律效力、法律解释和法律类推从法律适用中独立出来作为与之相邻的下一章。尽管教材没有交代这种改变的原因，但从内容上看，法律效力、法律解释和法律类推一章的篇幅已经超过法律适用一章的篇幅，这说明了法律解释等法律适用技术性内容的增多。同时，法律解释的阶级性逐渐淡化；20世纪90年代中期以后，相较于限制解释和扩充解释，字面解释的优先性不再被提及。[45]

而到了“沈宗灵，1994”中，刘升平直接提出了法律适用的专业性特征。[46] 后来，学者进一步将专业性解释为：“司法是司法机关运用法律处理案件的专门活动，它需要专业的判断，这就要求司法人员必须具有精深的法律专业知识和丰富的经验”。[47]

与教材对法律适用专业性的字面表述相比，更重要的是教材体例的继续调整和变革。在“沈宗灵，1988”将法律效力、法律解释和法律类推从法律适用中独立出来单成一章之后，法律效力部分逐渐脱离法的运行论，进入法的概念论；而法律解释和法律推理等内容则不断发展，[48] 并在21世纪中国法律方法论兴起的背景下，与新增的法律论证相结合，构成法律方法一章的内容。[49]

---

[43] 参见张文显主编：《法理学》，法律出版社1997年版，第369页。

[44] 参见张文显主编：《法理学》(第4版)，高等教育出版社、北京大学出版社2011年版，第215~216页。

[45] 参见沈宗灵主编：《法理学》，高等教育出版社1994年版，第427页。

[46] 参见沈宗灵主编：《法理学》，高等教育出版社1994年版，第345页。

[47] 张文显主编：《法理学》(第4版)，高等教育出版社、北京大学出版社2011年版，第212页。

[48] 参见沈宗灵主编：《法理学》，高等教育出版社1994年版，第420~446页。

[49] 参见张文显主编：《法理学》(第4版)，高等教育出版社、北京大学出版社2011年版，第230~245页。

教材体例变革的另一项重要内容是法理学教材法的运行论中法律职业这一章的设立。[50] 尽管法律职业不限于法官和检察官，但法官和检察官是法律职业的代表。从专业到职业，意味着对法律职业技能和伦理的重视、法律职业制度的成熟。

三、强制型司法向权威型司法转型后所面临的问题

20 世纪 90 年代中期，作为理论维度的概念，强制型司法基本上实现了向权威型司法的转型。在此之后，需要在制度和实践层面祛除强制型司法的因素，实现权威型司法的要求。树立司法的权威性，既符合现代世界各国司法发展的普遍趋势，又是建设社会主义法治国家的内在要求。21 世纪中国的司法改革明确提出了树立司法的权威性这一目标。党的十七大报告提出："深化司法体制改革，优化司法职权配置，规范司法行为，建设公正高效权威的社会主义司法制度。"这一任务在十八届三中全会《中共中央关于全面深化改革若干重大问题的决定》中得到了重申："深化司法体制改革，加快建设公正高效权威的社会主义司法制度。"

在从制度和实践层面树立司法的权威性的同时，也要继续研究作为理论维度的概念的权威型司法所面临的问题。司法的权威性是权威型司法的核心特征，尽管中国司法理论已经普遍认可了司法的权威性，但这并不意味着当前的权威型司法中不存在需要解决的问题。将现今法理学教材中的相关内容与 20 世纪 90 年代中期相比，总体上并无明显变化。但事实上，20 世纪 90 年代中期以后法理学学科精神气质的变化，乃至 1997 年党的十五大提出司法改革，都不断向权威型司法提出新问题。若不能正确解答这些在司法制度与司法实践中出现的新问题，也会影响到司法理论的意义。下文选择两个对当前司法理论而言比较迫切的问题予以阐述。

（一）转型之后司法的权威性与强制性再思考

1994 年法理学界提出法律适用的权威性乃至后来将强制性附属于权威性时，并未对权威性做过多的研究。在法理学学科的精神气质从国家与法合为一体到法相对独立于国家的过程中，法的权威性取代了国家强制性。但是，迄今为止，法理学教材却对法的权威性少有探讨。从知识生产机制

---

〔50〕 参见张文显主编：《法理学》，法律出版社 2007 年版，第 272~290 页。

的整体视角来看，中国法理学教材尚未走出苏式法理学的框架。[51] 与此形成鲜明对照的是，21世纪以来，随着中国法理学对法实证主义、自然法理论等西方主流法律理论研究的深入，我们已经知道法的强制性与权威性也是诸如哈特、拉兹、菲尼斯等当代世界一流法哲学家与法理学家关注的议题。但要注意，他们笔下的强制性，是法的强制性，而非国家强制性；他们笔下的法的权威性，更是得到了非常精致的论证。告别“国家和法权理论”时代后的中国法理学，如何吸收西方主流法律理论的思想资源，充实甚至改造法乃至司法的权威性与强制性，已成为一个可以考虑的议题，与法理学学科精神气质的变化如影随形。

（二）转型之后凸显的审判权与检察权的关系

同司法的权威性与强制性这个关涉到法理学学科精神气质的世界性问题相比，在权威型司法中，审判权与检察权的关系是一个典型的中国问题。这个问题产生的根本原因是基于检察权在社会主义国家权力体系中的独立宪法地位，直接原因则是基于1997年党的十五大提出的司法改革的课题。

检察权独立的宪法地位的获得，源于20世纪30年代的社会主义国家苏联，沿袭至中国，已经构成中国特色社会主义司法制度的重要内容，与资本主义国家司法制度断然有别。由于20世纪50年代以后的苏联法理学法律适用理论并未如中国那样逐步呈现强制型司法与权威型司法的姿态，检察权问题在苏联法理学的法律适用理论中也就不可能彰显。与之相反，在中国法理学法律适用理论实现从强制型司法到权威型司法的过渡之后，加之其他原因的共同作用，审判权与检察权的关系逐渐呈现。

事实上，早在1981年的刘升平那里，司法的权力面向就以司法权概念的形式出现在法理学教材中。直到1997年，刘作翔提出法律适用的职权法定性特征，司法权概念在法律适用理论中的核心地位不断彰显。也就是在这一年，党的十五大提出：“推进司法改革，从制度上保证司法机关依法独立公正地行使审判权和检察权。”

与司法权概念在法律适用理论中的核心地位不断彰显相同步，法律适用与法律执行也日益区分开来，这种区分也即司法与行政的区分。[52] 在党

---

〔51〕 参见田夫：《法理学“指导”型知识生产机制及其困难——从法理学教材出发》，载《北方法学》2014年第6期。

〔52〕 参见沈宗灵主编：《法学基础理论》，北京大学出版社1988年版，第365页。

的十五大提出司法改革的背景下，法理学界在区分司法与行政的基础上，开始讨论司法权与行政权的区分。孙笑侠指出："司法权以判断为本质内容，是判断权，而行政权以管理为本质内容，是管理权。"〔53〕司法权具有被动性、中立性、权力结果的形式性、稳定性、专属性、主体职业的法律性、效力的终极性、运行方式的交涉性、机构系统的审级分工性、价值取向的公平优先性，以区别于行政权的主动性、倾向性、权力结果的实质性、应变性、可转授性、主体职业的行政性、效力的先定性、运行方式的主导性、机构系统的官僚层级性、价值取向的公平优先性。尽管孙笑侠未明确提及检察权，但有学者将孙笑侠的"判断权说"视为20世纪末期出现的司法权理论变革的代表，这种变革"总的理论观点是主张司法权是法院的审判权，检察权在性质上属于行政权"。〔54〕

孙笑侠的上述研究，可谓开司法权与行政权性质研究之先，值得肯定。至于他的观点是否都得到了此后学界的赞同，则是另外一个问题。事实上，其后不久，以法理学者、检察理论学者、刑事诉讼法学者为主力的中国法学界就展开了关于中国检察权性质的大讨论。限于本文的主题，不再赘述。但今天回头去看，检察权至少具有部分司法性应是大家的共识。

学术讨论是一方面，制度规定则是另一方面。自1949年以来，在宪法层面，检察权具有独立性，与审判权具有同质性或相似性，这两点至今一直没有改变。这也就使得大多数法理学教材依然采用了由审判权和检察权共同构成司法权的"两权说"，这种格局也延续至今。〔55〕

但是，"判断权说"并非没有意义。事实上，法理学教材除了基于制度层面的原因而沿袭"两权说"外，并未提供太多检察权何以构成司法权的实质理由。范愉在论述司法的特征时写道："除了检察机关和公安机关对刑事犯罪的追究和提起公诉等司法活动外，以审判机关为基点的司法适用活动具有中立性、消极性和被动性特征。"〔56〕这种排除式策略未尝不是回应

---

〔53〕 孙笑侠：《司法权的本质是判断权——司法权与行政权的十大区别》，载《法学》1998年第8期。

〔54〕 胡夏冰：《司法权：性质与构成的分析》，人民法院出版社2003年版，第181页。

〔55〕 参见张文显主编：《法理学》，高等教育出版社、北京大学出版社1999年版，第306~310页；张文显主编：《法理学》(第4版)，高等教育出版社、北京大学出版社2011年版，第211~213页。

〔56〕 朱景文主编：《法理学》，中国人民大学出版社2012年版，第276页。

“判断权说”的一种尝试，但它自身却难免削足适履的嫌疑，它依然没有从根本上回答为何审判权和检察权共同构成司法权的问题。

不能回答上述问题的后果可能是严重的。近年来尤其是十八届四中全会提出推进以审判为中心的诉讼制度改革以来，检察改革在司法改革中如何定位已是一个重要的问题。十八届六中全会提出的监察体制改革，更是客观上要求我们加深对检察权性质的理解。这些都构成了权威型司法中的问题。尽管检察权具有部分司法性已成为共识，但是如何深化对这种司法性的理解，关系巩固和发展中国特色社会主义司法制度的重大问题，因而也要求法学界为此提供全面、科学、正确的答案。

四、结语

在过去近七十年间，中国司法理论实现了从强制型司法到权威型司法的转变。上文业已说明，强制型司法与权威型司法这对概念范式是在理论维度上而言的，它们呈现了一般化的司法理论及其相应形态。

但是，强制型司法与权威型司法这对概念范式也兼具制度维度和实践维度的意义，它们与制度和实践之间存在着复杂而非简单的对应关系。这种复杂性表现为：一方面，它们与制度维度和实践维度的司法并不必然存在一致或共变的关系。1949年以来，中国司法制度与实践的发展是一个整体性过程。这就决定了不能以某个历史时点或时段为界，将中国司法制度与实践划分为截然不同的两种类型。反之，中国司法理论的发展却是在20世纪80年代末期至20世纪90年代中期发生了范式性转变。但是，另一方面，它们在制度维度和实践维度上又具有一定的意义，为研究中国司法制度与实践提供了解释框架和评价标准，甚至构成了制度改革与实践发展的先导。

同时，在强制型司法转变为权威型司法之后，中国司法理论范式的发展并未结束，权威型司法本身还存在进一步完善的空间，这主要表现在以下几个方面：

首先，要全面认识权威型司法对司法问题研究的意义。相较于宪法学、司法制度、诉讼法学，法理学提供了一般化的司法理论，而且表现为从强制型司法到权威型司法的演进。因此，以权威性为首要特征的权威型司法，就会对今后法理学、宪法学、司法制度、诉讼法学等学科关于司法问题的研究，发挥统摄性作用。因此，需要加强并丰富对权威性的理论认识。

其次，要进一步认识权威型司法中司法权的本质与特征。针对作为20

世纪末期出现的司法权理论变革的代表的“判断权说”，权威型司法如何回应；如何认识司法权的判断性与司法的权威性之间的关联；甚至在“判断权说”之外，还有没有与权威型司法关系更为妥当的司法权理论？这些都成为可以进一步讨论的问题。

最后，非常重要的是，要在“四个全面”的战略布局下，结合政治体制改革的新发展丰富和发展权威型司法。总体而言，其一，要进一步认识并处理好党与司法的关系；[57] 其二，要进一步认识并处理好司法权与立法权、行政权特别是新出现的监察权之间的关系；其三，要进一步认识并处理好司法权内部审判权与检察权的关系。

总之，在中国司法理论实现从强制型向权威型转变之后，权威型司法还存在进一步完善的空间。只有深入研究权威型司法，才能为从制度维度和实践维度继续推动中国司法的转型提供理论基础，最终促进中国司法的整体转型。

---

〔57〕 参见徐显明：《司法体制改革是顶层设计的政治改革》，载《北京日报》2017年9月11日，第13版。

近代法制变革中的欧洲中心主义法律观

——以宝道为切入点

朱明哲*

一、导论

中国近代法制变革发展于中西法律交流之中。而研究近代东西方法律交流难免会触及关于欧洲中心主义或西方中心主义的议题。对关于中国法的美国叙事的研究显示，19 世纪晚期的中国常常表现为一个没有法律的国度。而这种叙事让对比中的美国法律具有了优越性、形成了一种内部的认同，并且正当化了领事裁判权。[1] 如果说上述研究表明了西方中心主义的一种形式的话，本研究或许可以展现不同于美国叙事的“欧洲中心主义”。尽管对于中国的观察者而言欧洲和美国同属西方，但对于欧洲法律人而言，欧洲作为一个整体仍然与美国有难以掩盖的差别。本文希望探求 19 世纪 90 年代前后开始自己职业生涯的这一代欧洲法律人所持的欧洲中心主义的特点，并借此揭示中国近代法史的世界史意义，也由此触及世界法史本身。

当然，“欧洲中心主义”和更具体的“欧洲法律中心主义”本身的含义也并不确定。根据史学界现有的成果，可以简单地把“欧洲中心主义”作为一种观察世界的方式概括为以下三方面内容：欧洲是观察者所处的位置、

* 朱明哲，法学博士，中国政法大学比较法学研究院讲师。

〔1〕 Teemu Ruskola, “Legal Orientalism”, 101-1 *Michigan Law Review* (2002), p. 179. 参见李秀清：《中法西绎：〈中国丛报〉与十九世纪西方人的中国法律观》，上海三联书店 2015 年版。

观察的中心；欧洲文明高于其他文明；欧洲文明是衡量其他文明的尺度，任何非欧洲的文明中所产生的因素，都通过与它们在欧洲文明中产生的对等物对比而确定价值。[2] 那么一种欧洲中心主义的法律观，也应该至少具有以下三方面的特征：欧洲法律是观察者所处的位置，即观察的起点和中心；欧洲的法律优于其他法律；欧洲法律是一切法律的尺度，非欧洲的法律体系中所存在的因素之优劣，都由与欧洲法律的对比而得以衡量。不同于萨义德式的“东方主义”视角关注西方对东方的论述之于东方之建构的意义，本文强调法学家论著中的欧洲中心主义，旨在发掘他们观察东方时的前见。

我国对欧洲中心主义的研究主要集中于比较文学领域，但是近年已经见到以此为分析概念反思西方哲学和历史观的作品出现。以欧洲的经验中发展出的概念和理论来解释或批判中国历史成为需要摆脱的一个困境。[3] 甚至与欧洲中心主义的远近也成了区分史学研究的一个标准。[4] 法史的研究者也逐渐带着欧洲中心主义的意识，强调欧洲法史在地理范围内的流动性特征和欧洲内部规范的碎片性，同时也降低历史法学的影响，而侧重地方性实践。[5] 在反思欧洲中心主义的桥头堡国际法史领域，大部分的关注还是集中在该偏见所可能造成的对非欧洲法律体系之实践的“曲解”以及欧洲法律观的传播所造成的霸权等方面。[6] 就算对法律欧洲中心主义在19世纪末形成的原因有所关注，研究的范式仍是希望说明法学知识之形成是对现实政治的反映，换言之欧洲法律模式成为全球范围内占主导的模式是因为欧洲的政治权力扩张的结果，并反过来为这种扩张背书。然而这种还

---

〔2〕 Enrique Dussel, Javier Krauel, and Virginia Tuma, “Europe, Modernity, and Eurocentrism”, *Nepantla: Views from South* 1, no. 3 (2000): 465-78; Immanuel Wallerstein, “Eurocentricism and Its Avatars: The Dilemma of Social Sciences”, *Sociological Bulletin* 46, no. 1 (1997): 21-39; Cornel West and Bill Brown, “Beyond Eurocentrism and Multiculturalism”, *Modern Philology* 90 (1993): 142-66.

〔3〕 参见［美］阿里夫·德里克：《欧洲中心霸权和民族主义之间的中国历史》，朱浒译，载《近代史研究》2007年第2期，第80页。

〔4〕 参见关永强：《从欧洲中心史观看美国中国史研究的变迁》，载《史学理论研究》2009年第1期，第74页。

〔5〕 参见［德］托马斯·杜福：《欧洲法律史——全球化的视野》，李明倩译，载《华东政法大学学报》2014年第4期，第92页。

〔6〕 See Edward McWhinney, *The International Court of Justice and the Western Tradition of International Law: The Paul Martin Lectures in International Relations and Law*, Martinus Nijhoff Publishers, 1987, pp. 3-5.

原论的主张可能遮蔽了学说史发展本身的独立性，让人们无法了解欧洲中心主义的法律观到底是如何在学术界内部形成的，并因此遮蔽了本文所强调的法律国际共同体之成员的主体性。在这个意义上，本文的立意不同于既有对法律欧洲中心主义的研究。

对法史上一些重要人物的研究可以增进今人对法制与法律思想发展的知识。但这种知识并不直接来源于对他们所作所为的了解，而是通过具体的个人透视其所属群体的共同意识，并以此作为理解法律发展之时代背景的窗口。〔7〕为了更全面地了解我国近代法史并揭示其在全球法律发展背景中的意义，有必要聚焦于一些在华工作的外国法律人，因为其人在中国身份各不相同、职业领域十分广泛，通过自己的工作媒介中西法律文化。〔8〕研究这些人的目的，却是展现法律国际共同体之意识。

本文选取的切入点是乔治·帕杜（Georges Padoux，1867—1960），法国法学家和外交家，20世纪初在中国创下一番事业的欧洲法律人之一。〔9〕时人雅赠中文译名"宝道"，本文从之。逾二十年的中国政府顾问工作让宝道成为中国近代法史上一个不可忽略的人物，研究他也可以增进今人对现代中国法律起源的理解。而宝道能为我们提供的，不仅仅是一个曾经参与中国法律现代化的外国人对中国法的观察。他的论述和经历，至少在考察西方中心主义法律观的形成方面有两点重要意义。研究宝道将帮助今人从世界史的角度考察近代法史。本文将首先介绍宝道的生平和他所处的时代。其次，通过解读宝道对中国法的论述，提出他的欧洲中心主义的特点。下文将提出并证明一项关于宝道动机的假设，认为他对中国法律提出的大部分意见都首先是希望能促进中国法律现代化。再次，将要进行探讨的是宝道对中国法律现代化具体道路的选择。在他看来，渐进式的改革要比用先

---

〔7〕大体上可以认为此种强调群体共同观念和历史背景的方法受惠于剑桥学派。*Cf.* J. Pocock, *Political Thought and History*: *Essays on Theory and Method*, Cambridge: Cambridge University Press, 2009, pp. 87-88. 参见孔新峰：《"语境"中的"语境主义"——昆廷·斯金纳政治思想史研究发微》，载《政治思想史》2010年第1期，第32页。

〔8〕参见陈新宇：《礼法论争中的冈田朝太郎与赫善心——全球史视野下的晚清修律》，载《华东政法大学学报》2016年第4期，第66页。

〔9〕关于宝道生平、尤其是他在北洋政府顾问任上的活动，可参见林政贤：《北洋政府时期的外籍顾问宝道》，东华大学2015年硕士学位论文。本文主要参照的是法国外交部档案所藏宝道私人档案的一般性介绍部分，档案编号：IDR PA-AP 393 Padoux (Georges)。关于宝道生平，未加引证处，皆出自此档案概要。

进立法在全国范围内一揽子变革要更实用。最后，我们将把宝道放回他参加的国际共同体中，从世界史的视角理解他的话语中折射出的整个西方法学界在19世纪与20世纪之交所共享的进步主义和普世主义语言。

二、宝道与他的时代

出生于埃及亚历山大港的宝道，其父雅克·帕杜（Jacques Padoux）曾担任法国外交官，幼子安德雷·帕杜（André Padoux）〔10〕亦继承家业，投身外交事务有年，后成为法国的印度研究权威。宝道1886年从巴黎名校亨利四世中学毕业后，进入巴黎法学院，即人们常说的“索邦法学院”。〔11〕经过三年的标准法学本科学制学习，他于1889年取得本科学位。1890年1月，宝道通过了外交与领事事务职业考试并进入外交部工作。先后在外交部商务处和外长办公室任职后，他于1892年获授领事资格，并在1893年前往巴塞罗那出任副领事一职。在欧洲出任数个外交职务并获授学区官员勋章（officierd'académie，较低级别的学界棕榈叶勋章，授予中学校长、学监和资深教师）之后，他自1896年取得二级领事资格，并开始第一次在欧洲之外出任重要职务，成为突尼斯之法国政府的副秘书长。〔12〕中文研究往往录为“突尼斯政府秘书长”，似为误书，当以法国外交部所存档案为准。而从这一任命起，宝道虽然仍名义上是法国的外交官，却不再直接受命于外交部，属于所谓“不就任之外交官”（diplomate hors cadre，指那些有外交官身份但服务于其他政府部门的公务员）。因为上级赏识，宝道于1902年获得一级领事资格，并在1904年仍于突尼斯任职时获颁荣誉军团骑士勋章，年仅37岁。

1905年升任总领事后，他前往暹罗王国（今泰国）协助该国政府进行

〔10〕除1920年生于北京的安德雷外，宝道另有其他子嗣。他前往暹罗时已偕妻子和两个儿子一同赴任。

〔11〕“索邦大学”（Université de la Sorbonne）是传统上巴黎大学的传喻。罗贝尔·德·索邦（Robert de Sorbon，1201—1274）创建了作为巴黎高等教育基础的索邦神学院（Collège de Sorbonne），而该院原址后得名“索邦广场”（Place de la Sorbonne），并在历史上长期作为巴黎各高等教学机构管理部门所在地，因而巴黎大学又名“索邦大学”。在第三法兰西共和国时期，虽然法学院和文学院等高等教育机构都处于统一的管理部门权力之下，却彼此相互独立。1968年学潮之后的大学改革后，原有院系关停并转，只要在索邦广场仍留有办公室的大学，都可以“索邦”冠名。但在1968年以前，特别是在本文所关照的19世纪末、20世纪初，“索邦法学院”和“巴黎法学院”是一个机构的两种不同叫法。

〔12〕需要说明的是，此时突尼斯已经沦为法国的保护国。法国在国际上代表突尼斯，并且于突尼斯内政上也有最终决定权。

包括立法和行政体系改革在内的制度现代化，也成为第一个担任该国立法顾问的法国人。在1913年离任之前，他积极参与了暹罗王国《民法典》《商法典》《刑事诉讼法典》和《司法组织法典》的起草。于法国外交部方面，宝道连续右迁至一级全权大臣，并在1913年因为其“以法国之名”所为之贡献而获荣誉军团军官勋章。

1913年底从暹罗离任后，宝道来到中国，以财政顾问的身份任职于希望通过引入现代手段（如审计院）重建财政系统的中国政府，并一直在中国工作到1931年，他正式退休。他还受国联委托，调查中国的共产主义运动。在华期间，宝道先后担任北洋政府审计院（1914）、司法部顾问（1919），和国民党政府立法院、司法院、交通部顾问（1928）〔13〕。宝道还与王宠惠、戴传贤二人一起，为1929年立法院组织的民法起草委员会担任顾问。〔14〕有研究曾提到宝道担任过驻华公使，〔15〕此说不准确，历任法国驻华外交使节名录上未见有宝道名字。宝道确实受命作为法国“全权特使”（ministreplénipotentiaire），而且此项任命确实让他成为在中国最有分量的法国人，但法国外交系统中所谓“全权特使”范围要比大使或公使要稍大一些。宝道自从前往突尼斯上任后，再未直接作为外交部下辖官员。宝道退休后应该并未马上离开中国，但具体何时回法国，通过目前所掌握的材料尚无法确定。其间，宝道在1919年1月到1920年8月之间回到巴黎，协助中国代表团参与巴黎和会。

除此之外，宝道还大胆举荐当时36岁的让·埃斯加拉（Jean Escarra，1885—1955）在1921年前来中国出任法律顾问。后者在著名的《中国法》一书中也提到：“我向宝道先生致以崇高的谢意，他对本书功不可没。不仅因为他在我居于北京时慷慨地给予帮助，也不仅因为他对亚洲的深刻理解，还因为他一向坚定地支持着此项研究，甚至作为其自己的事业，这种感情对我而言极其珍贵，并对此书的最终成型极为重要。”〔16〕而埃氏对我国商法的贡献颇多，其《中国法》也是长久以来欧美学人了解中国法律体系与

---

〔13〕参见王健编：《西法东渐——外国人与中国法的近代变革》，中国政法大学出版社2001年版，第541页。

〔14〕参见张生：《王宠惠与中国法律近代化——一个知识社会学的分析》，载《比较法研究》2009年第3期，第123页。

〔15〕参见何勤华：《外国人与中国近代法学》，载《中外法学》2004年第4期，第441页。

〔16〕Jean Escarra, *Le Droit chinois*, Paris, Vetch, 1936, p. 5.

法律思想的重要窗口。可见，宝道不仅本人参与民国政府的立法活动，也通过举荐人物、提携后学而深入中国法律建设。

宝道同时是一位在华外国法学家、国际化的欧洲法学家和欧洲本身法学变革的参与者。这三重身份让他可以向今人揭示我国近代法制变革的世界史意义。

第一，宝道是一位实务型的法学家。一方面，他是在民国法治发展和外交斡旋上均发挥了很大作用的人，也是一个广义上的“法学家”；另一方面，他并不像他所推荐的埃斯加拉等人那样，本身是拥有大学教席的理论家。可是与此同时，我们又注意到，来中国的外国法律专家中，和宝道一样作为“职业人”而非“教授”的实非少数，罗伯特·赫德（Robert Hart，1835—1911）、沃伦·奥斯丁（Warren Austin，1877—1962）和松冈义正（1870—1939）均属此列。一方面是理论家传统，习惯于体系性思考、对宏观问题有独到见解、经常写作而且积极向母国介绍在中国的见闻。另一方面则是实务家传统，更喜欢针对具体问题提出解决方案、政策建议多于理论探讨、不惜在作品中探讨种种政策的具体实施细节至琐碎的程度。问题在于第二个传统中的人物并不总有兴趣系统性地阐发自己的意见。在重视文字书写的史学界，特别是在重视理论书写的思想史界，不能用笔墨自我表达的人很难成为行动的主体。宝道反倒因为有较多机会于学术性刊物发表文章而成为实务家中较能自我表达者。[17]

但是，两种传统之间的区分似乎未必那么清楚。实际上，大部分我们作为理论家来看待的法学家，本身也是实践家。比如，在 1932 年，有八成巴黎法学院的教授都另有至少一份职业性的工作。法学院的管理者甚至普遍认为这种联合会让法学从实践中汲取养分，实践也会因此变得更加合理。[18] 所以本文虽然认识到两种传统的存在，却不欲在下面的论述中强调二者的区分。研究宝道不仅仅是研究一个实务家，同时也是研究一个“法学家”。

---

〔17〕 据说宝道从中国政府的顾问岗位卸任后于 1935 年和 1940 年分别于巴黎出版了两部极短的著作，一部介绍中国法律的翻译情况，另一部介绍中国共产主义运动。*Cf.* Chalanthorn Kidthang, *Georges Padoux: le Code pénal du Royaume de Siam* (1908) *et la sociététhaïe*, mémoire de maîtrise, Université Silpakorn, 2004, p. 53.

〔18〕 *Cf.* Dominique Gros, « La légitimation par le droit », *in* Marc Olivier Baruch et Vincent Duclert (éd.), *Serviteur de l'État*, Paris, La Découverte, 2010, pp. 17-37.

第二，通过宝道可以了解20世纪30年代逐渐成熟的“法律国际共同体”。他是一个欧洲法学家，却在欧洲以外度过了他大部分的职业生涯。欧洲法学家把视野转向欧洲以外的世界，是一个在1870年左右才出现的现象。〔19〕而就算这一现象出现了，也未必马上在整个欧洲引起普遍的变革。一种主张是，1873年经由比利时的国际法学家罗兰-雅克曼（Gustave Rolin-Jaequemyns，1835—1902）提议、在意大利的曼奇尼（Pasquale Stanislao Mancini，1817—1888）主持下于根特建立的“国际法研究会”（Institut de droit international）象征着欧洲法学家以“文明世界的法律良知”自居，而向全世界范围推行欧洲的法律文化。〔20〕然而，除了在整个法学家队伍里占很小一部分比例的国际法学家以外，欧洲范围的法学国际共同体直到第一次世界大战之后才形成。〔21〕新的“法学国际共同体”包括了那些有意识地探讨不属于其本国的法律问题、并参与到跨国性的学术讨论中的法学家。人们熟悉的例子有合作创办了多种语言出版的《国际法律理论评论》（*Revue internationale de la théorie du droit*）的汉斯·凯尔森（Hans Kelsen，1881—1973）和莱翁·狄骥（Léon Duguit，1859—1928）。那些和罗兰-雅克曼、宝道一样在外国政府担任顾问的法学家当然也是其中一员。1931年在里昂召开的第二次国际比较法大会展现了人们对世界共同面临的法律问题——如人类共同法——的关心，〔22〕从而突破了1900年第一次巴黎会议“通过比较法改进国内法”的局限，〔23〕也象征了1930年代国际法学共同体的集体意识。所以从代际划分来看，宝道正是新形成之法学国际共同体的一员。宝道不妨作为一个窗口，向我们展示从“美好年代”末期到第二次世界大战之间的法学国际共同体所持之心态特征。

---

〔19〕 See M. Koskenniemi, *The Gentle Civilizer of Nations: The Rise and Fall of International Law 1870-1960*, Cambridge University Press, 2004, p. 12.

〔20〕 *Ibid.*, pp. 39-41.

〔21〕 *Cf.* Mingzhe Zhu, *Le droit naturel dans la doctrine civiliste de* 1880 *à* 1940, Thèse de doctorat, Sciences Po., Paris, 2015, Ch. VI.

〔22〕 *Cf.* Édouard Lambert, *Le Congrès international de droit comparé de* 1932 *; les travaux de la section génerale*, Lyon, Paris, A. Rey; Librairie du RecueilSirey, 1934.

〔23〕 *Cf.* Adhémar Esmein, « Le Droit comparé et l'enseignement du Droit », *in Congrès international de droit comparétenu à Paris du* 31 *juillet au* 4 *août* 1900: *procès-verbaux*, Paris, Librairiegénérale de droit et de jurisprudence, 1905, pp. 445-454; Raymond Saleilles, « Conception et objet de la science du droit comparé », *in Congrès international de droit comparétenu à Paris du* 31 *juillet au* 4 *août* 1900: *procès-verbaux*, Paris, Librairiegénérale de droit et de jurisprudence, 1905, p. 167.

第三，宝道在巴黎法学院求学时，正好是法国法学革新的酝酿期，而他的职业生涯恰恰覆盖了法国法学的革新期。前文提及，宝道1886年到1889年之间于巴黎法学院学习。而1885年到1895年则是法国法学和法学教育发展的一个转折阶段。法学教育改革始于1889年。是年，宪法列为必修课。1895年，教育部颁布了新的法学院教学大纲，民法的教学可以不必再按照法典的顺序进行。[24] 法学院教师的竞考体系在教学改革过程中保留了下来：获得法学博士学位的人可以报名参加每两年一次的教师竞考（concours），根据每年提供的职位不同，每次通过竞考可以取得教授资格的人数也不一样，但一般在10人左右；竞考优胜者通常会先去外省乃至殖民地（如阿尔及尔）的法学院从教，虽然有例外，其中的佼佼者往往希望能最终前往巴黎法学院。然而竞考的科目在改革中发生了改变，1896年起，法学院教师开始按照私法与犯罪学、公法、法史学和政治经济学四大门类招募。一直到第二次世界大战以前，法学院的教学再没有经过大的变动。正是在改革进行时的19世纪末，法学界出现了许多关于公法学的地位[25]、民法的教学方法[26]、比较法的意义[27]、法史学的重要性[28]等议题的讨论。而在1889年以前，则在一些法学院有过小规模的新课程引入实验，如殖民地经济学、工业与工人立法、政治经济学，还有阿尔及尔大学的穆斯林法，等等。但是巴黎法学院在1890年以前却不见有任何新的教学实验。所以，宝道是1890年以前的教育体系最后的几批学生之一，却又是新的法学思潮之缔造的参与者。

基于以上三点原因，研究宝道可以帮助今人从三个方面了解一种欧洲中心主义的法律观：中国法的实践在这种法律观审视下的特点、20世纪30年代法律国际共同体对它形成的意义、它与法学革新之思潮的关系。

---

〔24〕 相比于第一和第二帝国时期以“按照法典顺序”讲授为重要特征的民法课程，不按照法典的顺序讲授实在赋予了民法学家极大的自由。自此，民法课程在几乎所有的法学院都按照相同的、但不同于法典的顺序讲授：第一年讲序言和身份权，第二年讲债、各种契约、保险，第三年讲亲属和继承。

〔25〕 *Cf.* Henri Barckhause, « Introduction à l'étude du droit public généralfrançais », *Revue critique de législation et de jurisprudence*, 23-1, 1894, pp. 89-101.

〔26〕 *Cf.* Henri Lévy-Ullmann, « Programme d'un coursd'introduction au droit civil », *Revue trimestrielle de droit civil*, 2-4, 1903, pp. 836-854.

〔27〕 *Cf.* A. Esmein, « Le Droit comparé et l'enseignement du Droit » . . . , *op. cit.*

〔28〕 *Cf.* Raymond Saleilles, « Les Méthodesd'enseignement du droit et l'éducation intellectuelle de la jeunesse », *Revue internationale de l'enseignement*, 43-2, 1902, pp. 313-329.

三、外国顾问的职业精神

“法国公使玛泰尔……声明道胜银行自俄国革命后已在法国政府注册立案，归法国保护。中国政府因该行之停业而派员清理账目，应先征求法国之同意，否则法国不能承认云云。王（宠惠）答华俄道胜银行系华俄合办，中国不能承认与法国有任何之关系。且事前未接通知，当然不能承认该行受法国政府之保护。中国政府派大院清理，系属当然之事，法国无干涉之权。更无事前征求同意之必要。玛使尚再争辩，王据理力驳，玛使不得要领而去。”〔29〕

以上文字出于1918年10月的《来复报》。背景是俄国十月革命之后华俄道胜银行多数董事移至巴黎分行继续维持业务，终究力不能逮，以至于1918年9月关闭。中国政府任命王宠惠为督办、宝道为会办负责中国境内道胜银行清理工作。报道的字里行间，不难读出记者对王宠惠能据理与玛泰尔周旋并胜之的自豪。其时，巴黎和会尚未召开，但长期以来外交不力之弊却不需赘言。法国虽然在第一次世界大战中元气大伤，却仍不失为一世界性力量，作为所谓“列强”之一，当时“积贫积弱”的中国自不能与之同日而语。所以在银行清理事宜上对法国人的胜利，对于国人而言殊值庆贺。然而令人不得不质疑的是，此一外交胜利果如记者所叙，全是亮畴一人之力、而宝道于此间全无尺寸之功邪？

道胜银行清理案恰恰是宝道在华工作的一个缩影。他既是登记在册的法国外交官，又是受雇于中国政府的顾问。一边是祖国同胞，另一边却是中国政府的同事。“列强”积极向中国推荐自己的专家为顾问，固然有协助新建立之共和国实现现代化的考量，却难免也有使之与母国暗通款曲、试图干预中国部分国政之意。〔30〕北洋政府高薪聘请外籍顾问，是希望借此理解欧美国家或假专家意见书作为改革内政外交之依据。〔31〕而各顾问看似处境相似，实际上因为身份、母国与中国的关系、所在具体部门不同，尚有微妙差别。但不论如何，既然身处局中，他们个人如何选择恰是一个令人感兴趣的题目。宝道作为民国政府的顾问，展现给我们的更多是忠于职守

---

〔29〕《来复报》第413号，第15页。

〔30〕参见林政贤：《北洋政府时期的外籍顾问宝道》，东华大学2015年硕士学位论文，第1页。

〔31〕参见林政贤：《北洋政府时期的外籍顾问宝道》，东华大学2015年硕士学位论文，第9页。

的职业精神。

外交史的研究显示，在度过了最初无所事事的三年之后，宝道较频繁地就外交事对北洋政府提出意见。其中较为重要者包括了捕获敌船事、敌侨财产处置事、参加巴黎和会事、山东问题、对新成立国家与无约国交涉事、中德恢复和平事、德华银行财产处置事、白雪利案交涉事、国会筹议废弃《中日民四条约》事、中日到期修约交涉事，等等。[32] 论者谓宝道"虽然是列强意图控管中国财政而安插的外籍顾问"，但"时常强调自己站在中国政府的立场论述"，而且他的意见的确能为中国着想。[33] 可见宝道作为政府顾问，颇能用自己的国际法知识为中国政府出谋划策。既食君禄，便忠君事的评价用在他身上并不为过。

写作专家意见书时表现出来的忠诚或许不妨看作是职业精神的产物。作为中国政府顾问的身份在此时优先于作为法国外交官或法国人的身份。专家意见这种文体本身预设着一种工具理性，写作者更多地关心委托方所欲实现的目的可借由何种手段实现，而非对目的本身的追问。即"如果希望实现某种结果，则最好如是而为"。虽然宝道所发表的文章并不全是专家意见书，但终归难以脱此窠臼。比如他关于领事裁判权的文章，便预设了撤废领事裁判权之目的，所需要讨论的只是撤废此项制度所需要的步骤以及不同领事裁判权之间分类的细节而已。[34] 至于是否有必要追求撤废此项制度，那倒是不需要讨论的。王宠惠、王世杰、周鲠生等人当然也讨论过领事裁判权问题，废止领事裁判权对他们来说也是一个不需要讨论的目的，毕竟该制度象征着司法主权不完整、国家处于他人支配之下。但宝道的出发点显然和他们是不一样的，他甚至可以选择像其他外国法学家那样认为领事裁判权有助于中国法制现代化。对于立志通过公法知识改造国家的中国青年而言，出发点乃是"我们居于劣等地位"。而对于宝道而言，出发点大约是"中国人自觉居于劣等地位"。[35] 其中区别是很明显的。

---

〔32〕 参见林政贤：《北洋政府时期的外籍顾问宝道》，东华大学 2015 年硕士学位论文。

〔33〕 参见林政贤：《北洋政府时期的外籍顾问宝道》，东华大学 2015 年硕士学位论文，第 144~145 页。

〔34〕 参见［法］宝道：《暹罗治外法权之撤废》，梁仁杰译，载王健编：《西法东渐——外国人与中国法的近代变革》，中国政法大学出版社 2001 年版，第 273 页。

〔35〕［法］宝道：《暹罗治外法权之撤废》，梁仁杰译，载王健编：《西法东渐——外国人与中国法的近代变革》，中国政法大学出版社 2001 年版，第 273 页。

在讨论中国刑法改革、破产法立法、婚姻制度等问题的时候，“为中国建立好的法制”则悄然成了毋庸置疑的目的。这一目的对于中国法学家而言或许不言自明，但对于宝道这么一位来自法国的顾问而言却不尽然。他完全可以以移植法国法律为己任，而不必考虑其他的可能性。蔡枢衡认为“今日中国法学之总体，直为一幅次殖民地风景图……然考其本质，无一为自我实现之反映；无一为自我明日之预言；无一为国家民族利益之代表者；无一能负建国过程中法学理论应负之责任”。[36] 中国学者况复如此，一个法国人能以中国法律发展作为自己的使命，不能不说是相当可贵的。

然而宝道对中国用心之诚就真的没有在一些具体的时刻超越“食君之禄、忠君之事”的层面吗？似乎亦不然。特别是在1931年退休后，他已经不再受顾问职羁縻而可以自由表达。恰是在此之后，他发表了数篇文章，阐述对中国法律的改进意见。除此之外，令人印象尤其深刻的乃是宝道在向欧美各国法学界推广中国法律方面颇为积极：

“该年鉴除载有甚多意国法院之判例外，凡英法德比瑞西希……等国法院之判例亦搜集殊多。而所载判例，均为全文，且常加以注释。中国通商口岸所为之判决，虽有关及国际公法问题者，例如依一九一八年八月五日中国法律在中国适用外国法律之判例是。然中国法院之判决，无一登载该年鉴者，实为憾事。所有南京管辖下之司法机关以中国判例供给于外国法学杂志之努力，至今又未得有丝毫结果。故中国对于本国法院具有与其他先进国法院同一解决最艰难法律问题能力之对外宣传，尚属缺如。”[37]

宝道总是说，中国的立法不但不落后于世界潮流，而且往往在详细程度、科学性、体系性和时代性方面反而胜于欧洲国家的法典。刑法如是，[38] 破产法亦然。[39] 更何况“中国近代法律，虽原为中国人民而设，然其中有高尚之原则存在，其原则如推广之，足裨益世界上其他各国”。[40] 当然，

---

[36] 蔡枢衡：《中国法理自觉的发展》，清华大学出版社2005年版，第98~99页。

[37] ［法］宝道：《罗马比较法学及法制研究院》，载《现代司法》1936年第1卷第6期，第189页。

[38] 参见［法］宝道：《中国刑法典之修正》，载王健编：《西法东渐——外国人与中国法的近代变革》，中国政法大学出版社2001年版，第164页。

[39] 参见［法］宝道：《对于破产法草案之意见》，骆允协译，载《法治周报》1934年第2卷第16期，第3页。

[40] ［法］宝道：《中国近世法律之迻译》，载王健编：《西法东渐——外国人与中国法的近代变革》，中国政法大学出版社2001年版，第484页。

考虑到宝道的读者既有政治家、行政官员，也有法律人，而且这三者在民国时期原本不能清晰界分，又都可能或多或少与各法律的起草通过有关系，他在写作的时候刻意迎合读者预期，也在情理之中。可是这逢迎中恐怕也至少带着一些真心，毕竟中华民国立法之“先进”是时人几乎无差别地赞同的事情。那么，如此先进的立法如果不为外人所知，简直就是锦衣夜行。与此同时，泰西各国若不了解此间先进立法（且此立法之形成颇有宝道自己的功劳），也是憾事一桩。但比推介中国立法更重要的或许还是让西方认识中国的法学家队伍，而法学家最重要的工作无外在个案中“解决最艰难法律问题”。

所以，不妨推想，宝道无论是“食君之禄，忠君之事”还是“直把杭州作汴州”，总归是希望中国法制向“好”的方向发展。只不过人与人之间的分歧往往不在于是否要为善，而在于如何为善。宝道如何理解“好”法制实际上才是更为要紧的问题。

四、渐进式的进步主义

（一）良好的制度设计无法落实：宝道眼中的中国法问题

作为连续在中国居住了二十载的外国顾问，宝道深入此间政治与法律实践，当属寻常。宝道提交给政府各部门的意见，固然是针对极为具体乃至琐碎的事务，如他于1923年所拟整理中国财政及债务计划，详细备至，几乎就是一财政报表。[41] 他在全国财政讨论会上曾主张，“中国财政，在拨用华府会议所议决之二五附加税、充政府无确实抵押债务之整理基金以前，实无整理财政可言”，他当时认为关税会议一旦召开，不久便可落实各项计划，谁知道“为政治问题，华府所议决者迄未见诸实行”，而结果便是“整理中国财政一事延缓二年有余”。[42] 字里行间，不难看出一个技术官员对政治考量导致计划无法按期执行的不耐烦情绪。在一个技术官员眼中，重要的不是对目的本身的探问，而是对问题解决之道的寻找。

不仅如此，宝道在科学性较强的期刊上发表文章时，往往也难脱实务家之窠臼，着力于具体解决技术性、而非理论性的问题。他在探讨领事裁判权废弃之道时，诚然也提出要通过法律改良使外国人可以信中国已经建

---

〔41〕 参见［法］宝道：《整理无抵押债务兼筹国家行政经费意见书》，载《银行杂志》1925年第2卷第23号，第20页。

〔42〕［法］宝道：《整理无抵押债务兼筹国家行政经费意见书》，载《银行杂志》1925年第2卷第23号，第20页。

立起了现代的法制，但同样重要的还有渐进主义的方法，方可全面收回司法主权。而暹罗与每国单独谈判、不同是收回全部领土内治外法权、颁布新法、创设交替制度以适应过渡期需要等手段，诚为可借鉴之务实方法。〔43〕类似特点复见于宝道对《破产法》《婚姻法》和《民事诉讼法》的讨论意见中，而在他所拟少年犯人感化院意见书中则得到最集中的体现。既然设立感化院的目的“在感化教育之实施”，那么所需要研究的就只是如何设计感化院而实现此目的了，其选址、规模、分部、考察、体育、智育、职业教育、德育、纪律等等各项，均需要详加探讨。〔44〕此等于内容上颇接近边沁论监狱改革书的意见，背后当然有切萨雷·龙勃罗梭（Cesare Lombroso，1835—1909）所开启的人道主义刑罚理论，但宝道并非哲学家，他所关心的毋宁是怎样通过具体设计实现感化功能，而不是感化院本身的利弊。

一言以蔽之，宝道更有可能从“合目的性”角度出发思考。那么要回答我们上一节提出的问题，就不妨假设，这位法国顾问所书写的意见本身并不是纯粹理论的研讨，而是解决问题的方案。但我们没有必要也不可能对他的每一个意见进行白描式的研究，因为他的文章中其实恰恰可以归纳和抽象出对中国法制的整体性思考。从他给出的解决方案中我们可以推知他眼中中国法律整体的问题所在。而他虽然没有对自己的回答进行过多的理论化，我们却不妨通过讨论他对问题的形构而管窥背后的理论预设。

1923年《中华民国宪法》第119条规定：“国家岁出之支付命令须先经审计院之核准”。该条文是对《天坛宪法草案》第105条的原文照抄，从宪法上规定了审计院对国家财政的事前监督。宝道和俄国人葛诺发共同草拟了一份针对此条的意见，认为：

“国家遇有财政不敷或财政紧急处分之时，政府须设法应付……虽然，观察中国国政，若非大有进步，而北京政府若非恢复期政府一如宪法之所授予者，则宪法中所制定之国库统一与夫财政组织绝非一时所能径行无碍，且际此国库空虚之时期，虽有事前监督之美制及百备无忌之法度，而为时

〔43〕［法］宝道：《暹罗治外法权之撤废》，梁仁杰译，载王健编：《西法东渐——外国人与中国法的近代变革》，中国政法大学出版社2001年版，第273页。

〔44〕［法］宝道：《对于少年犯人感化院组织意见书》，载《现代司法》1935年第1卷第3期，第179页。

尚早，几如画饼，以北京政府行之究不如一二独立行省之富有收入者为较易也。”〔45〕

寥寥数语之间，他对雇主所面对的困难的判断已表达得直白无疑。可以追溯到民国二年（1913年）的事前监督固然是“美制”，单单考虑宪法上财政制度的建立，1923年《中华民国宪法》乃至北洋政府时期的历部宪法，在文本上都可以称“百备无忌”。但问题不是怎样有一部起草得完美的宪法，而是如何让从文本上看至周至详的宪法真能“径行无碍”。两位外国专家很不客气地说，如果中国国政没有重大进步，那么看上去很美的宪法设计也不过就是画饼充饥而已。

设计良好的宪法和混乱不堪的政治实践之间的张力，不过是宝道眼中当时中国法律问题的一个缩影。我们不妨理解为规范与事实之间的张力。但宝道的认识似乎有更丰富的内涵。比如《破产法》，他的评价是“规定极为详细，虽不能与以复杂著名之英美法系并驾齐驱，但较诸欧洲各国或大陆法系之破产法，则详尽多多矣”。〔46〕只是这样的详细备至的法典，在现实中很难发挥其制度设计之妙，盖与中国固有的交易和纠纷解决之习惯不同：“东西洋各国对于破产事件之观察不同。德法英三国商人视破产制度为一种法律赋予之便利，裨其债务人于无法清偿之时有自然解决之方。故彼欢迎法院之干预……但中国商人无论其为债务人或债权人，均不愿法院干预其经营事务，彼等委托人从中依习惯为之调解也。”〔47〕既然在习惯上，中国商人不愿意前往象征着国家权力的法院，而是更愿意寻找调解人，那么调解所依据的规则就完全可以是当地习惯、人情乃至对长期多次博弈中最优结果之预期，而不一定是法律了。更何况法典的内容本身是西洋的舶来品，而“中国已有之商业习惯各处并非一律，其特点亦有时与现今外国商业习惯大相径庭”，“故以德国法律为主要母法之详密的破产法如本草案者，施行时，必至与许多地方上久经遵从而在商业社会占有重要地位之习

---

〔45〕［法］宝道、［俄］葛诺发拟：《对于宪法第一百一十九条实行之意见》（1925年），载于中国第二历史档案馆。

〔46〕［法］宝道：《对于破产法草案之意见》，骆允协译，载《法治周报》1934年第2卷第16期，第3页。

〔47〕［法］宝道：《对于破产法草案之意见》，骆允协译，载《法治周报》1934年第2卷第16期，第3页。

惯相冲突”。〔48〕

由是观之，宝道并不否认现有规范的先进性，只不过先进的法律到目前为止尚未能够让法律所希望规制的人接受而已。所以他心中的问题倒和在他行将离开中国时才完成在巴黎的学业回国的王伯琦所意识到的差不太多了：“我们立法上所采纳的，全套是西洋的最新法律制度，而在大众意识上所了解的，一般的似乎仍是固有的而且是复古的礼教制度。”〔49〕所以中国法律在20世纪前半叶的问题，一言以蔽之，就是超前的立法和固有的社会制度之间的紧张关系。

希望颁行一套融合了较先进的法律思想的成文法，本身并不是一个值得质疑的目的。或者宝道也从来没有想要质疑中国政府希望实现的任何目的。惟民国诸法典起草过程中所体现出的恰恰是对法典的误解。因为“编纂法典之词，时致误解为依局部科学上激发之新辙……实则多数法典之编纂，其主要者如拿破仑法典之编纂，仅为‘集成’而已。”〔50〕所以法典编纂首先考虑的不当是梅仲协先生所谓“集现代各国民法之精英，而弃其糟粕”，〔51〕而是首先考虑斯人所既有之理念、规则、习惯，加以尊重和保留。所以他才不无遗憾地说：“中国之编纂法典也，反于欧美法典之编纂，完全脱离中国遗传之法律，即由中国旧律继续沿革而发达者，从唐律以迄于民国前二年所颁之《大清例律》。”〔52〕寥寥数言间，宝道便总结出了改革国家法典编纂和欧洲国家法典编纂的区别，并言之凿凿地主张前者以为该志业在于创新，后者则明白其意在传承。

可见，在宝道眼中，中国法的问题乃在于设计良好的法律无法落实。究其原因，大致可以分为政局混乱、与中国素来习惯不相吻合、与中国固有传统断裂三大方面。对于实践家宝道，既然有问题，便需要寻求解决方案。而从他的解答中，我们可以探问背后潜藏的法律理念。

---

〔48〕［法］宝道：《对于破产法草案之意见》，骆允协译，载《法治周报》1934年第2卷第16期，第3页。

〔49〕王伯琦：《近代法律思潮与中国固有文化》，清华大学出版社2005年版，序言。

〔50〕［法］宝道：《中国刑法典之修正》，载王健编：《西法东渐——外国人与中国法的近代变革》，中国政法大学出版社2001年版，第164页。

〔51〕梅仲协：《民法要义》，中国政法大学出版社1998年版，初版序。

〔52〕［法］宝道：《中国刑法典之修正》，载王健编：《西法东渐——外国人与中国法的近代变革》，中国政法大学出版社2001年版，第164页。

（二）渐进主义推动法典落实

欧洲法典编纂自然有墨守成规之处，特别是在交易方面往往因循习惯，但也不能否认每一个法典的出现对于一国法制体系而言总是兼具革命性特点的。比如宝道所举拿破仑法典，虽然早早就趁着革命的热潮引入了离婚制度，却也很大程度上保留了传承自罗马法的家父制。家庭往往是一国民法中最能体现人民之观念与立法者之欲求之间关系的部分。如何理解家庭，实际上也涉及如何理解个人与社会的关系、经济地位、男女关系等。家庭法需要同时处理家庭成员之间的关系和家庭作为一整体与外界的关系。[53]前者的核心便是家父权，而后者的核心是婚姻的缔结与存续和子女的抚养问题。所以，教会法和罗马法都无外乎通过家父制与不可撤销的婚姻确定了西方法律史上的家庭。又正好是在婚姻的不可撤销性和家父制两点上，大革命所催生之主张平等与自由的法制在短短数年间便蜕变成了保留家父制、名义上承认离婚却在实践上特别严苛的制度。[54] 夫妻在财产权方面的平等和对离婚条件较为宽松的解释，实际上是通过司法在长期实践中确定下来的。

或许正是因为想到了法国的家庭法制在整个 19 世纪一直随着政治风潮变动，宝道才更清醒地认识到，指望通过激进的革命法制一股脑地洗掉旧式家庭（或者推而广之，洗刷一切固有的习惯和社会制度），绝对是非常艰难、甚至绝不可能的。

宝道注意到，中国在新旧交替间颇有“毁家强国”的主张。依照是项主张，因为中国旧制家庭超越个人地位，“且易养成懒惰之习惯，而阻挫个人创业之志气”，所以摧毁旧家庭组织而建立绝对的个人主义法制实是强国的当务之急。[55] 宝道本人来自婚姻家庭制度较趋向于个人主义、平等主义的法国，却主张慎重处理家庭制度变革，乃至认为“此制度固中国三千年

〔53〕 拿破仑曾评论：“民法中关于人的规定只有三种大类：确定每个人在公民社会的地位者；规范夫妻关系者；规范父亲和孩子的关系者”。Pierre-Antoine Fenet, « Précis historique sur la confection du Code Civil », *in Recueilcomplet des travaux préparatoires du Code civil*, Paris, Videcoq, 1836, vol. I, p. lxx.

〔54〕《法国民法典》起草过程中各草案内容的对比以及婚姻制度方面的演变，参见朱明哲：《“民法典时刻”的自然法——从〈法国民法典〉编纂看自然法话语的使用与变迁》，载《苏州大学学报（法学版）》2016 年第 2 期。

〔55〕［法］宝道：《中国亲属法之改造》，张毓昆译，载《法学季刊》1936 年第 1 卷 1 号，第 123 页。

所由生之基础”“中华民族之至今不至于沦亡者，实赖于是”。[56] 所以“其废除即无害于日常生活，然因其悖于国民之习惯，故每每不能易彻底施行”。[57] 然而果然能认为他对家制持肯定态度否？[58] 与其断章取义，不如就宝道系争文章之整体作观。

虽然梅仲协先生谓旧中国民法十之六七取自德国，但偏偏是家庭法部分抛弃了德国成例。虽然于外观上仍采德国模式，特为一亲属编，但在内容上较为接近瑞士。所以才有胡长清氏谓“盖在我国民法，不过以家为一定亲属间共同生活之方式，而非以其为亲属关系之基础。此与瑞士民法之所谓家，正属相同”[59]。夫妻的法定财产制方面，亦从瑞士立法例，为联合财产制。[60] 宝道在刑法起草的过程中“屡主张在事实之上，特种法学理论，或特别法律制度，颇著成效于特定之外国者，初不能证明其必有成效于中国也”。[61] 那么他是否也认为移植而来的家庭法制难以见成效于中国？

仅就字面观之，似乎宝道有此倾向。不但因为家族主义的亲属法制度是中华民族三千年所以发达之本，也因为实际上各地风俗各异且根深蒂固：“然中国法制统一之实现，非一朝一夕之图，蒙藏青新闭塞之风，与云桂川康瑶苗之俗，其根深，其蒂固，欲移易之，非数十年不为功。……中国地大人众，远胜全欧，而欲其完全统治于同一之家庭制度下则亦难矣。”[62]

然而宝道并非一保守派人物。实际上，在他看来，追求发达的立法本身并没有问题。有问题的只是实现的方法。换言之，有疑问之处在于是否需要在民间仍未接受个人主义之家庭制度的情况下，用暴风骤雨般席卷全国的普通法、毫无例外毫无通融地贯彻先进法制。毕竟“中国国民虽仍多

---

〔56〕［法］宝道：《中国亲属法之改造》，张毓昆译，载《法学季刊》1936 年第 1 卷 1 号，第 123 页。

〔57〕［法］宝道：《中国亲属法之改造》，张毓昆译，载《法学季刊》1936 年第 1 卷 1 号，第 123 页。

〔58〕许莉主此说，参见许莉：《〈中华民国民法·亲属〉研究》，华东政法学院 2007 年博士学位论文，第 137 页。

〔59〕胡长清：《中国民法亲属论》，商务印书馆 1936 年版，第 7 页。并参见史尚宽：《亲属法论》，中国政法大学出版社 2000 年版，第 6 页。

〔60〕史尚宽：《亲属法论》，中国政法大学出版社 2000 年版，第 335 页。

〔61〕［法］宝道：《中国刑法典之修正》，载王健编：《西法东渐——外国人与中国法的近代变革》，中国政法大学出版社 2001 年版，第 164 页。

〔62〕［法］宝道：《中国刑法典之修正》，载王健编：《西法东渐——外国人与中国法的近代变革》，中国政法大学出版社 2001 年版，第 164 页。

赞成其固有之道德与家庭制度，然一般青年，与曾留学国外、或曾肄业于外洋文化势力所及之地者、已逐渐形成一新阶级”。[63] 组成该新阶级者，自然是极力推崇新制度的。新思想的萌芽既然已经种下，就不怕新制度在日后无法得到普遍的接受：“民众对于此问题之观念正日渐转移，而改造派之主张，亦如春草之暴发，来日方长，其势力方兴未艾也。此民意之进化，实足臻中国于富强，苟于民法中承认旧制度，则新势力之发展，亦将因之迟滞。故余意以为政府暂不宜助长任何一方面之势力，而宜听其自然发展。再过若干年，便易知民意之普遍趋向为如何矣。”[64]

所以，宝道其实并未在旧传统和新制度之间逡巡。宝道对中国如何发展法制才“好”，有很清晰的见解：先进的立法当然要发展下去，但是步骤上却应该小心一些。在他看来，发达立法自然是“好”的，但要是该发达立法能够毫无滞碍地实行于当世，那就更“好”了。目的自然是好的，只是手段上不妨设立一个过渡期，一方面采取渐进式立法，另一方面考虑法制上的联邦制——于大城市、内地、边远少数民族地区采取不同的制度。只不过 1912 年到 1949 年之间，动荡的中国政局要是不允许任何一方势力耐心地过渡下去，又该如何？实务经验丰富如宝道者或许也无法回答这个问题了。

既然知道了一个希望中国“好”的法国人如何理解这种“好”，那么接下来的问题变成了，他的理解到底有何种意义。下一部分将把宝道关于中国法的论说重置于他所处时代的法学潮流中，说明他的观察实际上可以说明他所属的法律国际共同体之意识。

五、二十世纪初法学国际共同体与进步主义

（一）欧洲法律的推广者

人们讨论我国 20 世纪法律史时，往往也会论及法律移植。仅就中法之间的法律交流而言，立法移植不如学说移植重要。前者指的是从一个国家

---

〔63〕［法］宝道：《中国刑法典之修正》，载王健编：《西法东渐——外国人与中国法的近代变革》，中国政法大学出版社 2001 年版，第 164 页。

〔64〕［法］宝道：《中国刑法典之修正》，载王健编：《西法东渐——外国人与中国法的近代变革》，中国政法大学出版社 2001 年版，第 164 页。

把法律移动到另一个国家。[65] 后者指的是把原来用于解释和正当化某一个法律体系的学说用来解释和正当化另一个法律体系。[66] 在移植过程中，原生国所能提供的理论资源自然是很重要的，但同样无法避免的是移植者本身的拣选和阐释。留学法国的中国法学家往往倾向于选择具有更抽象、更具有理论上的创新意义的学说，并有意以进步主义的方式解释它们，而不是原封不动地照搬可能在原生地较为权威的作者。[67] 把王伯琦和吴经熊两位曾在法国留学的中国学者对法国学说的阐释进行对比，也会发现，面对同一套学说，阐释者的不同立场很大程度上决定了阐释的结果。[68] 同样是面对自然法复兴、社会法学兴起、对法解释理论兴趣的回归，持保守主义立场的吴经熊热情地主张泰西最新法律思想和我国原有民族心理"天衣无缝"[69]，而王伯琦则认为这表面上的无缝天衣其实是一件盛夏狐裘[70]。

而宝道作为在华外国顾问，面临的境遇和留洋中国法学家是很不一样的。所以他对中国法律现代化的认识可以为我们提供另一个关于学说移植的视角。对于宝道和其他在华外国法学家而言，中国始终是一个他者。然而对于他者的认识又在某种程度上形成了自我的一部分。因为不管是有留洋经历的中国法学家，还是来华的外国顾问，活跃在1870年到1960年这段时期的法学家与此前此后的同行皆大不相同。商业的发展、殖民帝国的扩张和国际交往的日渐频繁让一个国际性的法律共同体第一次得以形成。这个共同体远远不是平等和均质的。来自帝国中心的法学家前往帝国的边缘，担任政府的顾问、法典的起草者、教师的教师，传播关于法律的知识。宝道、艾斯加拉、狄骥均是在此列。而来自帝国边缘的年轻人则前往巴黎、柏林、伦敦学习关于法律的知识。梅谦次郎、有贺长雄、吴经熊、王伯琦

---

〔65〕 See Alan Watson, *Legal transplants: an approach to comparative law*, Athens, University of Georgia Press, 1993. See also O. Kahn-Freund, "On Uses and Misuses of Comparative Law", *The Modern Law Review* (1974), 1.

〔66〕 参见朱明哲：《东方巴黎——论二十世纪上半叶法国法律学说在中国的传播》，载《北大法律评论》2014年第2期，第581页。

〔67〕 参见朱明哲：《东方巴黎——论二十世纪上半叶法国法律学说在中国的传播》，载《北大法律评论》2014年第2期，第581页。

〔68〕 参见朱明哲：《论王伯琦对法国学说的拣选与阐释》，载《清华法学》2015年第2期，第155页。

〔69〕 参见吴经熊：《法律哲学研究》，上海法学编译社1933年版，第28页。

〔70〕 参见王伯琦：《近代法律思潮与中国固有文化》，清华大学出版社2005年版，第31页。

便是其中的佼佼者。诚然，在教学的过程中，知识并非单向度地由帝国的中心传播到边缘。边缘的经验和对边缘的知识同样也反过来增补身处帝国中心者的认知。但是知识的生产却是由来自中心的人所垄断的。来自中心的法学家在逐渐形成的国际学术界和法律共同体中扮演着“温良教化者”的角色。[71]

宝道作为法律国际共同体一分子的意义固然重要，但这个共同体本身也不是铁板一块。欧洲各国在对外输出自己的法律规则及借此扩大对其他国家的政治影响力方面，存在非常明显的竞争关系。巴黎政治大学的前身自由政治学堂（Ecole libre des sciences politiques）便和德国的外交、行政教育机构竞争外国留学生，并以此作为其存在的理由之一。[72] 长期作为法国法学的对照品，德国法学在 19 世纪末于全世界范围内有着巨大的影响。[73] 那么，为何民国政府最终选择了宝道作为法律顾问，并令其服务如此长的年份？

其一，或许是因为受历史法学滋养的德国法学较强调法律的本土性，从而在欧美以外的国家比主张普世性的法国法哲学更难跨过文化障碍而落地生根。其二，法国在外交上一直奉行扩张主义，法律外交也不例外，而且法国行政权力干涉学术较多，对与主流学说相左者而言，前往海外反而更能实现抱负，所以无论是外交家还是法律理论家更容易受到鼓舞前往国外谋求发展。[74] 其三，第一次世界大战并非仅仅是军事实力的较量，同时也在法学界阐释成法律理念的较量，[75] 于是，作为战败国的德国，自然在聘任政府顾问这样高度政治性的博弈中难占上风。更何况，要向其他国家输出自己的法律制度与理想，一定程度的普遍主义是必要的，可建设国际社会的

---

〔71〕 *Cf.* M. Koskenniemi, *The Gentle Civilizer of Nations...*, *op. cit*.

〔72〕 *Cf.* Sébastien Laurent, *L'école libre des sciences politiques de* 1871 *à* 1914, Mémoire, L'Institut d'études politiques de Paris, Paris, 1991, p. 54.

〔73〕 *Cf.* Duncan Kennedy, "Three Globalizations of Law and Legal Thought: 1850-2000," in *The New Law and Economic Development*, ed. Alvaro Santos and David Trubek, Cambridge: Cambridge University Press, 2006, pp. 19-73; David M Rabban, "American Responses to German Legal Scholarship: From the Civil War to World War I", *Comparative Legal History* 1, no. 1 (May 2013): 13-43.

〔74〕 *Cf.* Frédéric Audren et Jean-Louis Halpérin, *La culture juridique française. Entre mythes et réalités* (*XIXe-XXe siècles*), Paris, CNRS, 2013, p. 197.

〔75〕 *Cf.* Maurice Hauriou, « Le droit naturel et l'Allemagne », *Le correspondant*, 1918, p. 913 ; George Ripert, « L'idée du droit enAllemagne et la guerre actuelle », *Revue internationale de l'enseignement*, 1915, pp. 169-183.

追求在《凡尔赛条约》缔结后彻底消失在德国法学界、特别是公法学界，讨论更多集中在如何让德国重新成为正常国家。大部分的德国法学家退出了国际法研究会，便从侧面说明了德国法学家在国际舞台上的弱势。〔76〕 虽然如此，德国法学的吸引力实际上超越了德国法学家，让诸如历史法学的洞见成了欧洲法学家的共同认识。宝道和埃斯加拉都强调了传统对于法典的重要性，便是德国法学贡献的明证。更何况在德国法学上发展成熟的“意思理论”和法律解释方法虽然在1914年以后饱受批评，却已经在世界范围内得到广泛接受。〔77〕

上文提及，宝道主张在移植外国先进法制时也需要考虑中国固有习惯。他的同胞——经他介绍而同为中国政府顾问的埃斯加拉也有类似的主张：

“鄙人力主保存，查中国旧有之商事惯习，所有商会组合及其他制度，比不可费；唯稍加改革，增益其职务可耳。故鄙人起草商法典，将职业规定，归入于商人一章，仍不能不参酌中国旧有之习惯。盖中国旧有习惯，商人自成阶级，其上市制度每为国家所不注意者，尤不能不思所以保存之。弃旧有之习惯，图剿袭外国法，作纸上空谈非所以取也。修订中国商法典，能保存中国旧有之商事习惯，复参合以新商法运用之条规，庶法典一颁，自无窒碍难行之虞也。”〔78〕

表面上看，埃斯加拉和宝道都赞成某种程度的法律多元主义，认为国法未必能够完全代替习惯。然而，他们不过表达了彼时比较法学家的共识罢了。他们眼中的中国，并不是远在大洋彼岸的观察者所见的法律真空或仅有野蛮和腐败的法律的国家。〔79〕 中国有自己的传统法律，也有一套维持着社会秩序和政权稳定的习惯，自不待言。然而关键的问题尚不在于欧洲法学家是否能够认识到并欣赏法律上的不同性，而在于这种不同对他们到底意味着什么。而对这一问题的回答，似乎可以从比较法学本身的发展中找到启发。

按理说比较法学的发展应当让欧洲法学家意识到，各国的规定千差万别，无法寻找一定之规。然而事实上却是法学家们相信在纷繁复杂的表象

〔76〕 *Cf.* M. Koskenniemi, *The Gentle Civilizer of Nations*..., *op. cit*, pp. 236–238.

〔77〕 *Cf.* D. Kennedy, “Three Globalizations of Law and Legal Thought”..., *op. cit*.

〔78〕 ［法］爱师嘉拉：《关于修订中国商法典之报告》，载王健编：《西法东渐——外国人与中国法的近代变革》，中国政法大学出版社2001年版，第229页。

〔79〕 *Cf.* T. Ruskola, “Legal Orientalism”, 101-1 *Michigan Law Review* (2002), p. 179.

之下，因为人类理性的普遍性，各国的规定实际上殊途同归。更何况世界经济的发展要求各国执行统一的商法，比较法就是迈向法律一体化的最佳路径。[80] 美国法学家也接受了类似的普世主义观点，认为“比较法不仅仅是法学的一个分支，而且是法学要适应意识到其成员之间连带关系之国际共同体所必须采取的方法”。[81] 而那些“年轻的中国法学家”对混合法庭的排斥以及背后的民族主义思想无疑是相当令人遗憾的。[82] 就连看上去最不同于欧洲法的穆斯林法，实际上都有着所有和欧洲法律发挥着同等功能的制度，而且完全可以实现现代化[83]，那么又有什么能构成私法统一的障碍的呢？更何况，宝道和艾斯加拉并未否认现代化和法律移植的意义。他们的建议仅仅是策略性的而已。

法律一体化的想法本身也是建立在一种进步主义的思维方式之上的。“立法者改动三个词，所有的法学文献都会成为废纸”，[84] 基希曼在柏林法学家大会上如是说。不久之后，革命的浪潮席卷全欧。此说不仅仅是对法学的嘲讽，更象征了一种新的时间观和历史观在法学界的出现。既然立法者可以随心所欲地改动法律，那么就没有什么是永恒而不可改变的了。一切皆流，一切皆变。流变的方向，显然是用现代的取代过去的。同样在法国学习的王伯琦认为社会进步是一个线性的过程，而且此过程唯一的模式就是从家庭本位到个人自由，再到给予社会其应有的重视。[85] 所以要用个人本位的成文法摧枯拉朽般毁灭过去落后的传统。虽然在落实现代化的路径上宝道没有王氏那么激进，其实背后的进步主义底色却是一般无二。

---

〔80〕 *Cf.* Édouard Lambert, « Le rôle d'un Congrès international de droit comparéenl'an 1931, Rapport fait par le professeur Édouard Lambert à la séance solennelle de l'Académie internationale de droit comparé, tenue à La Haye, le 1er août 1929 », *Mémoires de l'Académie internationale de droit comparé*, II-I, 1934, pp. 461-480.

〔81〕 John Wigmore, « Les rapports du droit et de la religion dans le monde musulman moderne », *Annales de l'université de Lyon*, 45-1, 1934, pp. 90-101.

〔82〕 *Cf.* John Wigmore, « L'avenir du système juridique anglo-américain », *in* Pierre Garraud (éd.), *Introduction à l'étude du droit comparé: recueil d'étudesen l'honneur d'Édouard Lambert*, Paris, LGDJ, 1938, vol. III/II, pp. 104-108.

〔83〕 *Cf.* J. Wigmore, « Les rapports du droit et de la religion dans le monde musulman moderne »..., *op. cit.*

〔84〕 Julius von Kirchmann, *Die Werthlosigkeit der Jurisprudenz als Wissenschaft: ein Vortrag, gehalten in der juristischen Gesellschaft zu Berlin*, Berlin, Springer, 1848, p. 23.

〔85〕 参见朱明哲:《论王伯琦对法国学说的拣选与阐释》，载《清华法学》2015年第2期，第155页。

折衷的进步主义的另一个特色是强调经验的研究。所以法国与瑞士、比利时勘界的实践以及俄国欲于黑海设海军而与欧洲各国修约的经验可以作为说明条约拘束力的说辞。[86] 且暹罗与各国分别谈判废撤领事裁判权之经验可以为中国所效仿。其背后也无外乎马建忠在评价自由政治学堂教学时，所着重指出的对“因时递变之源流，与夫随时达变之才识”的重视。[87]

申言之，马建忠与宝道两位都是曾在欧亚大陆的两端生活过的实务家，所看重的皆为“相时致变之实学”。[88] 宝道诚然稔熟于国际公法，而且以国际法和外交实践为依据，曾为北洋政府提供不少咨询意见。只不过马眉叔在他之前，也已经做过类似努力了。从1886年到1899年，我国的贸易逆差不断增加。在1894年，我国外贸逆差为3399万两海关银（29.8%）[89]。是年，马建忠写道：

“乃欧洲各国垂涎已久，寻端犯顺，构兵恫喝，乘我未及深悉洋情，逼我猝定税则，各种货物，除鸦片外无所轩轾，正子两税不过值百抽七有半之数。……且又续许各口运行土货，止纳半税，并无旗号、口岸各捐名目，是利源尽为所夺矣，数十年吸中国之膏血，官商贫富无不仰屋而嗟。”[90]

面对欧洲各国的压力，马建忠的解决方案是援引“西国通例”和国际条约法上关于条约修订的规则，主张我国效法西方各主要国家，建立务实的进口税征收规范。在他看来，“夫不许通商，或可藉以启衅；欲行增税，断难因之兴戎。不然，欧洲瑞士、比利时，蕞尔弹丸，介于大国之间，将无税之可加，而国非其国矣，然犹可自立而度支不窘者，弱于势犹强于理。

---

〔86〕参见［法］宝道：《条约之拘束力》，钟建闳译，载《法律周刊》1923年第8期，第8页。

〔87〕（清）马建忠：《巴黎复友人书》，载《马建忠集》，王梦珂点校，中华书局2013年版，第37~47页。

〔88〕（清）马建忠：《巴黎复友人书》，载《马建忠集》，王梦珂点校，中华书局2013年版，第37~47页。

〔89〕［美］费正清、刘广京编：《剑桥中国晚清史（1800—1911年）》（下卷），中国社科院历史研究所编译室译，中国社会科学出版社1993年版，第59页，表十六“1870—1911年中国对外贸易价值和指数”。

〔90〕（清）马建忠：《李伯相礼仪中外官交涉仪式洋货入内地免厘禀》，载《马建忠集》，王梦珂点校，中华书局2013年版，第74~81页。

中国据理以争，何畏不情之请？”[91] 所以，加关税而使国货得与洋货竞争，可令国富民强，然更重要的是，此种做法符合国际法，于理无可指摘。

令人唏嘘不已的反倒是，作为最早的两位赴法学习行政外交事务的学生之一，马建忠在法颇有建树，学习亦有心得，其才学未见得就不及宝道，回国后却未克重用。然而从两者所阐发之问题解决方式上看，身处 19 世纪与 20 世纪之交的外交实务家所具有的思维特征，当不难辨别。出生于埃及、在亚非度过大部分职业生涯的宝道似乎应该比其他的外国顾问有更少的欧洲中心主义色彩和对他者更多的理解。然而人的思想要通过语言来表达，他可以用于表达思想的语言在一个给定的时代却是固定的。换言之，就算一个人的思想再有多少独创性，他都必须用既有的词汇、概念、语法、用法来自我表达。当我们陈述知识的时候，边界本身已经由语言给定了，宝道也不例外。他对中国法律的论述到头来只说明了他仍是他所属的那一代法学家中的一员。

（二）法学的革新者

从国际的视角看，宝道不妨是其他的“温良教化者”之一，而从法国国内的视角看，他却又像是一个积极的革新者了。第一部分曾经指出，巴黎大学在 1890 年以前基本没有教学上的重大改革。实际上，如果考察宝道就读于巴黎法学院时一些重要课程的教员[92]，我们当不难看出此时巴黎法学院正处于一个较为微妙的时期。民法教师是克劳德·比弗努瓦尔（Claude Bufnoir, 1832—1898）、查尔斯·伯当（Charles Beudant, 1829—1895），还有老迈年高的韦龙-迪维尔热（Alexandre Véron-Duverger, 1818—1892）与加布里埃尔·德芒特（Gabriel Demante, 1821—1909）；商法教师是阿尔方斯·布瓦泰尔（Alphonse Boistel, 1836—1908）；国际法（droit des gens）由路易斯·雷诺（Louis Renault, 1843—1918）讲授，雷诺同样是马建忠留学自由政治学堂时的国际法教师；罗马法由莱昂-卡昂（Charles Lyon-Caen, 1843—1935）讲授，莱昂-卡昂是马建忠在政治学院的商法教授；国际私法教师是阿尔芒·莱内（Armand Lainé, 1841—1908）；而法制史教师是费迪南

[91] （清）马建忠：《李伯相礼仪中外官交涉仪式洋货入内地免厘禀》，载《马建忠集》，王梦珂点校，中华书局 2013 年版，第 74~81 页。

[92] SIPROJURIS 网站收集整理了 1804 年到 1950 年之间法国法学院课程设置和教学人员的信息，虽然尚不完整，但已经足以让我们一窥这段时间主要法学院的主要课程安排。参见 http://siprojuris.symogih.org/，最后访问日期：2016 年 6 月 8 日。

德·拉尔诺德（Ferdinand Larnaude，1853—1942）。仅仅从教学人员的年龄上，我们已经可以看到，民法的教师年资较长，德芒特更是从1861年开始便未间断过民法教学。其他专业则由较年轻的力量担当授课任务。如果带着后见之明，我们自然会看到布瓦泰尔于1896年在巴黎法学院重新开设了法哲学、并且极大贡献于法国自然法的复兴[93]，雷诺参与开创了一代法国学派的国际法[94]，雷诺和莱昂-卡昂于政治学院进行了极多的教学试验，莱内不但写了经典的教科书[95]、还理论化了作为法国国际私法重要基础的“反致”[96]，而拉尔诺德则在1919年巴黎和会上发挥了重要的作用[97]。可是这一切在19岁的宝道来到先贤祠广场注册的时候，都是无法预料的。他所见是最重要的教学科目——民法均由年资较长的教师讲授，而后来在美国人庞德口中“希望中国有几部像Planiol那样的著作”的普拉尼奥（Marcel Planiol，1853—1931）在1886年刚抵达巴黎法学院，甚至面临连续数年无课可上的窘境。

需要指出的是，就算在老资格的民法教员中，至少比弗努瓦尔和伯当绝非守旧势力的代表。只是要等到巴黎法学院变成共和派宪法学的核心阵地、而比弗努瓦尔的女婿萨莱耶（Raymond Saleilles，1855—1912）在1895年来到巴黎时，较为明显的革新才开始。而且巴黎也一直未成为创新的阵地，只是“在传统中变”罢了。所以，宝道恰好是变革到来前接受的法学教育。而且他和他的同龄人恰好是变革的参与者。革新的结果自然是多方面的，自然法的复兴、对法律渊源和法律解释方法的兴趣、民法的社会化、法律社会主义的出现、法国式的实证主义宪法学派、社会连带的国际法学都不妨为革新的不同侧面。在宝道身上最能表现出来的恐怕还是那种温良教化者的心态。

前文提及，“温良教化者”的心态仍是一种欧洲中心主义的心态。乍看

---

〔93〕 *Cf.* Alphonse Barthélémy Martin Boistel, *Cours de philosophie du droit: professé à la Faculté de droit de Paris*, Paris, A. Fontemoing, 1899, vol. I.

〔94〕 *Cf.* Emmanuelle Jouannet, « Regards sur un siècle de doctrine française du droit international », *Annuaire français de droit international*, 46-1, 2000, pp. 1-57.

〔95〕 *Cf.* Armand Lainé, *Introduction au droit international privé, contenantune étude historique et critique de la théorie des statuts et des rapports de cetthéorie avec la code civil*, Paris, Pichon, 1888.

〔96〕 *Cf.* Armand Lainé, *La théorie du renvoi en droit international privé*, 1909.

〔97〕 *Cf.* Vincent Laniol, « Ferdinand Larnaude, un « délégué technique » à la conférence de la Paix de 1919 entre expertise et « culture de guerre »», *Relations internationales*, n. 149-1, 30 mai 2012, pp. 43-55.

上去，它似乎和《法国民法典》起草过程中传统主义与启蒙思想相妥协时[98]表现出的心态并无二致，也和所谓“注释学派”在斤斤于以文义和逻辑逐条解释阐释民法典时表现出的心态没有区别。然而一个法学国际共同体诞生时，也带来了一种全新的欧洲中心主义。一种对外部世界漠不关心的欧洲中心主义在1900年巴黎比较法学大会的发起人萨莱耶对比较法的认识中自我表达：在欧洲各发展程度相似的国家之间寻找对类似社会问题的不同解决方式，从中选择较为优秀者，用以改善国内法。而在宝道身上所表现出来的是另一种惯看花花世界中五彩缤纷的法律后，仍抱有普世主义信念的欧洲中心主义，它则体现在1931年的里昂大会发起人朗贝尔（Édouard Lambert，1866—1947）对比较法的认识中。[99] 首先，这是一种自我觉醒的欧洲中心论。以宝道为代表的这一代法学家意识到他们需要回答的问题并不是他们本国的问题，而是其他国家的问题，但他们仍认为欧洲国家是标准、是尺度。而且他们也意识到欧洲是值得追求的理想。其次，这是一种考虑到地域的欧洲中心论。过去抽象对“人性”和“事物本质”的抽象思考[100]，如今让位于不同地域的经验，尽管这些经验往往倾向于重新确定一个早就存在于罗马法上的见解。最后，这是一种获得了时间感的欧洲中心主义。人类所面对的情势一直处于变化之中，过去的经验可以作为现在的参照。而既然事情是会变化的，那么便不妨令它往更好的方向发展，好的标准却往往是欧洲提供的。如果一个国家目前的情况尚不适合采取一套纯然欧洲式的法典，那只是因为其民智未开罢了，假以时日，总归是有让欧洲引入的法典畅行无碍的一天。[101]

恰恰是这种获得了时间感、认为法律应该与不断进化的社会一同前进的思想，体现了欧洲中心主义把一种欧洲式的现代性和现代化普遍化的历

---

〔98〕 王伯琦：《近代法律思潮与中国固有文化》，清华大学出版社2005年版，序言。

〔99〕 *Cf.* Christophe Jamin, « Le vieuxrêve de Saleilles et Lambert revisité. À propos du cente-naire du Congrès international de droit comparé de Paris », *Revue internationale de droit comparé*, 52-4, 2000, pp. 733-751.

〔100〕 其集大成者于此时莫过于伯当的著作，*Cf.* Charles Beudant, *Le droit individuel et l'État: introduction à l'étude du droit*, Paris, A. Rousseau, 1891.

〔101〕 如德谟格就在1927年于布宜诺斯艾利斯演讲时说：“构成世界法律一体化实现的真正阻力，仅仅是物理条件、国家经济情况这样的物质状况，或者人民不开化、道德水准低下这样的社会事实而已。” René Demogue, *L'unification internationale du droit privé: leçonsfaites à la Faculté de Buenos-Ayres*, Paris, Rousseau, 1927, p. 128.

史趋势。这种欧洲中心主义简单地用欧洲内部的经验来理解现代性。现代性意味着由一系列关键历史时刻标志的解放进程：15 世纪的意大利文艺复兴、16 世纪到 18 世纪的德国宗教改革、17 世纪的英格兰议会，一直到 18 世纪的法国。〔102〕 宝道和他同时代的法律人即便抛弃了传统自然法信仰的永恒性，却转而坚信进步过程的永恒性。换言之，基于欧洲内部政治经验的现代化进程如今成了一个必然的过程，其他的文化只能参与其中，而不能质疑其内容。前面的讨论说明宝道至少在主观上希望能为中国法制的现代化做出贡献，只不过他和那些经历了欧洲法学革新的同行一样，以一种欧洲中心主义的视角把握“现代”，那么他所能做的只不过是尽其所能让中国成为现代化进程中的一员罢了。

六、结论

20 世纪初，虽然货物和货币无法在各个国家之间顺利地流通，人和知识在世界范围内旅行却已经很常见了。当欧洲法学家带着法学知识来到欧亚大陆的东端时，东西方不可避免地相遇了。所以当我们研究国际性的法律共同体的成员时，我们完全可以把握机会处理这种相遇，而试图从本身已经超越了某国法史的“比较法史”迈向“跨国法史”，乃至“全球法史”。那么，“把欧洲地方化”便是一种摆脱欧洲中心主义的策略。查克拉博迪（Chakrabarty）希望通过这个术语，劝说我们抛弃现代性发源于欧洲的观点。〔103〕 我们则希望借此说明，欧洲并非进步、现代性和文明的唯一参照系，而只是诸多不同系统中的一种。在西方遇见东方的时候，法学家并没有发现一片无主地，或者用欧洲人更熟悉的术语，*terra nullius*。东方也并非一片法律真空。这里有着一套不同的法律体系。

然而是否有一种通过研究欧洲中心主义而迈向全球史的思路？简言之，是否有可能借由辨别人们通过把欧洲作为参照系所实现的结果，来理解法律的世界史？我们所研究的这些个体，正如本研究所关心的宝道，无论身处何方，仍然把欧洲作为想象的中心。所以 19 世纪末到第二次世界大战之间的岁月里，东西方之间的法律交流其实是单向的。对于中国、土耳其、日本等国家而言，欧洲的影响就在那里。中国可以作的选择不过是接受还

---

〔102〕 *Cf.* E. Duval et al.，“Europe，Modernity，and Eurocentrism”，*op. cit*.

〔103〕 See D. Chakrabarty，*Provincializing Europe*：*postcolonial thought and historical difference*，Princeton：University Press.

是不接受而已，对方却不会因为此间的反应而做出任何改变。我们当然可以一再强调学说移植的实践者本身的主体性在移植过程中的重要地位，行动者-网络理论也为更复杂的实证分析提供了工具。只不过在这里要强调的并不是移植过来的法律和法学中间有多少本土化的成分，而是无论本土化程度有多高，欧洲始终是唯一的标准。

坦诚地说，宝道确实要比大部分的欧洲法学家要更本土化一些。即便如此，中国立法的科学性、进步性、现代性仍然是通过和欧洲法律对比而得以衡量的。他知道法国法未必贯彻了“自由”和“平等”的启蒙理想，中国法也未必需要马上把启蒙理想落实到全国，但启蒙运动所阐发的价值仍然不失为一种唯一有意义的理想，等待实现。在这个意义上，宝道为我们展示的是20世纪初法学国际共同体的共识。认为保留领事裁判权和混合法庭对中国来说是好事的威格摩尔和为了废弃领事裁判权而留洋的中国年轻法学家看上去针尖对麦芒，其实却在深层次上有着根本的共识：欧洲意义上的现代法制是每个国家都应追求的。王伯琦主张用先进的立法一扫落后的传统，看上去也和吴经熊主张的东西合流说水火不容，然而吴氏又何尝不是在用泰西先进法哲学为自己的主张背书？甚至连宝道和由他推荐来华的艾斯加拉的论证途经也颇微妙：正因为《法国民法典》的起草过程中充分考虑了习惯和传统，所以中国起草法典时不考虑传统是错误的。本来基于西欧一个有限区域的实践，在他们的话语中普遍化，成了普世性的标准。

欧洲中心论深深地嵌刻在当时的法学语言中。无论一个法学家具体身在何方，他都无法不用包裹了欧洲中心论的语言言说。在承认了这一点的基础上，我们才可以去讨论人们用这种欧洲中心论的语言到底做了什么。显然，宝道、马建忠、吴经熊、艾斯加拉、史尚宽、王世杰和王伯琦等人所做都各不相同。欧洲中心论不仅有一部历史，更有一部世界史（Eurocentricity has not only a history, but a world history）。由此我们才触及了欧洲中心论的世界史。

而1870—1960年的世界法史，不妨是一部欧洲中心论的世界史。

第二编　比较法课题专栏

社会运动与权利构造

——我国台湾地区的“婚姻平权”运动（2016—2017）及其法律后果

杨　帆*　史隽琸**

导　言

“我们的权利从哪里来？”这是一个近代以来各类人文社会学科都不断尝试回答的经典问题。但是囿于认识论与方法论，不同学科给出的答案也不尽相同。甚至在各个学科中，对权利问题进行研究所使用的概念框架也有很大差异。一般来说，政治哲学、伦理学、法哲学等学科倾向于从先验与逻辑分析的角度对权利下定义。〔1〕在当代法学界占据主流地位的规范分析法学研究则倾向于以“从法律规范到规范的解释与适用”的演绎认知路径来回答这一问题。相较于前两者，社会学、历史学等学科则倾向于以经验描述的方法来对权利进行建构性解释。比如，有政治社会学学者主张“权利是个人与国家之间的某种关系状态”：公民权利是特定利益集团的诉求和主张，它能否在道德上、经验上都被广泛认同是正义的，则取决于政

---

* 杨帆，吉林大学法学院、理论法学研究中心副教授。

** 史隽琸，澳大利亚新南威尔士大学法学院法律博士（JD）在读。

〔1〕 例如［加］L. W. 萨姆纳：《权利的道德基础》，李茂森译，中国人民大学出版社 2011 年版。

治系统内不同行动者之间的冲突与斗争情况。[2] 历史学家莫恩（Samuel Moyn）则认为，当今西方世界主流的权利观念大多来自 20 世纪 70 年代国际舞台上各种复杂政治事件的综合互动。[3] 而在著名法学家、律师德肖维茨（Alan Dershowitz）的法律史名著《你的权利从哪里来》中，这一观点也得到了充分的论证：权利不是来自上帝、自然正义或者逻辑演绎，也不来自于法律规范，而是来自于人类的经验，尤其是“不正义”（Wrongs）的经验；历史证明，往往是人类的恶行才能够刺激人们不断地反省和审视自身行为，进而不断地设定、补充、修改权利的方式，以达到对恶行的限制。[4]

近年来，这种“外部建构”的权利认知视角也被作为交叉学科的法社会学所继承和沿用，成为规范法学、法教义学等主流法学范式之外一种新的权利法学研究进路。在法社会学的视角下，权利的法律建构过程被更多地与争取新兴权利的各种社会运动联系起来，并通常被冠以“权利的社会建构”（Social Construction of Human Right）等称谓。[5] 尤其是 20 世纪 60 年代以来，西方社会运动的样式发生了许多显著改变，以少数群体推动边缘价值核心化为目的新型社会运动越来越频繁地出现在大众视野，诸如黑人权利运动、女权运动、生态运动等。20 世纪 80 年代后，这些运动开始逐渐壮大，甚至重塑了西方社会的权利观念。伴随着这些运动而兴起的是法律上关于诸多权利的再审视和新兴权利的不断涌现。社会运动和法律、权利观念之间的互动受到了西方学界的普遍关注，形成了声势浩大的“法律与社会运动”（Law and Social Movements）研究潮流。

在中文学术界，这一研究主题尚未引起足够的重视。已有的新兴权利研究多聚焦于某一具体权利（或者权利束）的发生及适用，且大多停留在法学内部视角的总结与比较，对于权利的社会构建过程关注较少。[6] 本文

---

〔2〕 赵德余：《权利、危机与公共政策：一个比较政治的视角》，上海三联书店 2014 年版，第 1~14 页。

〔3〕 [美] 塞缪尔·莫恩：《最后的乌托邦：历史中的人权》，汪少卿、陶力行译，商务印书馆 2016 年版，第 7~8 页。

〔4〕 参见 [美] 艾伦·德肖维茨：《你的权利从哪里来?》，黄煜文译，北京大学出版社 2014 年版。

〔5〕 Neil Stammers, “Social Movements and the Social Construction of Human Rights”, *Human Rights Quarterly*, Vol. 21, No. 4, 1999, pp. 980-1008.

〔6〕 参见钱大军、尹奎杰、朱振：《权利应当如何证明：权利的证明方式》，载《法制与社会发展》2007 年第 1 期，第 101~113 页。

希望以此为突破点，首先对法律外部视角（法社会学）对于权利问题的认知路径（“权利的社会建构主义”）这一理论进行梳理和批判性评述，作为研究的整体框架，进而围绕我国台湾地区近几年来发生的“婚姻平权”运动开展法社会学意义上的个案研究，最后达到反思这种研究路径与权利实现过程的学术目的。需要说明的是，本文并不计划对“同性婚姻”的正当性基础等问题进行规范性评价，而是基于法社会学的学术立场，对这一社会运动与法律之间互动进行描述性研究。

一、法社会学视角下社会运动与“权利建构主义”理论

关于社会运动和法律关系的研究是二战后西方法社会学的重要主题，它关注社会运动的建构力量，重视立法的社会互动过程。这种“法律与社会运动”研究的理论范式大致经过了三个发展阶段：①古典理论：古典理论与社会心理学的发展有密切关系，着重考虑感情因素。它们强调社会运动并不具备理性的特征，而是社会失衡的情感宣泄渠道。根据这一立场，法律作为理性的造物，必然与社会运动格格不入，并且必须对社会运动这种不理性的现象施以强力规范。②主流理论：20 世纪 60 年代，出现了社会运动的资源动员和政治过程理论，这两种学说都强调引发社会运动的原因不仅是感情，也包含着很多理性考虑的因素，而法律不仅不是主动的规范性力量，反而成为了被社会运动争夺的资源和工具。由此便形成了著名的“法律动员”（legal mobilization）理论。这一理论认为，在社会运动中，法律应该被看作是拥有符号象征意义与文化预设的体系，这种体系通过符号来影响人们的价值取向和行为选择。法律话语和符号的相交并融在社会运动中被展示出来，让人们意识到法律中更为复杂的意识形态内涵。法律成为公民在现实中为了争取权利能够动员的资源。社会行动者对政府提出权利主张，其取得成果的可能性很大程度上取决于这一群体以法律作为“利益旗帜”的意愿和能力的强与弱。③新兴理论：文化框架论是 1985 年至 1986 年间欧洲和美国学界关于此领域交流整合得出的结果。〔7〕根据文化框架论的观点，主流理论的理性主义视角仅仅构造出“策略性框架”，但是没

〔7〕 在 1985 年和 1986 年，美国康奈尔大学的塔罗教授和荷兰阿姆斯特丹自由大学教授克兰德曼斯召集了两次研讨会，对于促进西方法律与社会运动研究的交流和整合发挥了重大作用。自此以后，西方法律与社会运动研究开始进入“超理性”阶段，各国学者取长补短，“文化框架论”即是理论整合的核心成果。

有考虑超出理性的文化、情感因素在法律与社会运动的互动中起到的重要作用。〔8〕以上三个阶段的理论范式各具特点，其中影响力最大的是主流理论中的“法律动员”理论。

在“法律与社会运动”研究不断发展的过程中，权利的“社会建构主义”理论也逐渐形成。这一理论最重要的代表人物是英国学者斯塔莫斯（Neil Stammers），他于2009出版了《人权与社会运动》（*Human Rights and Social Movements*）一书，〔9〕详细阐述了社会运动与斗争对于形塑当今世界的各种人权概念的关键作用，对后续研究产生了很大影响。在书中，他对各种主流的学术话语在研究人权问题上的缺失进行了批判。首先是形而上的抽象人权理论（比如天赋人权理论、自然法中的人权理论），斯塔莫斯主张这些理论带有过多的信仰色彩，完全脱离了真实的社会实在背景，并且只有在西方自由主义的传统下才有号召力，其普适性也值得怀疑。其次是法学界主流的法律实证主义（Legal Positivism）理论，斯塔莫斯指出，这种进路没有人权的本质与起源问题进行追问，而是直接将他们当成了给定的事实，并且对未被纳入法律规范的人权主张无法企及。再次是过度的特殊主义权利观（Strong Particularism），这种观点强调每一种人权实践都是特殊的、不可复制的，而忽略了人权价值本身具有一定的可推广“普适性”。最后一种被批判的对象是结构主义（Structuralism）的人权理论。结构主义主张任何人权观念都是完全客观的社会关系与社会环境的产物，但是却忽略了社会行动者在这一过程中的能动作用。〔10〕

在这些批判的基础上，“权利构建主义”理论首先主张人权是一种历史的、情景的产物。它既不来自于超验的神力，也不是来自于实证法基础上的纯粹逻辑演绎。各种形式的社会运动与抗争在权利的法律构建过程中扮演了最为核心的角色。在这里，社会运动一般指分享共同利益或者某种共同认知的行动者组成一个群体，为了某种诉求，以权利话语为主要手段，向权力者抗争的行为或事件。〔11〕在“权利构建主义”理论看来，社会运动

〔8〕参见廖奕：《从情感崩溃到法律动员——西方法律与社会运动理论谱系与反思》，载《法学评论》2014年第5期，第189~196页。

〔9〕See Neil Stammers, *Human Rights and Social Movements*, Pluto Press, 2009.

〔10〕Neil Stammers, “Social Movements and the Social Construction of Human Rights”, *Human Rights Quarterly*, Vol. 21, No. 4, 1999, pp. 990-994.

〔11〕See Alan Scott, *Ideology and the New Social Movements*, Routledge Press, 1990.

中的“权力”（Power）与“话语”（Discourse）是两个最值得关注的要素。受福柯（Michel Foucault）与卢克斯（Steven Lukes）思想的影响，这里的权力主要指社会运动与抗争的过程中产生的各种无形的作用力，一方面它可以是无意识的、去主体化的、弥散在各处的“微观”权力，另一方面它也可以是社会运动行动者（Actors）有意为之的权力。[12] 而“话语”更是一个福柯色彩很浓的概念，它指围绕社会行动产生的各种观念、主张、意识形态以及说理表达等。权力与话语两者密不可分。权力运作与权力关系是社会运动能够发生作用并最后生产新的权利话语的最重要机理；而话语则是权力的最重要载体，它是权力运作的轨迹，体现了权力关系和新的权力结构的形成。因此，“权利构建主义”理论认为，“权力”与“话语”可以作为分析机制，解剖社会运动的机理，分析权利话语最终成为新的法律结构的动态过程。

运用以上理论资源，尤其是“法律动员理论”以及“权利构建主义”中的“权力”与“话语”分析机制，本文在后续将采用案例研究的方式，以我国台湾地区“同性恋平权”运动三十年的发展为背景，重点考察在2016年至2017年的婚姻平权运动中，行动者们打破过去的同性恋者婚姻权被反复否决的权力格局，并最终将其推进到平权立法阶段的经验。

二、社会行动者的权利话语形成

话语是整个社会运动符号系统的核心组成，也是与法律中的符号系统互动的工具。在具体的社会运动中，话语意味着行动主体为了实现某一目标而使用的各种形式的表述，包括使用的口号、对核心事件塑造的符号形象等一系列可能出现在公众视野的叙说。对于一个社会运动中话语的考察，往往能够看出这一社会运动所借以实现利益的核心价值；同时，作为权力的载体，话语也是动员社会力量来推进其所诉求的权利现实化的重要工具。通过话语体系的构建，社会运动将一个抽象的权利进行具体化证成。在进入法律上的较量之时，这些新的话语体系瓦解着传统的权利话语中的预设，并且为一个从来没有被承认过的权利挖掘出了生存的可能。

从同性恋争取权利的运动来看，其通过“科学主义”叙事话语的重构（即证明同性恋并非疾病），完成了“去罪化”过程，使得同性恋进入了国

[12] Neil Stammers, “Social Movements and the Social Construction of Human Rights”, *Human Rights Quarterly*, Vol. 21, No. 4, 1999, p. 999.

家权力不加控制的领域。然而，同性恋的道德问题被回避了，同性恋成为一种似乎是“无法选择的恶”，因此国家权力必须加以容忍。〔13〕 同时，如果想要论证出法律上同性恋者应具有和其他人一样的婚姻权以及抚养子女的权利，仅仅说明国家权力不应该干涉是不足够的，而应该采取一套新的话语策略，来证明同性恋同样具有应该被肯定的价值，同样分享着主流社会的“善”。〔14〕 因此，在我国台湾地区同性恋行动者争取婚姻权的进程中，能够看到话语集中在打开主流社会对同性恋者的认同这一方面：一方面要降低对于同性恋者“恶”的理解（主要体现在反驳“反同”群体的观点），另一方面极力争取对同性恋者“善”的理解（主要体现在反对设计“专法”和寻求婚姻权和后代抚养权）。这一话语策略的核心目的即在于打破“同性恋即不正常，而不正常即应该是恶的、被排斥的和被改造的”这一逻辑链条，从而使婚姻权这一具有善的价值的权利能够被同性恋者同样接纳。在此，我们从“口号”“符号事件”和“生命故事”三个方面各选取一部分典型例子，来考察“争取同性者婚姻权就是反对歧视，争取平等”这一话语的形成过程。

（一）诉诸最有助于利益实现的核心价值：平等

口号是一个社会运动中话语最集中的体现；选择什么样的口号，最能够呈现这一群体的核心诉求。在台湾地区同性恋行动者争取婚姻权的过程中，存在着一系列的口号。它们聚焦的点各有不同，但是我们可以通过观察发现，“平等”的概念是其最常借用的。具体来说，涉及平等的最知名口号有：“民法不修，歧视不休”；“反对‘专法’，隔离就是歧视”等。这一话语策略的逻辑在于：在法律上，从权利的角度证明同性婚姻合法正当地基于一种权利平等的法律原则。

温特敏特（Robert Wintermute）曾总结了三种同性恋者证成自己权利的途径：①不可改变进路：由于性倾向无法人为选择，所以同性恋属于不可改变的身份；②自由选择进路：认为性倾向可以由个人选择，这样的进路一般需要援引自由、隐私等概念，来对抗公权力的干预；③性别歧视进路：即如果歧视同性恋者就是一种和压迫女性相同的性别霸权，那它就违反了

〔13〕 参见郭晓飞：《本质的还是建构的？——论性倾向平等保护中的“不可改变进路”》，载《法学家》2009年第1期，第123~139页。

〔14〕 参见王森波：《同性婚姻：无力的守护与尴尬的诉求》，载《东方法学》2011年第2期，第40~54页。

平等的价值。[15] 在同性恋非罪化的时代，前两种进路（不可改变和隐私权）都曾经作为去除法律上对于同性恋者处罚的良好抗辩理由而被援用。[16] 但是，在争取同性恋走出私人领域进入公共领域的过程中，尤其是同性恋获得婚姻权的过程，隐私权不再是一个好的理由。而根据著名法学家桑斯坦（Cass R. Sunstein）的分析，对于同性恋者获得法律认可的目标来说，用隐私与自由远远不如用第三种进路——“平等保护”进行证成更加有利。因为平等保护条款倾向去打破历史悠久并且被期待继续存在的实践，而自由则更有利于传统形成的制度和权利不被突然地限制。由于同性恋者的权利在传统上并不存在，所用平等保护来打破对于传统的性别关系和婚姻的固有认知，从而为婚姻权适用于同性恋群体进行论证是更加有利的策略。[17] 很显然，通过对核心口号的分析，我们发现台湾地区同性恋社会运动中采取了更为有利的、以平等为核心的“反歧视”作为最重要的理由，来使得同性恋者能够和异性恋一样进入婚姻殿堂。这一策略在世界范围内被很多法官所认可，例如在 1993 年美国 Baehr v. Lewin 案中，就有法官认为民法禁止同性结婚就是歧视，与性别、种族歧视在本质上是没有区别的。[18] 因此更具有行动力。

（二）对核心符号事件赋予意义：反歧视

在台湾地区的同性恋权利运动的历史上，重要的突破往往都是借助一些突发事件达成的。这些事件引发了大量的公众讨论，使得同性恋运动能够借机将自身认可的价值通过这些事件呈现在公共视野，从而把其符号化，宣扬争取平等反对歧视的价值，成为争取权利的话语体系的重要构成。

“叶永鋕事件”就是一个典型事件。叶永鋕是屏东县的一名普通中学生，因为不同的性别气质，经常遭到同学霸凌。由于长期被同学脱裤子、嘲笑等原因，叶不敢在下课时间去上厕所。2000 年 4 月 20 日，叶永鋕在上课时去上厕所后未归，结果被发现时正躺在一片血泊当中，送医时死亡。

---

〔15〕 Robert Wintemute, *Sexual Orientation and Human Rights: The United States Constitution, the European Convention and the Canadian Charter*, Oxford: Clarendon Press, 1995, p. 17.

〔16〕 2003 年美国最高法院在 Laurence v. Texas 案件中，就用隐私权这样的实质性正当程序的进路，推翻了反对同性间所谓“非自然性行为”的法律。

〔17〕 Cass. R. Sunstein, “Homosexuality and the Constitution”, *Ind. Law Journal*, Vol. 70, 1994, p. 3.

〔18〕 Baehr v. Lewin, 852 P. 2d 44, 69-70 (Haw. 1993)

其母在电视采访中控诉："是霸凌！性别歧视害死我的小孩！"在这一事件后，大量以"玫瑰少年"为题的纪录片出现。[19] 这一符号形象以"玫瑰"为名，涵盖了作为男性的叶永鋕呈现出的不一样的性别特质——声音比较细、讲话时"兰花指"、喜欢打毛线和烹饪等。其象征意义试图说明，这些跟别人不太一样性格特质成为他遭受同学的歧视的根源，甚至最后夺走了它的生命。"玫瑰少年"代表着由于整个社会不合理的价值观而陨落的青涩的生命，具有很强的符号意义，后续几乎会出现在每一场相关运动之中。[20]

类似的事件还有"北一女中自杀案""长发男警叶继元免职案"等。无一例外的是，对这些事件的报道，从支持同性恋运动一方出发，都强调了被害一方呈现出的不同于人们日常对性别认识的特质，而他们因为这种不同的特质，遭受到了他人的排挤和污辱，轻者丢掉工作，重者心理受到巨大创伤，甚至失去生命。但同时，这些事件在"反同"群体眼中，却尽量与性别歧视这一主体脱钩。例如"叶永鋕事件"被认定为学校失职造成地板湿滑而引起的意外事故；即使是叶的家人和屏东县的其他人，也反对将"娘娘腔""同性恋"这样的字眼加诸于叶，认为这是污辱。总之，这些事件借助支持同性恋运动的媒体的报道，从不同方面呈现出了（或者夸大了）社会对于性别歧视的漠视，并且借由此使得"争取同性恋合法权利就是反对歧视，争取平等"的话语走向成熟。

（三）诉说生命故事："爱的感召"

在自媒体时代，信息的交互发生了革命，每个人都可以成为媒体源。通过自媒体进行倾诉是同性恋权利话语体系里最能够打动人、最庞大的部分。这些部分试图展示出同性恋者也具有感情需求和爱的能力，进而希望获得主流社会的承认。卡洛斯·鲍尔（Karlos Ball）认为，把身体亲密和情感亲密结合起来是人独特的能力，这种能力展示了对他人爱和关怀的潜力。类似地，同性恋群体也主张同性恋不只是性冲动的满足，而且还有被爱的需求，以及爱和互相照顾的能力。国家不仅要满足公民的选择，而且要提

---

〔19〕 例如，2000年，"同志"纪录片导演陈俊志筹划拍摄叶永鋕纪录片。2006年，台湾地区"性别平等教育协会"出版《拥抱玫瑰少年》以纪录叶永鋕事件，借此探讨其性别教育意涵。2007年，台湾地区教育主管部门也拍摄了纪录片《玫瑰少年》。

〔20〕 例如，2015年11月7日，歌手蔡依林在台北表演鼓励同志的歌曲"不一样又怎样"前，就播放了由导演侯季然执导访问叶永鋕妈妈的"玫瑰少年"叶永鋕纪录片，唤起人们对于性别歧视的关心。在每年的同性恋游行期间，都有类似"你还记得玫瑰少年是怎么死的吗"等文章出现。

供选择。[21] 在台湾地区同性恋组织的支持下，很多同性恋者分享了他们成长过程中所遭遇的困惑和歧视，获得了不少同情。例如在全台大专院校性别社团串联下，台大“浪达新闻”发布了这样一篇自我讲述：

“永远也忘不了大一在去了游行之后，那时系上的谣言与背后攻击，也永远记得那些人的嘴脸与小动作威胁，满满的恶意。而后让我在大一的中后期进入了长长的低潮与忧郁，每天出门上课，看着白净的蛋卷和穿着学士服拍照的学长姐，想到的不是希望，是死亡。……但，我现在在这里，不再是只为了当年那个瘦弱无助的我，更是为了那些不被看见的性别与艰难：跨性别、艾滋以及性的污名做翻转，改善所有性别的处境。”

这些生命故事在社交平台上形成了相当的感召力，讲述者的身边人以及陌生人，都因为这些故事和传递出的感情，引发了连锁式的共情效应。这也是为何在“撑同”现场，有很多人举出“我是异性恋，我支持同性结婚”等口号。甚至有的父母、朋友现身现场，儿子举着“我今年 28 岁，我想要结婚”的标语，而妈妈举着“我今年 58 岁，想看到儿子结婚”的标语，就彰显了这种生命故事在自媒体时代具有的巨大的动员力量，同时也获得了代表保守方的某些异性恋、家庭、学校的支持。通过这样的生命故事来在法庭上彰显同性婚姻的价值，促使法律承认建立良好的亲密关系不是异性恋的专属，并不是没有先例。在美国同性运动争取婚姻权的斗争中，生命故事亦展示了以情感为核心的话语的力量。[22] 这些感情叙述，瓦解着原有的社会文化中对于同性恋者的漠视态度，让其作为一个正常的人的感情需求进入公众视野，也在法律上成为其建立婚姻这种亲密、排他关系的实质基础。

---

〔21〕 Carlos A. Ball, *The Morality of Gay Right*: *An Exploration in Political Philosophy*, New York: Routledge, 2003, pp. 101-116.

〔22〕［美］玛丽·安·格伦顿：《权利话语：穷途末路的政治言辞》，周威译，北京大学出版社 2006 年版，第 53 页。作者在本书中写道：在美国，一位同性恋者在反对反同性婚姻宪法修正案的法庭上说：“我害怕那些跟我一样的家庭，有着幼小孩子的家庭会从此失去健康保险；会无法获得在事故发生时进入医院就诊如此普通的服务；会失去为伴侣在老去后为其提供支持和帮助的能力。我害怕由于一项法律把他们的家庭烙上不平等的印记，我深爱的无辜的孩子们要面对仇恨和侮辱。我知道人们对我可爱的孩子们已经避之不及和予以排斥，而这些人正是那些宣扬正派和同情价值的人。我也知道这个修正案不会做的事。它不会帮助满足困顿家庭的生活需要或者为生病的儿童提供医疗照顾。在双亲无奈离婚时它不会帮助他们留住孩子。它对于任何一个人获得更体面、更有愉悦及更道德的生活都没有帮助。”

通过核心价值的选择、事件的符号化以及生命故事的构建，在台湾地区同性恋者争取婚姻平权运动中形成了一整套以反对歧视，争取平等为核心的话语，高调要求公众接纳认同同性恋者而不仅仅是容忍。这些权利话语被以各种方式重组，不仅仅是对抗“反同”的武器，更被整合起来，用以在法律的竞技场上证明自身诉求的合理和合法，在后文中，我们将看到这些话语是如何渗透到法律的领域，最终促成了以法律变革为标志的权利构建。

三、社会行动者的权力资源积聚

（一）组织与身份权力

同性恋“婚姻平权”运动在我国台湾地区经历了一个从单独个人、单个媒体的抗争，发展到成立组织的漫长过程。到2017年初，整个同性恋群体的组织程度已经相当齐备，且这些组织呈现了分工化、分级化的特征。从分工化来说，各种各样的同性恋组织扮演着不同的角色和功能。例如，“婚姻平权大平台”聚焦于争取同性婚姻合法化的问题，在其主页上，有详细的法律相关问题和不同“婚姻平权法案”版本的整理，实时更新进程；“台湾同志咨询热线协会”主要为同性恋者提供答疑解惑的平台，为因为同性身份而遭遇的认同困惑、歧视、伤害来提供解答和服务；“台湾同志家庭权益促进会”主要负责同性恋伴侣同居、组成家庭中遇到的困难，以及收养小孩、和父母矛盾的解决方面提供经验和帮助。甚至这种分工的细化，在同一个大学的同性恋组织中都有不同。例如同是淡江大学的同性组织，一方负责理性的分析，而另一方主要诉诸感情的互动。从分级化来说，这些同性恋组织拥有的资源、负责的地域范围都各有不同。比较大的全岛性组织（例如“伴侣盟”“婚姻平权大平台”等）拥有比较强大的媒体号召力和组织能力，往往负责召集全岛性质的比较重大的游行活动。而其他的组织，有的只负责一部分地域，有的则驻扎在高校，仅仅负责校园内部和其他校园的联合活动。这些组织相互配合，形成了一个层层传递，紧密合作的机制，能够在短时间内执行复杂的动员任务，在关键时刻推动运动的前进。

到2017年初，全台湾地区已经形成了从覆盖全岛到管辖地方，从高校到企业的近百个同性恋群体组织。并且这些组织与女性权益组织结盟，辅助台湾地区行政主管机关设置的“性别平等委员会”的工作，为同性恋群体的法律抗争积累了有效的组织资源。一方面，这些组织力量使得在社会运动需要集中的话语爆发和人力支持时提供着有力的后盾；另一方面，同性恋组织也通过建设同性恋者身份的认同感和归属感，帮助整个团体将“同性恋者”的身份固定下来，而不再是仅仅的同性性行为。社会理论家威克斯（Jeffy Weeks）把这种建立同性恋者共同意识来进行政治斗争的做法称为“策略性的本质主义”：“这不是建立在自然真实的基础上，而是建立在权力的政治领域之中，重要的不是性身份的真实性质，而是现实斗争的政治意义。”他认为对性的身份进行虚构是必要的，因为只有将同性恋的身份固定下来，就像少数种族一样，才能去在法律上援用平等进行抗争。[23] 类似的中国大陆实证研究也曾指出，这些同性恋组织“一方面让同性恋者更加认同自己，找到一种归属感；另一方面也让大众了解和认识这样的一个群体。他们通过各种社会活动，不仅加强了同性恋者之间的联系，也通过曝光率来增加了与外界的接触和交流。正因为同性恋组织的宣传和活动，使得同性恋者开始意识到他们有自己的群体，有一种归属感，意识他们所受到的歧视和迫害是不公正的，从而开始觉醒和抗争。”[24] 尽管也有研究指出同性恋者身份的组织固定化可能更加强化了二元对立（如酷儿理论），但是对于现实中争取权利的斗争来说，这是一个不可回避的最佳路径，解构身份会使得这一斗争举步维艰。[25]

（二）政治权力与盟友

对于台湾地区的“选举”制度而言，一个“法案”能够在“立法机构”获得通过，与当年“选举”的情况以及民意代表的立场对比有直接的影响。选民直接“选举”进入“立法机构”的民意代表，导致候选人以及各政党不惜一切力量争取选民的支持，尤其是对选举影响越来越大的年轻一代。社会运动和政治势力的结合在任何选举制的社会都不算稀奇，在台湾地区也是如此。

在2016年台湾地区领导人选举前夕，“同性婚姻”组织“伴侣盟”就曾发动“婚姻平权立委连线”的活动，号召民意代表签署承诺表明支持“婚姻平权法案”的态度，并且得到了20名候选人的支持。之后，各个同

---

〔23〕 转引自李银河：《性的问题》，中国青年出版社1999年版，第217~218页。

〔24〕 项文：《同性恋组织在推动同性恋婚姻合法化进程中的作用研究》，广西大学2014年硕士学位论文，第9页。

〔25〕 参见郭晓飞：《本质的还是建构的？——论性倾向平等保护中的“不可改变进路”》，载《法学家》2009年第1期，第123~139页。

性组织亦在网站上呼吁，直接打电话给民意代表，游说他们支持婚姻平权。另外，在选举前，民进党和其他希望对抗国民党的政治势力亦有结盟同性组织的意愿。国民党在此议题上长期采取搁置或者拒斥的态度，招致许多态度激进的年轻人的反感。可见，展示出对同性恋者支持的态度，是想要挑战国民党地位的政党的一种竞选策略。具体来说，2015年10月31日，时为民进党提名候选人的蔡英文就曾于“脸书”上公开承诺支持婚姻平权；在选前宣传中，民进党也曾组织各种涉及“同志”权益的活动，例如“彩虹卡”募款等。在民进党竞选现场，出现了彩虹旗帜；在贩卖民进党各种宣传贴纸、文化衫的义卖亭亦有大量贩卖同性恋标志贴纸的摊位。而这些在国民党的选举现场都是看不到的。在当场播放的蔡英文竞选视频中，也出现了其支持同性恋者权利的片段。联合同性恋者，亦呼应了民进党“改变”的选举口号。

在台湾地区“大社会小政府”的民粹主义背景之下，如果做出这种姿态的政治力量而在进入了“执政时期”选择了反对同性恋“婚姻平权法案”转而支持“专法”（指另立“伴侣法案”）的态度，则容易被认为是“虚伪”和“欺诈”的行为，是为了争取选民在“说谎”。所以，同性恋团体与民进党及其附属政党的结盟可以说是一次策略上成功的选择。这种结合在世界范围内的同性恋运动中也非常普遍。例如1992年美国总统大选中，为拉拢选民，在野的民主党候选人克林顿承诺他会终结同性恋者在美国军队中遭遇的不公正的待遇。其他采用选举制的国家也有类似的现象，还比如在2002年的新西兰，为了同性恋者的支持，工党在竞选时明确表态要促成同性婚姻被法律承认。在加拿大，同性合法婚姻权在很大程度上同样也受益于选举制度和政党政治。来自保守党的司法评论员多斯就曾认为，同性婚姻是中央政府对分离主义者所作出的妥协。[26] 因此，联合能够控制政府、立法机构甚至干预到司法行为的政党资源，是同性恋行动者基于现实考虑通常会采取的策略，也体现了其积极诉诸制度内尤其是法律的保障来构建自己的权利的强大的意愿和努力。

（三）流行文化与媒体权力

在台湾地区，最初的同性恋相关知识通常来自于一些个人和组织的

〔26〕 参见王森波：《同性婚姻：无力的守护与尴尬的诉求》，载《东方法学》2011年第2期，第40~54页。

"脸书"。后来，这些传播者逐渐成长为具有独立撰文能力的自媒体。与此同时，面对以年轻人为主的受众群体，流行文化也成了同性恋行动者借用的有力武器。值得重视的是，这些流行文化的受众可能受到年龄影响，但是却并不因为同性恋或者异性恋有所区分。流行文化的推广途径主要有以下几种。首先是关于同性恋文化的消费产品层出不穷。例如在台湾地区主打性别权利的某书店和坐落在其楼下的"女巫店"，以各种各样猎奇和挑战传统的书籍、饮品和"音乐 live 现场"为卖点，吸引了许多年轻人，甚至已经成为"必游景点"。以同性恋为主题的咖啡厅、民宿、义卖也层出不穷。同时，流行艺人和音乐会也对扩张台湾地区同性恋婚姻平权议题上影响力起到了重要作用。在多个同性恋运动组织的官方网页上，都提到了"名人支持同性婚"，列举了一众艺人对于支持同性婚姻合法化的表态。有相当数量的艺人在近年来自己的演出现场，都用不同的形式在为同性婚姻合法化运动代言。[27]

因为台湾地区传统媒体受到资本和传统势力影响严重，直接表态的不多，所以争取国际媒体的支持也就成了一个重要策略，认为能争取到西方媒体的认同更能凸显这一运动的"正当性"。

"反同"群体由于具有宗教支持和较强经济实力，在传统媒体的战场上亦显得十分强势。2016 年 11 月中，"下一代幸福联盟"于《某果日报》《联合报》《自由时报》等台湾地区主要报纸买下半版广告，宣传"全台家长站出来捍卫下一代幸福"，要求民众于隔日到立法机构表达心声，广告内容宣称通过"婚姻平权法案"是"黑箱作业""家庭结构完全崩坏"等主题。随后民进党当局台湾地区教育主管部门马上反驳了相关指控，并且在自媒体领域不断宣传。尽管"反同"团体似乎拥有更强的控制传统媒体的力量，但其影响力并没有渗透到年轻人聚集的新媒体领域，这使其影响力减弱。而对比来看，同性恋组织基本上控制了自媒体，又由于其自身话语构建的充分以及组织的得力，使得他们用有限的力量获得了更大的影响。

四、法律场域内的权力斗争与权利话语

无论是一系列关于同性恋者的话语体系塑造，还是通过自身的组织、

〔27〕 例如 2016 年 12 月在台北举办的"让生命不再逝去，为婚姻平权站出来"公益表演，选取在"婚姻平权法案"进入"立法机构"审查前的关键时期，就是为了对"立法机构"内的议程施加压力。

媒体与政治力量的动员，台湾地区的同性恋“婚姻平权”行动者展现出了非常强的通过法律来推动社会变革的愿望和能力。社会运动不仅仅体现为双方意见的对峙以及对歧视的控诉，更有可能以有力的方式在现实中实现权利。社会运动并非仅仅在一个抽象的文化层次潜在地影响着法律的变迁，而法律也不是仅仅作为中立裁判者给予赞同或者反对的回应。相反，社会运动孕育了法律中权利生成的可能性，并且实际上决定着权利变更的方向。从某种程度上看，法律上权利的变化是社会运动的结果。接下来，我们将通过阐释在具体的法律部门中，台湾地区同性恋婚姻权利确立的进程是如何和社会运动中的抗争相呼应，并且最终以（准）法律的形式确定下来的。

法律在具体的社会运动中，不但可以作为工具使用，并且在很大程度上成为社会运动正反双方的竞技场。从“行政部门”的制度变革动议，到“立法机构”的公听会、民意代表辩论，以及司法主管机构关于“司法解释”举行的大辩论，都容纳了双方的态度和观点。无论是试图打破传统塑造新的权利的一方，还是固守现有规则诉诸传统的保守一方，都在利用各自的话语和资源力量，来推动整个法律向有利于己方的身份认同和现实利益的方向发展。纵观台湾地区同性婚姻法律规制的发展，从最开始的“性变态”定性到“‘民法’未规定可以结婚的权利”，对于该条的解释逐渐有松动的趋势，直到出现了“多元成家法案”、婚姻平权进入“立法机构”，最终到2017年启动“释宪”讨论，并且最终获得通过。这一过程中，法律场域一直受到社会运动的持续影响。

（一）“行政法规”场域

早在2001年，台湾当局“行政主管部门”下属的“两性平等委员会”就牵头制定了“两性平等教育法草案”。此规定在前文提到的“叶永鋕事件”后正式更名为“性别平等教育法”，2004年6月23日制定公布后，由教育主管部门“性别平等委员会”负责落实和执行。从此之后，教育部门开始在台湾地区的基础教育中融入对于不同性别特质的包容，以及一系列关于性取向的“科学教育”。这实际上为今天台湾地区年轻的一代人增加对于同性恋权利的认同奠定了基础。同时，“性别平等委员会”也推出了一系列的行动，用来增加社会对于性别平等的认知。例如“性别平等公厕”就是一个典型的变革性尝试。从2013年起，不再设计成男女分隔的公厕在台湾地区逐渐推行。进而，行政机构又在自身的权限范围内，为同性恋者合法共同生活打开了一扇门。自2015年起，整个台湾地区陆续开放了为同性伴侣提供的“注记服务”，同性恋者可在“户役政资讯系统”内的登记字段，登记彼此的伴侣关系，但这一登记不具法律效力。其中，台南市率先将注记载于户口本的记事栏。这样的服务能够保障同性结合的伴侣在就医、租赁等法律行为中证明彼此的身份，但不可能保障婚姻带来的全部权利。最终的 2017 年，亦是由台北市政府民政局向台司法主管机关提出“释宪”，进而促成法律的彻底变革。

（二）“立法机关”场域

从某种意义上，台湾地区社会运动和立法领域内的政党运作有着不可分的联系。一方面，部分政党支持社会运动而获得支持，甚至是从社会运动中建党起家；另一方面，政党在议会中的进退几乎完全决定着社会运动的成败。我国台湾地区地域狭小、民主发展不成熟、法治不尽完善，这使得社运和立法机构的联系更为直接和紧密。婚姻平权问题之所以能够在进入 2016 年后，由之前多年的反复提、反复停滞，到忽然能够翻盘，取得“立法机构”相当优势的支持，这和整个 2016 年台湾地区政治局势经过“选举”发生的大变动是直接相关的。支持同性恋有选择伴侣的自由，是现任台湾地区领导人蔡英文所属民进党在竞选时的口号之一。各种支持绿色团体、社会运动与学生运动，以及少数族群权益的口号可以说为民进党积累了大量的政治资源和后备力量，也是其上台后不得不兑现的承诺。选后的 2016 年 10 月，第 14 届台湾地区“同志骄傲”大游行前夕，“立法机构”内的民进党民意代表再次提出“婚姻平权法案”。蔡英文也立刻了表达对这一法案的支持态度。该法案在民进党和“时代力量”的共同推动下，以多数优势顺利一读通过。

在进入 2017 年后，民进党的支持率严重下滑，其中最重要的是选前作为支持率最高的年轻族群翻转成为最不满意的群体。民进党当局不得不采取方式挽回支持率。比起民进党其他的改革政策（例如“废除核电”“一例一休”“年金改革”等），支持“同婚”可以说是策略上最节约成本、不至于引起严重的族群、阶层对抗，又能大幅挽回年轻群体支持的上佳策略。因此，在“立法机构”的婚姻平权斗争中，民进党的有意推动和政治时机的到来，可以说是为同性婚姻平权的斗争铺平了道路。5 月 24 日下午，在台湾地区“司法部门”的“释宪”通过后，蔡英文第一时间表示支持。紧接着，“行政院”“教育部”“劳动部”都纷纷表态，将在所管辖领域推出措施以适应这一变革。

（三）“司法”场域

2017 年 5 月 24 日，是台湾地区婚姻平权运动的关键节点。台湾地区司法主管部门出台了“大法官释字”748 号，即所谓“同性二人婚姻自由案”。从某种意义上，同性恋者能够获得婚姻权已经实现了法律的承认。这和一些国家同性婚姻平权的经验也非常一致：美国、南非等一些国家在立法上允许同性恋者享有婚姻权也是由司法上的“突破性解释”带来。这些国家的体制决定了司法往往可以成为立法先导。〔28〕因此，即使在现实生活中仍然面对着相当的阻力，但是依靠对于法律的利用，同性恋运动行动者能够做到首先使得一个权利被司法承认，这已经实现了运动的主要目标。这也充分彰显了法律既作为社会运动者争取的资源和工具，同时也影响着社会运动进程的复杂互动关系。

在这一“释宪”的背后，一些突发性社会事件及其后续的社会运动也扮演了关键性的角色。这一突发性事件就是“祁家威案”。祁家威是一名同性恋者。他几十年来一直以各种方式提出与同性伴侣结婚的申请，但是都被驳回。〔29〕2013 年 3 月，在再一次登记未果、行政诉讼败诉后，祁家威认为现行台湾地区“民法”第四编亲属第二章婚姻规定“使同性别二人间不能成立法律上婚姻关系”这一条款“违宪”。他与台北市政府担任共同申请方，向台湾地区司法主管部门提出“释宪”声请。司法主管部门受理了祁家威与台北市行政机构所提之“释宪”声请，并于同年 3 月 24 日召开“宪法法庭”进行言词辩论。辩论的核心议题有以下几点：现有“民法”规定是否允许二名同性登记结婚？如果否，那么这样的制度设计是否违反“宪法”第 22 条之婚姻自由与第 7 条之平等保护？如立法创设非婚姻之其他制

---

〔28〕 参见王森波：《同性婚姻：无力的守护与尴尬的诉求》，载《东方法学》2011 年第 2 期，第 40~54 页。例如在美国同性恋婚姻合法化诉讼的过程中，同性恋者就利用了关于美国《宪法》第十四修正案第 1 款平等条款违反审查规则中的严格审查标准，联邦最高法院大法官从四个方面提出问题：对是否构成“嫌疑归类”进行考察：一是该群体是否在历史上遭受了有针对性的歧视？二是该群体所受到的偏见是否与其实际能力不符？三是该群体遭受歧视是否是基于一种不可改变或本人无法控制且与本人贡献于社会的能力无关的某种特征？四是该群体是否是政治弱势群体？在这里，是否不可改变成为严格审查标准下一个重要的因素，同性恋性倾向是否存在先天的或不可改变的特征在审查中就起到非常重要的作用。庭审中，同性婚姻诉求者还将同性性取向与种族、性别进行类比，这种类比在美国特殊的历史背景下有着很大的说服力。

〔29〕 例如，1994 年，祁向台“内政主管机构”表示希望能同意同性婚姻。台“内政主管机构”与“法律主管机构”研议后，“法律主管机构”颁布决议，称“现行‘民法’所谓之结婚，必为一男一女结合关系，同性之结合则非属之”，驳回了他的申请。

度，如类似的“伴侣法案”，又是否符合“宪法”的宗旨？

随后，台湾地区司法主管部门公布的解释文明确指出，此条款的确与台湾地区“宪法”有违，其核心理由是：现有“民法”不允许同性婚姻违反了婚姻自由原则，婚姻自由保障成年人选择是否结婚、与谁结婚的权利，并且认为这是关系一个人根本幸福的不可剥夺的基本权利，而同性恋者对于亲密关系需要和建立的能力与常人无异，但是却不享有异性恋者享有的此项权利，显然不合理。司法主管机关并且声明：“有关机关应于本解释公布之日起两年内，依本解释意旨完成相关法律之修订或判定，至于以何种形式达成婚姻自由之平等保护，属立法形成之范围。逾期未完成相关法律之修订或制定者，相同性别二人为成立上述永久结合关系，得依上述婚姻章规定，持二人以上证人签名之书面，向户政机关办理结婚登记。”也就是说，尽管还不清楚是采取修订“民法”还是另立“专法”的方式，台湾地区同性恋婚姻原则上已经通过合法性审查。

从整个“释宪”的过程来看，在社会运动中采取的核心话语的确作为支持方的主要观点进入了司法的考虑范围。“释宪”支持了同性恋婚姻平权运动的核心观点，即在整个运动中展示出的口号——“反对同性恋结婚就是歧视，违反平等”。诸多首先由社会运动组织的媒体报道，例如“医学证明”“同性恋者的感情能力无异”等，都被“法官”在“释宪”中所考虑和援用。尤其是“司法解释文”提出的“生育不是婚姻的条件”和“同性恋者也遵守伦理，并非和乱伦等同”等概念，显然是来自于社会运动中反复宣传的口号。所有这些观点的提出在同性婚姻平权运动还未成型的21世纪初的台湾地区都不是主流话语，传统的婚姻观念在那时也无一例外地统治着“法律”的解释。因此，即使作为“大法官”也很难脱离开社会结构变化带来的影响，而社会运动正是这种结构性力量转变的关键动因。

结　语

通过整个上文的分析，我们看到，在实然的层面上，可以说没有这三十年台湾地区同性恋社会运动的发展（尤其是2016年至2017年密集而频繁的“婚姻平权”运动），就不会将同性是否能够拥有婚姻权这一问题提到正式的法律讨论中，也不会有后续各种针对这一新兴权利的法律议程。这一过程恰恰印证了批判法学家罗伯托·曼戈拉·昂格尔（Roberto Mangabeira

Unger）所指出的——法律在具体情景中得以存在。[30] 一方面，我们看到，由于我国台湾地区的“法律体系”的“开放性”，使得民间话语对于“法律制度”的变化有直接的影响。通过话语的塑造，同性恋运动整合并且创造了整个关于婚姻平权的话语系统，打开了对话的空间，并在价值上为这一权利证成；通过对于资源的动员和争夺，同性恋运动形成了庞大的组织化的力量，并且能够通过掌握话语权的成员和政党的支持，在现实层面上创造了“婚姻平权法案”提上日程并且通过“立法机构”一读并且进入司法主管部门“释宪”的可能。而另一方面，也正是因此，使得法律成为社会势力进行角逐的竞技场，在社会运动中取得优势的力量，也更可能控制法律朝向符合自身期待的方向发展。某种意义上，无论是受到政党影响的“立法”还是处在社会环境中的“司法”，他们对于同性恋态度的转变，都是权利话语下同性恋运动以及政治斗争中对同性恋婚姻合法化这一议题进行利用的结果。[31]

昂格尔还指出，我们现有的权利体系是个人关系历史累积的经验性模式（例如一男一女组成家庭的夫妻制度），这样的模式确定了社会生活中人们的相对位置，但并不一定能够在人之间的关系中容纳变革的刺激（例如同性恋者结合与组成家庭）。他认为，良好的法律应当具有能够在具体的社会情境下应对冲突和挑战的能力，不再是仅仅根据其自身相对独立逻辑的话语体系而被设计。这样的法律权利体系涵盖了更开放的构成性情境。这种对法律的理解根植于对于昂格尔对人性的判断：人性具有无限性，自我力量要永恒地超出有限的想象和它所衍生出的世界。[32] 闫天在对美国社会运动与法律的关系研究中也指出：从法律形式主义到法律现实主义，法律的视角注意并且承认了社会运动对于法律带来的影响。[33] 正如政治科学家

---

〔30〕 See Roberto Mangabeira Unger, *The Critical Legal Studies Movement*: *Another Time*, *a Greater-Task*, Harvard University Press, 1983.

〔31〕 参见王森波：《同性婚姻：无力的守护与尴尬的诉求》，载《东方法学》2011年第2期，第40~54页。

〔32〕 See Roberto Mangabeira Unger, *The Critical Legal Studies Movement*: *Another Time*, *a Greater Task*, Harvard University Press, 1983. 亦参见张翠梅：《法律如何在“社会情境”下存在———读昂格尔的〈批判法学运动〉》，载《河北法学》2007年第3期，第2~6页。

〔33〕 阎天：《社会运动与宪法变迁：以美国为样本的考察》，载《华东政法大学学报》2015年第3期，第83~94页。本文中，作者提出，例如哥伦比亚大学教授赫伯特·威克斯勒就承认，联邦最高法院同情民权运动，在“布朗案”及后续案件中偏向黑人一方；联邦最高法院也同情劳工运动，根据是否对劳工有利来决定支持还是推翻联邦立法。

基思·E. 惠廷顿（Keith E. Whittington）的观察：行宪并不局限于法院的宪法解释，而且包含着法院以外的宪法建构。日常政治的各种主体都可能参与到宪法建构之中，使得宪法建构“往往高度派性化、凌乱且激烈”，却能够促进立法和行政变革，并且“通过对法院规程和提交到法院的问题种类的重塑，影响到了法院解释宪法的走向”。[34] 法律形式主义在今天面对着社会价值多元和信息高速爆炸的挑战，对权利生成机制的解释必然会得到一定重塑。权利的“社会构建主义”理论，一定程度上为这种重塑提供了视角，让人们认识到社会运动在塑造新兴权利领域的关键性作用。

在本文中，我们不评价“同性婚姻”这一现象在应然方面的意义，而只是试图解释一种“权利建构主义”的法律观——法律中的权利一定程度上并非来自于天赋或者自然存在，也不是一成不变的，而是取决于在具体的社会生活中各种力量的博弈，尤其是在社会运动中获得了实现，具有了新的含义和可能。这一研究进路值得在当下以形式主义法学为主的法律研究中获得重视。我们希望此文能够作为把法律社会学的研究方法应用于某一新兴权利研究的尝试。

---

〔34〕 Keith E. Whittington, *Constitutional Construction: Divided Powers and Constitutional Meaning*, Harvard University Press, 1999, pp. 5-19.

印度宪法修正案的合宪性审查

——在宪法中重新发现政体*

蒋 龚**

在党的十八届四中全会和十九大报告中就中国宪法实施制度做出重大战略部署之后，2018年第十三届全国人大以宪法修正案的形式将“法律委员会”修正为“宪法和法律委员会”，从而开启中国的合宪性审查之道。探索并建立有中国特色的合宪性审查制度，并不排除“不断发掘和利用人类创造的一切优秀思想文化和丰富知识”。[1] 以西方国家为代表的通过司法机关解释宪法来落实其国家宪法实施的相关制度及其思想，也应当成为我们分析其利弊得失、借鉴其有益经验、批判其理论问题的对象。

就司法审查实践来说，在世界范围内最有影响的是美国式普通法院审查和德国式宪法法院审查两种模式，但就审查范围而言，与美国、德国式司法审查模式基本自限于审查法律的合宪性不同，如果某国的最高法院依据宪法将包括宪法修正案在内的所有规范性文件都纳入其审查范围，则不啻为将司法审查这一宪法实施方式在实践中可能存在的范围扩展到了极致，就此所引发的理论问题则可能彰显出该宪法实施制度的问题所在。而这，

* 本文是中国法学会比较法学研究会“2018年度中国比较法学”课题项目（课题编号：CLC2008001）的结项成果之一。

** 蒋龚，上海师范大学哲学与法政学院讲师。

〔1〕 习近平：《建构中国特色哲学社会科学》，载 http：//www.npopss-cn.gov.cn/n1/2016/0523/c219468-28370837.html，最后访问日期：2018年9月16日。

正是南亚的重要国家——印度——在宪法实施制度中的重要特征之一。

本文即以印度最高法院对其本国宪法修正案的合宪性审查为研究对象。本文属于地区研究，因为对宪法修正案的合宪性审查是印度本国的特色宪法实施制度之一，而印度，尤其是当代印度的政法文化，在某种意义上，可谓是我们自以为熟知却在实质上缺乏深入了解的文明（或文化）之一。本文也属于理论研究，因为承前所述，我们可能只有在司法审查所可能达致其审查范围的边界处，才能体察到该制度在理论上的困境所在，一言以蔽之，正如本文副标题所展示的，我们需要在宪法中重新发现政体。

一、引论

在现代政治与法律系统的运作中，程序，尤其是正当程序无疑占据着枢纽性位置。[2] 在实行司法审查制度的国家中，正当程序条款更是该国最高法院（或宪法法院）援引次数最多的宪法条款之一。

和凝练的美国宪法第十四修正案“不经正当法律程序（without due process of law），不得剥夺任何人的生命、自由或财产”相比，印度宪法正当程序条款则显得颇为臃肿。[3]

> 印度《宪法》第 21 条：除依照法律规定程序外，不得剥夺任何人的生命和个人自由。
>
> 第 31 条：除法律准许外，任何人之财产不得予以剥夺……

和印度制宪者们在宪法的制定过程中有意与美国宪法的相关表述保持一定距离不同，被 1950 年《宪法》明确赋予司法审查权的印度最高法院却乐于学习并移植美国大法官们的司法哲学。几乎在时间上和美国沃伦法院一致，印度最高法院在 1950 年代中期开始，逐渐开始由审慎转向能动，在一系列判决中“修正”了制宪者们的原意。[4] 就正当程序条款而言，其不

---

〔2〕 季卫东：《法律程序的意义——对中国法制建设的另一种思考》，载《中国社会科学》1993 年第 1 期。

〔3〕 本文涉及印度宪法条文，采用《世界各国宪法》提供的中译本，并参考郭登皞的译本，以下不再另行注释，特此说明。参见《世界各国宪法》编辑委员会主编：《世界各国宪法》(亚洲卷)，中国检察出版社 2012 年版，第 773~894 页；郭登皞等译：《印度宪法》，世界知识出版社 1951 年版。

〔4〕 Manoj Mate, “The Origins of Due Process in India: The Role of Borrowing in Personal Liberty and Preventive Detention Cases”, *Berkeley Journal of International Law*, Vol. 28: 1.

仅通过辛格诉北方邦（Kharak Singh v. State of Uttar Pradesh）案、[5] 瑟尼诉印度（Satwant Singh Sawhney v. Union of India）案[6]等案件将原初宪法的形式正当程序实质化（substantive due process）；而且在财产权问题上更是突破了其所信奉的美国式司法审查权的外延，印度最高法院在1967年的奈斯案（Golak Nath v. State of Punjab）[7] 中“激进”地宣判印度宪法修正案（Amendment）是法律（Law）而非宪法（Constitution），故法院有权依据宪法对宪法修正案进行合宪性审查。

毋庸置疑，该案一经宣判，即在印度政治、司法和学术界引发巨大争议，绵延至今。司法审查权有无外延上的限制？议会根据宪法本身规定的修宪程序所颁布的宪法修正案是宪法还是普通法律？与此相关的一系列有关印度宪法修正案的合宪性审查问题，自奈斯案之后，一直是印度宪法学界的显学。[8] 与印度宪法学界多选择站在司法权立场上为其最高法院审查宪法修正案进行规范性论证的学术范式不同，本文认为，如果并不局限于印度本土宪法实践的语境中，则印度最高法院在奈斯案等重要案件中对宪法修正案所进行的合宪性审查——这一移植并超越美式司法审查的印度式司法审查则意外地触及两种现代宪法秩序之间的根本张力，而这一张力却绝非仅仅困扰着个别国家，在某种意义上，这一张力恐是当代大多数国家都已经面临或将要面临的宪法困境。由此，印度宪法实践中的这一“本土资源”同时也具有普适性意蕴。

二、源起：土地改革与宪法修正案

如果说美国式司法审查模式的外延仅止步于议会制定法，那么印度最高法院则试图将宪法修正案也纳入审查范围之中。海德堡大学科瑞德（Dieter Conrad）教授甚至认为，在公益诉讼和宪法修正案合宪性审查两个领域，印度是重要的理论输出国。[9] 翻阅相关案例，印度将宪法修正案视为

---

〔5〕 1 S. C. R. 332 (1964).

〔6〕 3 S. C. R 525 (1967).

〔7〕 2 S. C. R. 762 (1967).

〔8〕 柳建龙：《宪法修正案的合宪性审查：以印度为中心》，法律出版社2010年版。就印度最高法院对其本国宪法修正案进行合宪性审查的学术讨论，柳著是国内第一本专著，在“绪论”和“第一章”有详尽的研究综述和对相关案例的梳理。柳著对基础性文献的整理工作为本文研究带来了极大便利，特此注明。

〔9〕 转引自柳建龙：《宪法修正案的合宪性审查：以印度为中心》，法律出版社2010年版，第6页。

法律（Law）而非宪法（Constitution），从而对其进行合宪性审查的一系列案件，皆围绕土地改革展开。

与美国宪法“不得剥夺公民的生命、自由和财产”的表述不同，1950年印度《宪法》对财产问题另立新规。印度《宪法》第31条规定：

> 除法律准许外，任何人之财产不得予以剥夺。
>
> 任何财产、不论为动产或不动产，包括任何工商企业中之任何利益、或任何公司在任何工商企业中之所持有之任何利益，不得为公共目的，根据任何准许占有去取得之法律而占有或取得之，除非该法律对于此项占有与取得之财产，规定赔偿，或确定赔偿之数量，或列举给予赔偿之原则与方法。[10]

表面上看，该条规定似与他国保障公民财产不经合理补偿不得充公的宪法保障并无二致。但若仔细观察，却有两点重大不同。其一，宪法有意删除了“合理”一词：只要法律规定给予补偿，公民财产即可充公，不论补偿是否合理；其二，将财产权移出正当程序，实际排除司法机关对议会立法的审查，给予议会在财产权问题上的绝对权威。第31条与其说是保障公民的财产权，不如说是为国大党政府在宪法颁布之后着手展开土地改革打开了方便之门。

宪法颁布后，印度各邦均迅速制定了“废除柴明达法案”（Zemindary Abolition Acts）等土地改革法案。失去土地的柴明达地主们不甘心，纷纷向法院提起诉讼。即便制宪者们先见之明地规定了极具特色的财产权条款，这些土改法案在各邦的命运却截然不同，有些邦高级法院判决地主胜诉，也有一些邦法院驳回地主的诉讼。[11]

之所以各邦高级法院之间会如此分歧，原因出在宪法本身。包括财产权、平等权、自由权等在内的条款，都位于印度《宪法》第三编“基本权

---

〔10〕 印度《宪法》第31条被宪法第44修正案（1978年）废止，印度议会官方网站提供的标准英文本不提供已经废止的宪法条文，孙谦、韩大元主编的《世界各国宪法》也未译出，笔者此处参考郭登皓的译本，并用G. Austin的著作给予核查。郭登皓译本出版于1951年，是对印度原初宪法（1950年）的翻译；G. Austin著作提供了第31条英文本，特此注明。参见郭登皞等译：《印度宪法》，世界知识出版社1951年版；G. Austion, *Working a Democratic Constitution: The Indian Experience*, Oxford University Press, 2000, p. 77.

〔11〕 参见柳建龙：《宪法修正案的合宪性审查：以印度为中心》，法律出版社2010年版，第18页。

利编”。印度《宪法》第13条是第三编的总纲，其第2款规定，“国家不得制定任何剥夺或者克减本编赋予的权利的法律，任何违反本款规定而制定的法律，其冲突部分无效。”财产权自然隶属于“本编赋予的权利”，如果议会制定的法律不能够给予“公平与合理”的补偿，那么柴明达地主们的财产自然会因此减少。因此，即便按照印度《宪法》第31条的规定议会制定法可以绕开正当程序条款，也有违反第13条的嫌疑，各邦法院在判决上产生分歧也就不难理解了。

为避免宪法文本产生分歧，保障土地改革顺利进行，国大党控制的议会于1951年颁布了宪法第一修正案，特别地在印度《宪法》第31条之后增加第31A条：〔12〕

> 不论第13条作何规定，不得以其违反、剥夺或者克减第14条和第19条赋予的权利〔13〕为由而认为任何授权下列事项的法律无效：①国家征收土地或者其他权利或者剥夺或者调整此种权利；②国家为公共利益或者为确保财产的妥善管理而暂时接管该财产……

当议会以宪法修正案的方式排除印度《宪法》第13、14和19条对土地改革的干扰时，失去土地的地主们仍未善罢甘休。他们认为，宪法公布在先，修正案颁布在后，第一修正案侵犯了根据印度《宪法》第13条本属于他们的权利，于是请求最高法院根据印度《宪法》第13条来判决第一修正案违宪。〔14〕1950年代初面对国大党牢牢控制的议会两院和联邦政府，〔15〕最高法院相对弱势，在国家政策目标上与议会保持高度一致，宣判地主们败诉。但是，地主们在法庭上留下的问题却未因此消逝。

为了确保建设一个“主权的、世俗的和社会主义的新印度”，〔16〕为建

---

〔12〕 对印度宪法第一修正案的历史研究，参见G. Austion, *Working a Democratic Constitution: The Indian Experience*, Oxford University Press, 2000, pp. 69-98.

〔13〕 印度《宪法》第14条为平等权，第19条为自由权。

〔14〕 San Prasad v. Union of India, 1952 S. C. R. 89.

〔15〕 1951年末至1952年初，印度开始第一届人民院和各邦立法院选举，在人民院共计491个席位中，国大党获364席，占总席位数的74.4%。各邦立法院共计3283个席位，国大党获2248个席位，在绝大多数邦都占据绝对多数席位。参见林承节：《独立后的印度史》，北京大学出版社2005年版，第102~103页。

〔16〕 印度《宪法》序言第一句。

设成有计划的农业经济和土地改革的顺利进行，尼赫鲁（Nehru）等国大党领导人在制定宪法第一修正案时也增加了第31B条，以附件形式确保土地改革法案等特定法律和条例不受挑战：

> 如果其不损害第31A条的一般性规定，不得以附件九所列举的法律和条例及其规定与本编的规定不一致或者剥夺或者侵害任何其所赋予的权利而认为其无效或者使其无效，即使法院或者裁判所作出相反的裁决、令状或者判决；在其为有权的立法机关废止或修改前，其继续有效。

在土地改革十年有余之后，1964年颁布的第17修正案中又以附件形式将各邦总计43个土地管理法案进入附件九，其中包括《旁遮普邦土地所有制保障法》(The Punjab Security of Land Tenures Act,1953)。

这部于1964年进入宪法附件九的、本身并没有什么特殊之处的土地法案在三年后，成为印度宪法修正案合宪性审查第一案——奈斯案（Golak Nath v. State of Punjab）〔17〕——的主角。

在1951年第一修正案的保证下，旁遮普邦于1953年制定了《旁遮普邦土地所有制保障法》，其中第5条规定“所有居民可以保留的土地必须得到旁遮普当局的准许，超过的部分一律充公”。〔18〕奈斯是殖民地时期旁遮普邦的部长，是拥有500亩地的大地主，为了应付土地法案，决定提前将土地分配给儿子、女儿及四个外孙，不过当地执法者却拒绝了这一方案，执法者只分配给奈斯和其兄弟每人30亩地，剩下的全部充公。〔19〕奈斯及其家人在财产上的损失却因奈斯1962年去世而意外地发生转机，1963年另一位执法者推翻了1953年执法，给奈斯的每一位继承者都分配了30亩土地，但是1965年第三位执法者却又推翻了1963年执法，判定500亩土地中有418亩需要征收，奈斯的子女只能得到剩余的82亩土地。〔20〕相较于1963年决定，奈斯子女可得土地因此减少。奈斯的子女们决定把家族土地的分配权问题上诉至印度最高法院。因为1964年颁布的第17修正案恰好将《旁遮普邦土

---

〔17〕 2 S. C. R. 762 (1967).

〔18〕 参见 http://punjabrevenue. nic. in，最后访问日期：2015年12月13日。

〔19〕 G. Austion, *Working a Democratic Constitution: The Indian Experience*, Oxford University Press, 2000, p. 169. 柳建龙：《宪法修正案的合宪性审查：以印度为中心》，法律出版社2010年版，第22页。

〔20〕 Ibid.

地所有制保障法》作为特别豁免法律写进了宪法附件九，所以奈斯案的起诉状之一就是申请最高法院依据印度《宪法》第13、14、19条审查第17修正案。

对于正“蠢蠢欲动”地希望对抗议会主权的印度最高法院来说，这是一个难得的契机。〔21〕

可是，要将议会依据宪法本身规定的修宪程序行使修宪权而制定的宪法修正案视为普通法律，不论如何都是学理上的难题，不过作为一位深具法学修养的大法官，时任首席大法官S. 劳创造性地将问题聚焦在修宪程序本身，即印度《宪法》第368条：

> 本宪法之修正，必须在国会任何一院中提出法案；如该法案在每院中以议员综述之国半数出席与投票之议员三分之二以上多数通过时，该法案应送请总统同意；经总统同意后，宪法即依该法案之内容修正。

在S. 劳看来，印度《宪法》第368条仅仅规定了制定修正案的程序，其既没有规定行使修宪权的机关及其修宪范围，没有规定修宪权的性质。由于修宪程序的发起、投票和表决都系于议会，那么考察宪法关于立法权的分配（印度《宪法》第245~255条，尤其是245、246、248条和宪法附件七“立法清单”）〔22〕就是逻辑上探索议会修宪权范围的必然。在S. 劳看来，正是基于以下两点理由，决定了宪法修正案并不是宪法（Constitution）而仅仅是法律（Law）。

第一，纵览宪法附件七的三份立法清单，由于以肯定性列表形式的三个清单均没有规定议会能够制定为了社会之福祉而减损公民基本权利方面的法律，那么议会立法权之外延自然就将其排除在外。当然，制宪会议确实赋予了议会制定宪法修正案的权力。但是，如果承认修宪也是立法行为，议会对宪法进行修改也要受到宪法附件七中三份立法清单的限制。由于宪

〔21〕 G. Austin在其当代印度宪法史著作中将1967—1973年定义为“伟大的宪法对峙时期：司法权对抗议会主权”，参见前注。另，就宪法修正案的合宪性审查问题，在此之前，主要有Sankari Prasad案（1952）和Sajjan Singh案（1965），最高法院均放弃对宪法修正案进行合宪性审查。参见柳建龙：《宪法修正案的合宪性审查：以印度为中心》，法律出版社2010年版，第18~21页。

〔22〕 印度《宪法》第245条规定了联邦议会和邦议会享有立法权，第246、248条规定了联邦议会的立法权范围，即宪法以附件七的三个清单（联邦清单、邦清单和共享清单）明确了各自的立法范围。

法第17修正案将《旁遮普邦土地所有制保障法》增加进宪法附件九并因此减损了当事人的基本权利，所以议会的这一立法行为超出了宪法赋予其权力之外延，应当判处无效。[23]

第二，S. 劳进一步追问，最高法院是否可以因为宪法第17修正案超越了议会权力范围那判定其无效呢？这就涉及对宪法修正案进行合宪性审查的关键问题——宪法修正案的性质问题。印度《宪法》第368条规定的修宪程序本身就是S. 劳法律论证的关键了。经过对比观察，修宪程序和制定、修改普通法律的程序并无二致。作为合理推断，只能认为在制宪会议看来，宪法修正案和议会制定法一样，都属于法律（Law），否则就不会适用同样的程序了。似乎只有这样解读，才符合宪法文本的含义。[24]

在法律推理上，S. 劳确实能够自圆其说，其论证的逻辑是以印度《宪法》第245条和附件七明确的议会立法权范围来吸纳印度《宪法》第368条，以宪法确认的议会立法（Law）权的外延来决定议会修宪（Amendment）的外延，从而否认减损公民基本权利的修正案的合宪性基础；并且进一步通过比照修宪程序与立法程序来确认修正案仅仅是法律而非宪法，最高法院有权对其进行审查。

1964年尼赫鲁去世，其女儿英迪拉·甘地（Indira Gandhi）执政。在经历长达15年的连续执政之后，相较于1950年代，国大党已经相对式微，虽然仍然控制着议会两院，但已经摇摇欲坠。[25] 对于英迪拉·甘地来说，这是一起不能接受的判决。如果最高法院连宪法修正案都要进行审查，那么意味着最高法院就可以审查任何议会立法。

作为尼赫鲁政策的坚定执行者和继承人，英迪拉·甘地的治国方略中有着较为浓厚的社会主义色彩。[26] 她集中国家力量积极推进国家工业化和农业经济化，以及运用国家力量来实现旧社会不同种姓、种族、教派等在新社会的实质平等这国大党领导人确立的两条建国方略，也决定了其政策

---

〔23〕 2 S. C. R. 762 (1967).

〔24〕 Ibid.

〔25〕 1967年选举是尼赫鲁去世后印度的第一次大选，国大党虽然继续处于领先地位，但相对前几次印度大选，可谓是遭遇重大挫折。在人民院仅获283个席位，仅占总席位数的54.6%，比1962年大选降低近20%，离失去绝对多数地位仅一步之遥。在各邦立法院选举中，仅在七个邦获得多数席位。参见林承节：《独立后的印度史》，北京大学出版社2005年版，第297～298页。

〔26〕 G. Austion, *Working a Democratic Constitution: The Indian Experience*, Oxford University Press, 2000, p. 176.

立法必然在保障一部分公民基本权利的同时会减损另一部分公民的基本权利——贯穿对宪法修正案进行合宪性审查始终的土地改革问题就是证明。如果最高法院仅止步于审查议会制定法，那么议会仍然可以依据宪法修正案的形式来废止最高法院的判决，保证其政策能够得到贯彻实施。〔27〕但如果最高法院认为宪法修正案仅仅是法律，那么就突破了英迪拉·甘地、国大党及其支持者们的底线了。

当由单一政党控制的议会两院无法接受某一判决的时候，很显然，就宪法修正案的合宪性审查来说，奈斯案绝不是终点。

三、争议：宪法基本结构标准的提出

针对奈斯案，国大党控制的议会在1971年和1972年通过印度《宪法》第24、25、26三个修正案。其中，第24修正案在“目的和原因陈述”(statement of objects and reasons)〔28〕中就直接表明：

> 最高法院在广为人知的奈斯案中，以微弱多数推翻了最高法院之先例，否定了之前认为宪法修正案可以对宪法任何条款进行修正的判决，而主张宪法修正案不可更改《宪法》第三编所保障的基本权利。为了特别清楚地表达议会拥有对包括《宪法》第三编在内的所有宪法条文都有修正的权力，特制定宪法第24修正案。

根据S. 劳判决的突破口——规定修宪程序的第368条——第24修正案特别地对更新了修宪程序：

> (1) 不论本宪法其他有何规定，议会得根据本条规定的程序行使修宪权，以添附、修改或者废除的方式对本宪法的规定进行修正。
>
> (2)《宪法》第13条的规定不适用于本条所指的修正案。

《宪法》第13条是宪法基本权利编的总纲，旨在确保任何违背基本权利的法律无效，第24修正案用豁免的方式指向S. 劳基本权利至上的宪法论

---

〔27〕 事实上也是如此，印度宪法除了冗长外，另一个特点就是修改频繁，截至2012年已经修改98次，平均每年约修改1.5次，而且每次修改不限于某一个条文，以正文中出现的第一修正案和第十七修正案为例，还涉及对宪法其他条文的修改。另外，在1960年代和1970年代议会经常以宪法修正案的形式宣布最高法院的一些判例无效。

〔28〕 不同于美国宪法修正案，印度宪法修正案除了修正的具体条文之外，还有对此次修正案“目的和原因”的陈述。

证，无异于是用宪法修正案来废除最高法院判例。但是，既然最高法院已经为基本权利条款而在奈斯案中对宪法修正案动刀，如果最高法院选择坚持自身的宪法解释立场，那么迎接印度宪法的无疑将是一场宪法危机：

立法权（以及包括行政权）和司法权狭路相逢于宪法修正案的合宪性审查中。如果宪法修正案是宪法（Constitution），议会就可凭借修正案废除最高法院的判决，在根本上掌握宪法最终解释权；如果宪法修正案仅是法律（Law），最高法院就可以凭借1950年《宪法》审查包括修正案在内的任何议会立法，在根本意义上最高法院就是宪法的唯一解释机关。

颇为吊诡的是，最高法院一方面是这场宪政争衡的一方，另一方面也是这场宪政危机的裁判者。〔29〕 1973年，巴哈尔提诉克拉拉邦案（Kesavananda Bharati v. State of Kerala，下文简称“巴哈尔提案”）上诉到了最高法院。〔30〕

相较于之前的土地财产案件，本案在案情上几无任何特殊之处。因为其发生在奈斯案和宪法第24修正案颁布之后。根据奈斯案，巴哈尔提胜诉；但是根据宪法第24修正案，巴哈尔提则会败诉。所以，在这起诉状中，最高法院是否在本案中对宪法第24修正案进行合宪性审查就是重点所在了。

对于最高法院来说，巴哈尔提个人的土地财产权似乎已经是次要法律问题了，就印度宪制来说，这其实是一场司法至上还是议会民主至上的宪法案件——一场名副其实的宪法案件。时过境迁，S. 劳等激进派大法官都因年龄问题退休，这一次最高法院选择了妥协，但却是有限度的妥协。

除了首席大法官S. 斯卡（S. M. Sikri）亲自撰写的法院多数意见外，还有5份协同意见，案件判决书总共长达502页。但尽管大法官们众说纷纭，甚至有4位大法官最终拒绝在判决书中签字，但6份判决书都汇集至核心问题：如何扬弃奈斯案。

先说“弃”，即奈斯案必须被推翻，且不说来自议会的压力，奈斯案本身就是以微弱多数通过，可见司法机关内部和印度宪法学界对奈斯案都颇有微词。正如奈斯案异议意见针对S. 劳通过比较修宪程序与立法程序之异

〔29〕《联邦论》第10篇中写道，“没有人被容许担任自己的法官，因为他的利益必然会使他的判断带上偏见，必然会使他的人格遭到腐蚀。”印度最高法院保障公民权利审查议会制定法是在解释宪法中议会的权力，但是质疑宪法修正案的合宪性就是在解释自己的权力了。当最高法院在一个涉及自身的案件中做法官的时候，它没有意识到，这条自然正义的原则已经败坏了。参见赵晓力：《美国宪政——起源与原理》，载高鸿钧、程汉大主编：《英美法原论》，北京大学出版社2013年版，第445页。

〔30〕 4 S. C. C. 225 (1973).

同来含混修宪行为与立法行为的论证逻辑，强调必须区分立法行为和修宪行为，即便都适用同样的程序，也因为宪法与普通法律之间根本性质的不同而不可等同和混淆。在异议意见看来，印度《宪法》第 245 条仅仅规定了议会制定、修改、废除普通法律（Law）的权力，其本身并不能成为印度《宪法》第 368 条的外在限制。议会根据印度《宪法》第 368 条规定的程序修改宪法，其权力来源并非印度《宪法》第 245 条的授权，而是来自人民的授权；即议会在享有宪法规定的立法权的同时，还享有来自人民授权的修宪的权力，两者不可等同。那么，宪法修正案自然是宪法，而非普通法律，最高法院只能适用，不能审查。

但是，S. 劳在奈斯案中所自觉确立的最高法院应当以保护公民基本权利为目的的主旨却又是巴尔哈提案中各位大法官所不愿意放弃的。这就是对奈斯案的“扬”。

S. 斯卡诉诸宪法序言，在其看来，宪法序言共有 6 个自然段，除去第 1 自然段决定将印度建成一个“主权的、社会主义的和世俗的民主共和国”这一国家宣示，和最后一段写明宪法颁布的日期外，中间的主体段落则庄严地写下保障其公民享有“社会、经济及政治的权力；思想、表达、信仰、信教及崇拜的自由；地位和机会的平等；以及增进所有人之间的确保个人尊严与博爱”。如果说宪法序言第 1 自然段是国家宣示，那么第 2~5 自然段就是崭新的印度对全体公民的庄严宣示。S. 斯卡认为，这一宣示是制宪权意义上的根本宣示，其表明了公民的基本权利不能被废弃，所以，尽管宪法第 24 修正案排除了奈斯案的不当干扰，但是宪法序言则构成了对议会修宪权的内在限制，包括宪法修正案在内的宪法各个条文都应当统合在宪法序言之下，这是宪法的基本结构标准（Basic Structure Doctrine）。[31]

---

〔31〕 4 S. C. C. 225 (1973). 印度最高法院对宪法修正案的和现行审查，及其“基本特征标准”问题，是印度宪法领域的显学。中文学界除去柳建龙之外，杜强强博士亦有涉及，参见杜强强：《论宪法修改程序》，中国人民大学出版社 2008 年版，第 169~178 页。在英美和印度学界，重要的学术著作有 Sarbani Sen, *The Constitution of India: Popular Sovereignty and Democratic Transformations*, New Delhi: Oxford University Press, 2007. Sudhir Krishnaswamy, *Democracy and Constitutionlism in India: a Study of the Basic Structure Doctrine*, New Delhi: Oxford University Press, 2000. S. P. Sathe, *Judicial Activism in India*, New Delhi: Oxford University Press, 2002. Verinder Grover ed., *Political System in India*, Deep and deep pub., 1989. 需要说明的是，在印度，作为司法实践的宪法修正案的合宪性审查问题，产生但不局限在土地改革问题中，大体而言，以瑟尼案和巴哈尔提案为界，分成前后两部分，前半部分紧紧围绕土改问题争论是否可以进行审查；后半部分则超出了土改议题在一般意义上探讨何谓基本特征标准。

不同于首席大法官主要诉诸宪法序言，茜拉（Shela）和葛罗福（Grover, JJ）两位大法官则更具体的指出了宪法的基本结构标准问题，在其看来，就是印度《宪法》第三编和第四编的关系问题。

紧接着印度《宪法》第三编“基本权利”的是第四编“国家政策指导原则”，和最高法院着重于解释基本权利编之不同，“国家政策指导原则”编乃是有意地排除最高法院对之进行解释，而让其成为议会的自留地。

> 《宪法》第37条：本编（即第四编）的所有规定不可由法院实施，但其所确立的原则是治理国家的根本原则，国家在立法时有贯彻这些原则的义务。
>
> 《宪法》第38条：国家应通过尽可能有效地实现和保障社会、经济和政治上公正的社会秩序从而致力于促进人民之福祉，并将之贯彻到国民生活的各项制度中。

借助于S.斯卡所展示的印度宪法序言，如果说印度《宪法》第三编特别地观察到序言中一系列对人民的庄严承诺，那么第四编则对应着国家承诺本身，尤其对应着序言中“社会主义”一词。1950年代，在尼赫鲁领导下的国大党人将其对国家前景的憧憬，对国家建设和积极平等的追求充分地化作宪法条文写进了印度《宪法》第四编中。

与之前各位大法官过分地只注重解释印度《宪法》第三编不同，茜拉和葛罗福两位大法官则给予了印度《宪法》第四编——尽管第四编有意排除了法院（第37条）——以充分关注。在其看来，在印度宪法序言的统合下，让“基本权利”和“国家政策指导原则”两编平衡与和谐（balanced and harmony），就是印度宪法的“基本结构标准”。

尽管大法官们对何谓宪法基本结构标准的理解有所不同，但其共同诉诸此概念，均认为尽管法院承认宪法第24修正案的有效性，议会根据印度《宪法》第368条的规定制定宪法修正案不受宪法第三编的限制，但是议会行使的修宪权这一权力本身有着内在限制，这一内在限制就是宪法的基本结构标准。换句话说，尽管在巴尔哈提案中最高法院推翻了奈斯案，认为宪法修正案是宪法而非法律，但是最高法院依然可以运用宪法的基本结构标准对修正案进行合宪性审查，亦即，宪法第24修正案并非因为其是修正

案而因此天然地合宪，而是因为其并不违反宪法的基本结构标准所以才合宪。〔32〕

当印度《宪法》第四编成为议会自留地，规定国家（议会）“应通过尽可能有效地实现和保障社会、经济和政治上公正的社会秩序从而致力于促进人民之福祉”时，自印度建国以来的一系列土地改革问题也就清晰了。即议会完全可以申辩，其进行土地改革，没收地主土地有宪法上的保证。议会甚至可以反驳最高法院的诸判例，指出最高法院依据印度《宪法》第三编的规定废止议会制定法这一做法本身就违背了印度《宪法》第37条。

所以，在这个意义上，茜拉和葛罗福两位大法官的协同意见诉诸印度《宪法》第三编和第四编之间的平衡与和谐，一方面是对前任大法官S. 劳过于激进的宪法解释（因此议会无法接受）的修正；但另一方面，也是通过这种相对平和、因此议会也有可能接受的方式，最终在颇具社会主义色彩的国家政策之根本原则中嵌入“基本权利”的楔子——判决书是中性的，但含义是明确的，我们可以将之转述为：

的确，法院遵照印度《宪法》第37条规定的不解释、不实施治理国家的根本原则，但是议会履行国家根本原则制定政策时必须要考虑到国家利益与个人权利之间的平衡，否则最高法院保留必要的判决包括宪法修正案在内的议会立法违宪的权力。

进一步地，在印度《宪法》第37条的表述下，治理国家之根本原则仅仅指印度《宪法》第38条，但是经过茜拉和葛罗福两位大法官的解释，国家之根本原则就悄无声息地转化成《宪法》第三编与第四编之间的平衡与和谐，而印度最高法院，也只有在此基础上才能将印度《宪法》第四编也纳入其中，拥有解释宪法全文的权力。

如果以对印度宪法影响最为深刻的英国和美国宪法作为参照系，那么，在奈斯案、巴哈尔提案等案件中凸显的印度议会与最高法院的宪法解释学之争则彰显了印度宪法实践中真正的问题所在：宪法解释权与司法审查权的分离。

既不同于美国宪法，也不同于英国宪法，就印度宪法实施而言，尽管明文规定最高法院享有司法审查权，但是司法审查权并不等同于宪法解释

〔32〕 在该案中，宪法第26修正案就因为措辞过于刚性而被判违宪。所以，尽管巴哈尔案推翻了奈斯案，却依然对宪法修正案进行了合宪性审查。

权。在某种意义上，印度议会通过频繁的宪法修正案就是行使宪法解释权的方式，遑论议会确实通过宪法修正案废止了一些最高法院的宪法判决。在议会看来，最高法院的确具有司法审查权，但最高法院只能够适用经议会解释的宪法来行使司法审查权。但是，对于最高法院来说，既然宪法明文保证了司法审查权，法院行使司法审查权本身就是在行使宪法解释权。尽管印度大法官们特别期望建成有美式特色的印度最高法院，但美国最高法院行使其司法审查权的根本前提恰恰是印度宪法实践中最根本的问题之一：

虽然美国宪法并未明言最高法院具有司法审查权，但是美国最高法院的司法审查权却在事实中形成，美国最高法院也成为宪法解释的权威机关；但是在印度，虽然宪法明文规定了最高法院具有司法审查权，印度最高法院却并不因此就成为宪法解释的权威机关，印度议会经常以修正案的方式来解释宪法。宪法解释权与司法审查权的分离自1960年代以来在印度就延续至今，绵延不绝。

四、落实：宪法基本结构标准的完善

如果说印度最高法院在巴哈尔提案中所提出的“宪法基本结构标准”是法院系统就宪法修正案的合宪性审查问题所提出的解决方案，那么这一方案能否得到议会两院以至于印度人民的认可，则依然有赖于进一步的论辩，至少首先需要等待英迪拉·甘地政府的回应。

也许是历史的玩笑，英迪拉·甘地政府本以为可以凭借提名多位大法官为契机来一举瓦解本来对议会政府充满“敌意”的最高法院，却因为一起意外事件而愿望落空。原本就宪法修正案合宪性审查这一极其开放、也注定会在议会与最高法院之间周旋多个回合的宪法困境，也因为这一意外事件而加速了其在印度的落实进程。这一意外事件就是1975年的英迪拉·甘地案（Indira Gandhi v. Raj Narain）。[33]

虽然1971年大选国大党（执政派）以压倒性优势获胜，但其领导人英迪拉·甘地却有舞弊嫌疑。和英迪拉·甘地同为北方邦候选人的拉吉·纳拉因（Raj Narain）认为她在选举中违法行为，故向法院起诉。1975年6月12日阿拉哈巴德高等法院判决拉吉·纳拉因胜诉，取消英迪拉·甘地议员

〔33〕 AIR 1975 SC 2299.

资格，并6年内不得担任任何选举的职务。[34] 这一判决对原本谋求1976年大选的英迪拉·甘地及其国大党（执政派）来说无异于晴天霹雳，英迪拉·甘地立即向最高法院上诉。与此同时，国大党议会则开始迅速炮制新的宪法修正案，当年8月10日通过的宪法第39修正案的“目的和原因陈述”（statement of objects and reasons）中明确提及：

> 总统、副总统、总理和人民院议长都是国家的高级官员。总统在其任期内所行使的权力并不需要对法院负责。关于其选举问题就更加不应该交由法院而应该交由其他的论坛（Forum）。同样的道理同样适用于在任的副总统、总理和人民院议长。有关总统和副总统选举上的争议应当交由根据议会法所确定的论坛来决定。相应的，总理和人民院议长关于选举上的问题也应当照此规定。并且，根据现行法律所进行的有关（上诉高级官员的选举）待决诉讼是无效的。本修正案授权议会将创建新的论坛来处理高级官员的选举问题。并且任何法院不得对上诉论坛所处理问题提出质疑。

为此，宪法第39修正案一方面在《宪法》第329条之后增加329A条，另一方面将1974年、1975年两次修订后的《人民选举法》放入宪法附件九。宪法附件九中所列法案旨在排除《宪法》第31条第1款的影响，“除非法定立法机关予以撤销或修改，（附件九）中的法案都继续有效，即使法庭做出相反的判决或命令。”[35]

新增的印度《宪法》第329A条第4款和第5款规定：

> 在宪法第39修正案颁布之前，在选举请愿及相关事务中，涉及本条第1款相关人物（即总统、副总统、总理和人民院议长）的选举视为有效。即使根据宪法第39修正案颁布之前的法律，或任何法院判决上诉选举行为无效，该选举在所有方面及任何地方仍继续有效。相反，之前宣布选举无效的法律和法院判决自始无效。
>
> 针对任何法院的此类任何命令（即选举判决）的上诉，在宪

[34] 林承节：《印度史》，人民出版社2014年版，第420~421页。

[35] 印度《宪法》第31条第2款。

法第39修正案颁布之后，最高法院应当按照上诉第4款审判。

和宪法第24修正案类似，宪法第39修正案依然是议会利用宪法赋予的修宪权直接“宣判”法院的某判决无效。英迪拉·甘地已经上诉，那么该案就属于修正案所说的“待决诉讼”，最高法院就应当根据新增的第329A条来宣判阿拉哈巴德邦高等法院的判决无效。毋庸置疑，面对英迪拉·甘地案，最高法院是否坚守自身在奈斯案和巴尔哈提案中的立场，对宪法第39修正案尤其是对新增的印度《宪法》第329A条进行合宪性审查，就是本案的关键所在了。

以瑞尔为首的5位在任大法官在案件开始便进一步对最高法院的“司法审查”权做出了自我修正。

“根据法律，‘司法审查权’在很多方面都可以被排除。”〔36〕尽管也可以由法院创设特别法庭（Tribunal），但根据宪法第39修正案，由议会创设特别的论坛来处理选举中的争议是合法的，毕竟“由司法审查来处理选举争议并非是强迫的”。〔37〕瑞尔法院也承认，“议会在宪法之下享有立法权，法院可以通过司法审查权判决议会立法违宪，但是根据巴尔哈提案，议会可以通过宪法赋予的修宪权来宣布法院的判决违宪”。〔38〕行文至此，似乎英迪拉·甘地离胜诉只待最后宣判，但法院却话锋一转，讨论起法治原则和权力分立来。

根据法治的一般原则，议会即便有权创立特别的论坛来专门处理选举争议，但是该论坛处理选举争议的依据却必须是法律。法院意见认为，议会甚至可以通过修改1951年《人民代表法》相关条文来溯及既往地否定掉阿拉哈巴德邦高等法院的原判决，但是，仅仅以修正案（即新增的印度《宪法》第329A条第4款）的形式来决定选举是否合法则是对法治原则的违背。〔39〕尽管法院并没有言明，但仔细分析1967年奈斯案和1973年巴尔哈提案，则不难发现，瑞尔法院对法治原则的声明正是根据议会的逻辑来反对议会。既然法院在巴尔哈提案中承认议会根据宪法享有的修宪权不同于立法权，那么，法院也可以因此强调“宪法修正案不是法律”。一方面，

〔36〕 AIR 1975 SC 2299.

〔37〕 Ibid.

〔38〕 Ibid.

〔39〕 Ibid.

法治原则虽然支持不论是由议会创设特别论坛，抑或是由法院组建特别法庭皆可处理选举争议；但另一方面，处理这一争议的依据则必须是“法律”而非“宪法修正案”。在这个意义上，瑞尔法院的判决意见的确一方面在遵守巴尔哈提案先例的同时，也同时对印度《宪法》第 329A 条做出了实质性审查。

但若仅仅诉诸法治原则，国大党（执政派）把持的议会则完全可以申辩，包括修正案在内的宪法才是处理选举争议的最高依据。可能充分预计到这一显然的反驳意见，法院在诉诸法治原则之外，还诉诸分权原则。

法院认为，“尽管美国的权力分立原则与我国不同，但是必须有讨论我国宪法是否在一种宽泛意义上依然适用权力分立原则。”〔40〕“根据宪法，政府主要行使三项职责。……（宪法）从来没有提及行政和立法分枝能够分享司法权……”〔41〕在法院对印度分权原则的阐释下，试图将选举纠纷的裁判权完全归议会独享的宪法第 39 修正案（尤其是印度《宪法》第 329A 条第 4 款）则违背了分权原则。法院承认根据宪法，印度议会完全继承了英治时期议会的诸项特权、权力和豁免权。但是，议会仅仅享有立法权，而非制宪权（Constituent Power）。〔42〕立法、行政和司法权力皆来自于宪法，但是宪法却源自制宪权。既然由制宪大会颁布的宪法在职能意义上将立法、行政和司法三大职能赋予了三大机关且拒绝议会、政府和法院在职能上混同，那么尽管议会行使修宪权颁布了宪法第 39 修正案，但这一修正案本身并不能违背宪法在权力分立意义上的根本规定。据此，法院最终判决上述第 329A 条第 4 款违宪。〔43〕

如果说印度最高法院在巴尔哈提案中初次提出“宪法基本结构标准”理论时，在理论界和实务界皆引发巨大争议的话，那么，其在英迪拉·甘地案中对该理论的捍卫则获得了普遍支持。其中有代表性的要数著名宪法

---

〔40〕 Ibid.

〔41〕 Ibid.

〔42〕 印度制宪会议的官方名称是 Constituent Assembly，法院意见特地选用了同一个词 Constituent。

〔43〕 英迪拉·甘地总理在向最高法院上诉的同时，旋即宣告印度进入“紧急状态”，大肆逮捕异议人士，驱逐异议议员，印度国内政治氛围颇为紧张。英迪拉·甘地案是印度最高法院在极紧张的政治氛围中做出的判决。就本案结果来说，印度最高法院一方面恪守巴尔哈提案先例，坚持捍卫“宪法基本特征标准”理论，但也做出了必要的妥协。在宣判第 329A 条第 4 款违宪的同时，也强调“法不溯及既往”，承认英迪拉·甘地在 1971 年大选中胜选有效。

学家希瓦（H. M. Seervai）〔44〕对两个案件截然相反的评论。奈斯案和巴尔哈提案宣判时，希瓦对最高法院持强烈的批判立场，甚至认为“该理论的提出实无必要”，但在英迪拉·甘地案之后，希瓦则转而支持“宪法基本结构标准”理论。〔45〕以希瓦为代表的一代印度学者的理论转向，标志着“宪法基本结构标准”理论经由此案转变为印度宪法学界主流理论；英迪拉·甘地领导的国大党（执政派）在两年后的大选中沦为在野党，由人民党、国大党（组织派）等党派联合组阁的新一届议会迅速在1978年颁布宪法第44修正案，彻底废止了宪法第39修正案和国家的“紧急状态”，〔46〕也可视为议会本身对法院判决的承认。

就印度宪法修正案的合宪性审查问题而言，如果比较普拉萨德案、〔47〕奈斯案、巴尔哈提案和英迪拉·甘地案，会发现英迪拉·甘地案与前三个案件有本质区别。前三个案件都涉及印度土地改革，如果认为印度议会通过区分修宪权与立法权的方式来为国家政策纲领的延续和深入保驾护航可以有理论上的支撑，那么英迪拉·甘地案则表明议会也有可能走向自身的对立面。根据1950年印度《宪法》，印度在从美国移植司法审查权的同时，也继承了源自英国的议会民主制政体。〔48〕就议会民主制政体而言，由多数政党组阁主持议会和政府，其背后的理据在于人民的选举。与此同时，议员作为人民选举的代表享有“诸项特权、权力和豁免权”的一个不言自明的前提乃是该选举必须是公平、公正和公开的。因此，如果说在前三个案件中印度议会都可以申辩其是在代表人民进行修宪或立法的话，那么在英迪拉·甘地案中议会颁布宪法第39修正案则彻底背离了上诉前提，在这个意义上，印度宪法学界在英迪拉·甘地案之后所选择的理论转向也就不难理解了。因此，笔者认为，正是因为这一“意外事件”，改变了“最高法院

〔44〕阿克曼教授就认为希瓦的著作是“印度顶尖的论文”。参见［美］布鲁斯·阿克曼：《别了，孟德斯鸠：新分权的理论与实践》，聂鑫译，中国政法大学出版社2016年版，第53页。

〔45〕杜强强：《论宪法修改程序》，中国人民大学出版社2008年版，第177页。

〔46〕印度宪法第44修正案“原因与目的陈述”部分第一句即阐明“转瞬即逝的议会多数派最近的一些实践让我们宪法所保护的包括平等权和自由权等在内的公民的基本权利变得迟钝（shown down）了……”，并在正文第35、36条宣布撤销印度《宪法》第329A条第4款，宣布宪法第39修正案对《宪法》第329条的修正无效。

〔47〕San Prasad v. Union of India, 1952 S. C. R. 89.

〔48〕瑞尔法院在英迪拉·甘地案中也坦诚“印度议会完全继承了英治时期议会的诸项特权、权力和豁免权。”

有权对宪法修正案进行合宪性审查”在印度宪法实践中的命运。如果说在英迪拉·甘地案之前，讨论的焦点是要不要有“宪法基本结构标准”理论；那么在该案之后，如何完善该理论就是讨论的方向了。

五、反思：在宪法中重新发现政体

在英迪拉·甘地案中，瑞尔法院在肯定印度宪法中存在一种宽泛意义上的分权时也认为，“美国（和澳大利亚）严格的分权原则不适用于印度”。[49] 虽然法院意见并没有言明，也无需在判决书中就印度与美国分权制的不同进行学理上的探讨，但是判决书落笔处，恰能成为学理反思之始。

美国是典型的三权分立国家，其在宪法的文字表述上将合众国的立法权、行政权和司法权分别授予议会、总统和联邦最高法院，与实行非分权制的经典英国式的威斯敏斯特民主不同，分别以英美为代表的这两种现代宪法秩序之间尚有一根本差异，即“需要赢得多少次选举，一次政治变革才能获得足够的立法授权?”[50] 和英国不同，在美国，立法、行政和司法的权力则来自人民的分别授权。[51]

> （联邦制下）联邦和邦两重政府，两重政府的各个分支，都只能获得部分人民在特定时间的授权，而没有哪个部门可以宣称它获得了全体人民在所有时间的授权……在 1787 年《宪法》中，没有哪个选民团体能够号称他们选出的机关是最高的，因此他们就是最终的主权者。除了批准宪法的这一主权过程，在任何常规选举中都不会出现一个掌握主权的人民。[52]

在麦迪逊（Madison）看来，立法、行政和司法分别授权的用意，就是防止让同一种激情或利益支配所有的政府分支。[53] 美国的权力分立和麦迪逊的代表制的原理是一致的，即美国人民通过不同的选举分别将国家的立

---

〔49〕 AIR 1975 SC 2299.

〔50〕［美］布鲁斯·阿克曼：《别了，孟德斯鸠：新分权的理论与实践》，聂鑫译，中国政法大学出版社 2016 年版，第 13 页。

〔51〕 赵晓力：《美国宪政——起源与原理》，载高鸿钧、程汉大主编：《英美法原论》，北京大学出版社 2013 年版，第 432 页。

〔52〕 赵晓力：《美国宪政——起源与原理》，载高鸿钧、程汉大主编：《英美法原论》，北京大学出版社 2013 年版，第 433 页。

〔53〕 赵晓力：《美国宪政——起源与原理》，载高鸿钧、程汉大主编：《英美法原论》，北京大学出版社 2013 年版，第 433 页。

法和行政权力授予议会和总统，而“在任何常规选举中都不会出现一个掌握主权的人民”，即在美国式宪法秩序的安排下，国家主权在权力分立的意义上一分为三。与此相一致，美国最高法院的司法审查权，也须在权力分立的意义上理解。

对司法审查权的最早论证并不聚焦于日后反复争辩的“反多数主义”难题。在《联邦论》第78篇，汉密尔顿（Hamilton）着力考察“议员与选民意志的分离问题”。〔54〕法院之所以要有宪法解释权，就在于防止议员背离人民的意志。法院乃是议员与选民的调解机构；法院的宪法解释权在最终意义上是为了维护人民主权。议会只是特定选民在特定时间的授权，不是全部选民在全部时间的授权。宪法解释权只授予司法权，不仅仅是因为“三权之中，司法最弱”，还因为法官因终身任职带来的坚定性和专业性。

与美国宪法秩序的权力分立不同，白哲特（Bagehot）在其名著《英国宪制》中提出如果要理解英国宪制，关键在于理解英国体制中的尊荣和效率两部分。其中英国政治效率的秘密在于立法和行政权的紧密结合。〔55〕下议院多数党领袖自然成为首相，首相在作为内阁首脑的同时，也是下议院的议员。由于内阁对首相负责，而首相又是下议院多数党领袖，这样在事实上内阁就不仅仅是行政机关，其同时还相当于下议院的立法委员会。既然印度明确继承了英国议会民主制，瑞尔法院在英迪拉·甘地案中宣称“美国严格的分权制度并不适用于印度”就容易理解了；但是其为何又同时认为，印度也不同于英国，而存在一种宽泛意义上的分权呢？

与英国不同，印度是成文宪法国家。印度宪法作为世界上最长的宪法，在《宪法》第五编以下事无巨细地、以肯定性列表的形式规定了联邦和邦各级国家机关的职权。仅以联邦层面为例，尽管在实际运行中由下院多数党领袖组阁，以实现“立法与行政权的紧密结合”，但是在印度《宪法》第五编“联邦”的表述上，却使用分权式的表述方式。“联邦”编共五章，依次为行政、议会、总统的立法权、联邦司法和印度总审计长。〔56〕瑞尔法院在英迪拉·甘地案中旨在维护“宪法基本结构标准”而提出的宽泛意义上

---

〔54〕［美］亚历山大·汉密尔顿等：《联邦论：美国宪法述评》，尹宣译，译林出版社2010年版，第536~537页。

〔55〕［英］沃尔特·白哲特：《英国宪制》，李国庆译，北京大学出版社2005年版，第3页。

〔56〕和第五编“联邦”编高度对应，印度《宪法》第六编“邦”编依次为以下六章：一般规定、行政、邦立法机关、总督的立法权、邦高等法院和下级法院。

的分权理据正在于此。在瑞尔法院看来，宪法第 39 修正案新增的第 329A 条第 4 款之所以违宪，是因为议会通过该条款褫夺了应该由法院系统来行使的职能，但“（宪法）从来没有提及行政和立法分枝能够分享司法权”。[57] 和美国权力分立意义上的分权不同，此处的行政、立法和司法分权仅仅是职能意义上的分权。与美国人民通过不同的选举分别将国家的立法和行政权力分别授予议会和总统不同，作为议会民主制国家，印度人民即通过一次性选举明确将权力授予某一届议会。和麦迪逊所称的“（在美国）任何常规选举中都不会出现一个掌握主权的人民”不同，任何一届印度议会在任期内都可以宣称自己是全体印度人民的代表。正是因为在代表与授权原理上美国和印度的根本不同，所以印度《宪法》第五编中的分权也就不会是权力分立意义上的分权，而仅仅是职能意义上的分疏。议会代表国家主权，但国家事务中行政、立法、司法等诸项职能则分别交由总统（实际上是总理为首的内阁）、议会（总统也有部分立法权）和法院行使。这正是瑞尔法院所宣称的印度“宽泛意义上的分权”。

其实，就印度这种“宽泛意义上的分权”而言，印度和英国还有一本质上差异，即在国家政治体制安排上，印度 1950 年《宪法》在采纳英国式议会民主制政体的同时，却没有让印度上议院成为像英国枢密院那样的法理上的终审机关，而是另辟蹊径的从美国移植了最高法院拥有宪法解释权的制度，尽管印度最高法院实际只拥有部分宪法解释权[58]。

> 印度《宪法》第 124 条：设印度最高法院，其由 1 名印度首席大法官和不超过 7 名的其他法官组成，但议会可以以法律增加其他法官的人数。
>
> 第 132 条：案件涉及解释本宪法的实质法律问题，得向最高法院提起上诉。

在采纳不成文宪法的英国式议会民主制下，诚如戴雪（Dicey）所言，“大凡巴力门所通过法案的全体或一部，不论用以造一新法，或用以毁一旧法；法院俱不敢不遵行。”[59] 但对于颁布了成文宪法的印度来说，其在捍

---

〔57〕 AIR 1975 SC 2299.

〔58〕 印度《宪法》第 37 条规定，本编（即第四编）的所有规定不可由法院实施……参见本文第二编对巴尔哈提案的讨论。

〔59〕［英］戴雪：《英宪精义》，雷宾南译，中国法制出版社 2001 年版，第 116 页。

卫人民主权原则的同时，也树起了宪法至上的观念，这样原本在议会民主制政体下应当拥有类似19世纪英国巴力门主权权力的印度议会，其在国家权力运行中的实际职能却悄悄地被宪法文本切割成职能意义上的修宪权和普通立法权。正因为如此，原本代表了人民意志几乎与宪法同在的议会，在印度宪法秩序的安排下就转变成在宪法之下，因而在宪法修正案和普通立法与宪法之间是否相合的问题上，就存在必要的解释空间。

一言以蔽之，印度在继承英国议会民主制的同时，也从美国移植了司法审查制度——英国政体和美国政体在印度这一意外的嫁接，在某种意义上就预言了日后的宪法解释之争。

我们不禁要问，印度《宪法》第124条含混地“设印度最高法院”到底是美国意义上享有司法权（力）的最高法院，还是英国意义上的仅仅履行司法职能的最高法院？就整个印度政体来说，答案似乎是后者。但是《宪法》第132条却又明确赋予了最高法院解释宪法的权力，而且保证了所有的宪法解释案件都要上诉至最高法院。印度制宪者们在印度政体问题上的嫁接，[60] 却导致了现代政府两大原则——人民主权与宪法至上——之间的抵牾：

当印度议会频繁地以颁布宪法修正案的形式来废止最高法院的相关判决时，不啻为其主动绕开成文宪法中对自身权力的诸多限制，而直接诉诸人民主权原则，强调应当由议会来解释宪法，明确宪法含义。但印度最高法院则宣称，自己解释宪法的权力来自宪法本身的授权。印度议会与最高法院关于宪法修正案的合宪性之争，其真正的理论困境正在于此。

尽管，在印度实际的宪法秩序运行中，议会因为在非常时期受制于政党政治的私利而走向了自身的对立面，使得这一宪法难题得到了意外的解决。印度最高法院最终并没有在所谓宪法序言、《宪法》第三编和第四编的关系等问题上落实“基本结构标准”，而是在议员背离人民意志这一根本问

[60] 在当代关于法律移植的学术讨论中，比较法学者与法社会学者之间就法律移植是否可能之争是主流范式，但是，印度宪法实践却就法律移植本身提出了新的理论问题，即同时移植不同国家的相关制度，将其组合成新制度的法律移植，显然超越了上述主流范式所探讨的外来制度和本土法律文化之争的简单二元论。所移植的不同制度之间，不同制度与本土法律文化之间，新制度与本土法律文化之间，都可能存在抵牾、妥协和融合，当是法律移植探讨的下一个理论增长点。上述主流范式参见［意］D. 奈尔肯、［英］J. 菲斯特编：《法律移植与法律文化》，高鸿钧等译，清华大学出版社2006年版。

题上证成了其拥有对宪法修正案进行合宪性审查的权力。但是，真正的理论问题却并不因为实际运行中的意外而得到了真正的解决。

其实，对宪法修正案进行合宪性审查，在理论上是提出宪法修改权的限度问题。修宪权只是一种在保持宪法的条件下，按照宪法律规定的程序作出变更、补充、增删的权力，而不是一种制定新宪法的权力。[61] 印度最高法院所提出的“宪法基本结构标准”，在本质上是对纷繁冗长的印度宪法作出类似于施米特所称谓的“宪法与宪法律”的区分。即便在我们承认存在“宪法基本结构标准”的大前提下，最高法院也并不因此就拥有对“宪法基本结构标准”的解释权。毕竟，问题并不在于违宪的法律（修正案）是否无效（这是不言而喻的），而在于谁来裁决一项法律是否合宪，谁负责作出这种特殊的裁决。[62] 在这个意义上，颇有印度“地方性特色”的宪法修正案的合宪性审查问题，意外地触及到了两种现代宪法秩序——美国式的权力分立体制与英国式议会民主制——之间的根本张力。

六、结论

宪法修正案的司法审查问题集中体现了印度宪法体系中的宪法解释权与司法审查权之分离，以及人民主权与宪法至上之间的内在矛盾。这也是二战后移植司法审查模式的议会民主制国家面临的普遍性困境。

二战后，特别是20世纪80年代以来，美式司法审查模式在全球得到大规模传播。以至于在宪法审查全球化的今天，不以司法机关或准司法机关裁判为中心的比较宪法研究几乎是不可想象的，[63] “政体”这个古老的词汇逐渐被淡忘了。生长在他乡的美国最高法院因不同国家政体土壤的不同而结出了不同的果实。在这个意义上，印度宪法的实践恰恰具有可能连美国宪法实践都不具备的普遍性意义：每一个已经建成或想要引进司法审查模式的议会民主制国家都需要认真思考人民主权和司法审查之间的关系。

---

〔61〕［德］卡尔·施米特：《宪法学说》，刘锋译，上海人民出版社2016年版，第152页。

〔62〕［德］卡尔·施米特：《宪法学说》，刘锋译，上海人民出版社2016年版，第260页。

〔63〕［美］布鲁斯·阿克曼：《别了，孟德斯鸠：新分权的理论与实践》，聂鑫译，中国政法大学出版社2016年版，第148~149页。

隐喻视角下立法修辞的古希腊修辞学借镜

邹　鹏[*]

引　言

立法是立法者意图的表达，通过法律条文将立法者所想的内容予以确定和传递出来。演讲是演讲者向公众表达自己的所想的言说，希望通过自己的言说使公众能够认同自己的想法。从形式和内容上看，立法活动与演讲十分类似，两者之间存在建立微妙隐喻关系的可能。一项立法活动正如一场气势恢宏的演讲，立法者作为演讲者上台发表观点，打动听众，也即民众，使其能够认同立法的内容。要想打动听众，立法者必须掌握、使用相应的演讲技巧，从而成功说服他人。我们将立法比作演讲，则用于改进演讲的技巧——修辞对于立法来说是必不可少的。从发展脉络来看，古希腊修辞学实际上是演讲学，它与论辩术相辅相成，即表现形式是演讲，实质是论辩[1]。虽然古希腊修辞学产生于两千多年以前，但其对于当代的理论意义仍然不可忽视，尤其是一些理论对于立法修辞来说，是颇有裨益的观点和思路。因此，从古希腊修辞学理论中汲取智慧，对完善立法修辞具有积极意义。

一、隐喻视角下立法与演讲关联性的阐释

立法是立法者将观点向公众所作的表达，这一点与演讲极为相似。立

* 邹鹏，华东政法大学博士研究生。

〔1〕 鞠玉梅：《关于中西修辞学传统的思考》，载《齐鲁学刊》2007年第3期。

法在一定程度上可以看作是演讲，两者之间能够形成一种隐喻关系。隐喻包含本体和喻体两个组成部分，在两者之间，本体是理解和说明的内容和目标，而喻体只是用来说明本体的工具和手段。隐喻意义是喻体的特征经过映射转移到本体上，但本体的特征决定着喻体的哪些特征可以转移，它起到一种“过滤”的作用，强调某些特征而抑制另外一些特征〔2〕。在立法与演讲之间，立法是本体，演讲是喻体，立法者的立法活动就是立法者的演讲。本体应当体现喻体的某些特征，正如演讲需要技巧一样，立法者面对公众，必须采取各种方法说服公众认同所要表达的观点，这一过程表现为立法的各个环节。

演讲者的演讲如果不能打动听众，他的观点就不会得到听众的认同。同样的，作为演讲的立法如果不能说服公众，那么法律的实施就会遇到阻碍。因此在立法者的角度，只有成功说服公众，法律的实施才能有基础和保障。从某种意义上说，立法者的演讲必须是成功的，否则其负面后果远要比真正的演讲失败严重得多。立法和演讲之间的隐喻关系主要表现在以下三方面。

（一）演讲和立法都是特定意图的表达

意图是人内在的想法和追求。立法者和演讲者都是人，区别在于演讲者是自然人，立法者可能是一个拟制的享有集体意志的观念上的人。不论是何种属性，作为具有主观能动性的主体，其必然有内在的想法和追求。要表达这一想法，必须借助一种外在的载体。对于演讲者来说，这一载体就是演说；对于立法者来说，这一载体就是立法过程。演讲者需要通过演说来表达观点，使听众能够接受、认同所表达的观点。立法者需要通过立法过程使民众认同法律，从而更好地促进法律的实施。两者都是一个表达的过程，都是意欲通过表达行为实现内心的意图，具有明显的说服属性。

演讲是一项历史悠久的活动，在几千年后的今天依然充满活力。在西方，许多政治家依然依靠演讲去争取更多的支持和资源。虽然今天的政治家演讲与几千年前雄辩家的演讲的受众和背景已经相去甚远，但其基本属性和精神内核确实十分相似：说服听众。事实上，两千年前科拉克斯、高尔吉亚和亚里士多德等提出的修辞学在今天仍然大有用武之地，并且凭借现代先进的科学技术获得了更加广阔的舞台。这说明，不论是古代还是现

〔2〕 刘风景：《法律隐喻学》，中国人民大学出版社2016年版，第22页。

代，演讲依然是人表达意图的重要途径。立法者作为要表达意图的一方，也必须关注这一方式。只有擅长表达的人，才能获得更多的支持。不论是演讲者还是立法者，其在进行表述时，都必须考虑如何表达得更好，如何才能使自己的想法获得更大的支持和认同。

（二）演讲和立法都需要通过表述去说服听众

对于演说者和立法者来说，表达是一个过程，说服听众或民众才是目的。演说必须考虑到听众的感受，通过各种技巧，诸如谋篇布局、演讲风格、个人魅力等因素来更好地说服听众认同自己的观点。立法则需要通过优化立法程序、完善立法文本来使民众更好地理解和认同法律内容。不论是演说者还是立法者，都是需要通过借用修辞技巧来实现说服的目的。

意图是在人的内心中的，如果不通过表达则不能为外界所知晓。表达并不难，难在如何使表达能够说服听众，使意图可以影响听众的思维和判断。演讲是语言的运用，不具备强制力，不会因为听众不认同演讲者的意图而直接给予听众不利后果。立法也是一样，如果立法得不到多数人的认同，即使有不利的法律后果，但社会要付出的司法成本确是极高的，对于整个社会的总利益来说是不经济的。一部法律如果得不到多数人的支持和认同，那么可能是法律内容或者立法过程存在问题。通常立法内容都会与社会的基本规范相一致，多数情况下民众对于法律的不理解和不接受主要是立法过程中存在的问题，也就是立法表达的问题。因此，立法者也必须高度重视立法意图的表达过程，不断提高表达质量。

（三）演讲和立法都需要依靠自身的综合因素去影响受众

演讲对于听众的影响是通过多元因素综合作用实现的。一场成功的演讲，除了内容精彩之外，演讲者自身的表达水平，语音语调、人格魅力甚至演讲的场所等都会对演讲的质量带来影响。因此，古希腊智者往往擅长运用技巧和相关因素来更好地进行演讲，并创立了专门的雄辩术予以教授和应用。对于立法来说，立法文本内容是说服民众的关键要素之一，但立法程序是否公开、公平、公正，法律条文的表述是否科学、精准，是否能有效传达了立法者的意图使民众知晓、理解、认同，这些都是关乎立法成败的因素，也同时是立法修辞的重要内容。要提高立法质量，就必须依靠多元化的综合性因素来完善法律，这样才能更好地说服民众认同法律，提高法律的可接受性。

对于立法来说，程序上的作为往往可以产生很大的促进作用。比如，立法公开，使立法的内容及时为公众知晓，那么公众就可以在前期参与立法论证，提出相关问题，在立法草拟阶段完善立法内容，避免立法内容与实际脱节。再比如，邀请专家对立法表达进行审核，提高立法表达的质量，避免立法语言与日常语言相差太远甚至出现错误，从而影响法律的适用。这些立法过程中的技巧和环节，都是完善立法活动，提高立法质量的修辞手法，应当广泛的予以应用。

从效果上讲，用好修辞可以使演讲获得更大的认同。同样的，立法修辞的完善也是立法质量提高的保障。演讲需要修辞，立法也需要修辞。如果说演讲的修辞还可能是为了私利，因而受到一些质疑，那么立法修辞则完全不同，它是出于公益目的而使用的，其目的是为了提高法律的可接受性和实施质量。如果法律的制定过程不尽合理的，其权威性可能会受到影响，民众就或许不认同它。如果法律的表达不够科学，民众难以理解或者难以执行，立法效果就要被削弱。因此，用好立法修辞，像演讲者一样重视修辞的意义，是立法者当为之举。

二、古希腊修辞学对演讲的意义解读

演讲在西方有悠久的历史，它的历史渊源可追溯到古希腊、古罗马时期。文艺复兴之后，英国的新古典主义运动促进了演讲修辞理论的发展。20世纪以来，在美国，对演讲学的研究已汇集成流，自成一套理论系统，它不仅研究有效语言及其表达方法，而且更关注演讲学所产生的社会作用[3]。从演讲的发展脉络可以看出，其源头来自于古希腊。通说认为，修辞学的起源也是古希腊，并且古希腊的修辞学技巧和理论，对于几千年来的演讲都有非常显著的影响。了解古希腊修辞学的发展源流和其对演讲的意义，可以为我们更好地理解古希腊修辞学对于立法修辞的借鉴意义。

（一）古希腊修辞学的发展脉络

西方修辞学的缘起是由于诉讼的需要，与法庭演讲相伴而生。据记载，公元前五百年的西西里岛上，岛上居民在推翻了僭主之后，因为要争取自己的权利，人们必须在法庭上说服他人[4]。为此，古典修辞学的创始人提西阿斯和科拉克斯开始教授雅典居民如何更好地在法庭上进行演说，争取

---

〔3〕 张陵馨：《西方演讲学的历史与发展》，载《江西师范大学学报》1988年第1期。

〔4〕 参见温科学：《20世纪西方修辞学理论研究》，中国社会科学出版社2006年版，第1页。

合法的权利[5]。科拉克斯曾经写过一篇《修辞艺术》，提出了修辞体系的中心是关于可能性的[6]。事实上，修辞学一词最早是在亚里士多德关于智者的谈话汇编的《高尔吉亚篇》中提出的[7]。在此之前，古希腊虽然没有修辞学这一词语，但是却有关于演说的艺术的专用名词：logos，说明古希腊人对于演说的研究是比较关注和投入的[8]。在提西阿斯创立了修辞学并将其传授给智者后，在古希腊地区，这门学问得到了广泛的传播，影响很大。智者高尔吉亚就是修辞学的重要传承者和推广者，其一些观点也为后世所记载，产生了深远的影响。

古希腊时期，修辞学影响虽大，但却始终被视为与理性相对，并不是真正最崇高的智慧。柏拉图对修辞学持否定的态度，在《高尔吉亚篇》和《费德鲁斯篇》中对智者和修辞学提出了批评，认为修辞学是为了讨好听众的美辞，只是工具，不是最终目的。由于柏拉图在西方世界思想界的地位，两千年来，修辞学始经常被定义为工具属性，甚至和诡辩等混淆，为修辞学的发展带来了消极影响[9]。柏拉图之后，亚里士多德对修辞学的研究比较客观，他的定义是"在任何问题上，使用有效的说服方式的能力"。具体地说，就是依靠演说者的性格产生说服力；依靠激发听众的情感产生说服力，依靠具有说服力的论证方法，包括例证法（归纳法）和推理法（三段论演绎法）[10]。这一定义为修辞学的基本属性做出了明确的概括。即提出了修辞学的特点，也涵盖了修辞学的内容，是比较全面的定义。亚里士多德的著作《修辞学》也成为研究古希腊修辞学的最重要的文献。

亚里士多德的研究和总结是古希腊时期修辞学的集大成者，其提出了修辞的五个原则：构思、谋篇布局、言说技巧、文体风格、记忆。此外，他还将演说分为了诉讼演说、政治演说和典礼演说，这一分类也为后世修辞学家接受并使其分类研究修辞学的作用[11]。科拉克斯也将修辞学的原则

---

〔5〕 See George A. Kennedy, *A New History of Classical Rhetoric*, Princeton University Press, 1994, p. 11.

〔6〕 参见温科学：《20世纪西方修辞学理论研究》，中国社会科学出版社2006年版，第2页。

〔7〕 See James Herrick, *The History and Theory of Rhetoric*, Allyn and Bacon, 1998, p. 2.

〔8〕 See George A. Kennedy, *A New History of Classical Rhetoric*, Princeton University Press, 1994, p. 11.

〔9〕 参见温科学：《20世纪西方修辞学理论研究》，中国社会科学出版社2006年版，第6页。

〔10〕 申小龙：《中西古典修辞学传统比较》，载《复旦学报（社会科学版）》1992年第5期。

〔11〕 温科学：《20世纪西方修辞学理论研究》，中国社会科学出版社2006年版，第8页。

做了分类，但是仅有引言、申辩、结论等三个部分，相对简单。亚里士多德则对修辞的研究更加细致，分类更加全面、深入。尤其是亚里士多德反复提及演说者个人的特点和听众的感受等因素是演说和修辞的重要要素，这一思路和观点也为后世修辞运用和修辞学研究提供了更加开阔的视野和空间。一般认为，古希腊时期的修辞学关注劝说与一致，是一门关于说服的工具〔12〕。不论是提西阿斯、科拉克斯、高尔吉亚、因苏格拉底等修辞学先驱还是柏拉图、亚里士多德等古典哲学先贤，都将修辞学与说服紧密联系在一起。因此，说服是古希腊修辞学最核心的重要属性，贯穿整个古希腊修辞学发展路径，并对今天的修辞学和立法修辞都会产生非常重要的影响。

（二）古希腊修辞学对演讲的影响

修辞学的古代定义始终直接、广泛与各类公开演讲的学问联系在一起〔13〕。从古希腊修辞学发展过程来说，其对演讲的影响主要体现在这样几个方面。

第一，修辞学为演讲这一古希腊最重要的活动形式提供了优化的路径。在古希腊时期，雅典自由公民可以参加公共事务，通过演说来表达意志。修辞学注重演说风格的修饰、新颖的辞藻和工整的句法，是一种专门的技术和技巧，且可以被推广和教授，使学会的人能够掌握这门技巧达成某些目的〔14〕。因此，修辞学对于演讲来说是一种有效的辅助工具，即通过修辞来提高演讲的效果。在亚里士多德的分类下，演讲有诉讼、政治和典礼三类，这三类演讲应当采取不同的修辞方式，从而更好地说服听众。

第二，修辞学推动演讲者更好地把握演讲的技巧和分寸。在修辞学未系统出现的时期，人们虽然存在论辩的朴素意识，但是没有形成科学的技巧，因此能够在演讲中表现比较好的演讲者虽然可能也使用了修辞技巧，但并未意识到修辞的重要性和必要性。在当时，修辞学不仅是自由民跻身上层社会的必备工具，而且是他们在日常生活中经常使用的重要手段。因此，古希腊人特别热衷于学习修辞学和逻辑学，认为只有掌握了这些知识

〔12〕 See James Herrick, *The History and Theory of Rhetoric*, Allyn and Bacon, 1998, p. 3.

〔13〕 See Peter Goodrich, *Legal Discourse: Studies in Linguistics, Rhetoric and Legal Analysis*, Palgrave Macmillan, 1987, p. 85.

〔14〕 参见温科学：《20世纪西方修辞学理论研究》，中国社会科学出版社2006年版，第3页。高尔吉亚作为智者代表，正是擅长用演说技巧打动别人，从而以教授演说为业。

和技巧，才能在论辩中以理服人、克敌制胜，从而捍卫自己的权益，施展自己的本领，实现自己的抱负[15]。学习者不仅为自己的完善提供了支持，还为雅典乃至古希腊文明的发展都做出了积极促进。

第三，修辞学是人们获得新思维方式的启蒙。比如，从类型化来看，古希腊修辞学首先根据演说的对象和性质，将演说分为政治演说、法庭演说和典礼演说三类。又将演说的对象分析为青年、壮年、老年、富人、贵族、当权者诸类型[16]。这里的分类使演讲者根据不同对象做准备，提高了演讲的针对性，让演讲更加准确，更加易于获得听众接受和赞同。亚里士多德在《修辞学》和《论题篇》中提出逻辑与演讲的关系以及不同听众的特点等，这种听众中心主义、逻辑主义和论辩主义倾向，使后世对于修辞学、演说等活动的认识有了新的方向和知识储备，为后世修辞学的复兴和繁荣提供了理论素材和思想来源[17]。

三、古希腊修辞学与立法修辞

如果将立法者视为一位演讲者，将立法活动视为立法者的演讲，那么古希腊修辞学与立法修辞能够形成勾连。修辞学家肯尼斯·伯克曾经指出，后世修辞学思想都是在劝说原则的基础上扩充和拓展而发展起来的。20 世纪的新修辞学虽然扩大了古典修辞学的范围，但仍保留了修辞学的“劝说”传统[18]。劝说是一种语言的运用，希望通过语言的表达使听者认同言者的意图。要使听者认同言者的观点，必须达成对特定问题的共识。立法修辞也是一种修辞，必然具备修辞的基本特点。因此，古希腊修辞学和立法修辞主要的相通之处在于其核心目的都是说服受众。

（一）古希腊修辞学的层次结构：宏观与微观

任何一个劝说过程都是具体的，是言者的表演。古希腊罗马时期盛行公众演讲和法庭论辩，实际上西方古典修辞学就是演讲和辩论的艺术，其研究的对象主要是口语[19]。所以，演讲可以说是西方修辞学最主要的存在

---

〔15〕 宗廷虎、王文松：《中西古典修辞学说异同论——以春秋战国和古希腊罗马为例》，载《古汉语研究》1994 年第 1 期。

〔16〕 申小龙：《中西古典修辞学传统比较》，载《复旦学报（社会科学版）》1992 年第 5 期。

〔17〕 温科学：《20 世纪西方修辞学理论研究》，中国社会科学出版社 2006 年版，第 177～182 页。

〔18〕 鞠玉梅：《关于中西修辞学传统的思考》，载《齐鲁学刊》2007 年第 3 期。

〔19〕 鞠玉梅：《关于中西修辞学传统的思考》，载《齐鲁学刊》2007 年第 3 期。

形式。演讲是一个综合的过程，有讲话也有肢体动作，甚至还有演讲者形象上的展现。因此，言者文辞以外的要素也会影响听者的决断。比如，演讲者的风格、演讲者的品行、演讲者的外形等。所以，亚里士多德将修辞分为觅材取材、布局谋篇、文体风格、记忆和演讲五个部分，并且论述了语气、手势、情态等演讲技巧。亚里士多德强调演说的技巧，主要是强调演说者依靠激发听众的情感产生说服力，依靠演说者的技巧产生说服力〔20〕。

从古希腊修辞学传统的发展脉络、内容和特点我们看到，这一领域始终都与演讲、论辩密不可分。劝说是古希腊修辞学的基础，接受和认同则是古希腊修辞学的目标。因此，古希腊修辞学的作用路径，是宏观与微观相结合的，是综合考虑整个修辞表达的全过程。古典修辞学（古希腊修辞学）的主要部分是将说服作为语言的主要作用或形成听众在社会以及政治领域的一种态度和认同〔21〕。其将内容与形式统筹考量，围绕听众进行言说。在这个过程中，修辞是一个整体，文辞的优美与得体、演讲的风格、论证的严密与合理都是修辞的重要组成部分。古希腊修辞学的进路，在宏观维度上是谋篇布局，在微观维度上则是遣词造句，是从整体和部分上来把握修辞的一种理论与实践范式。这一模式与立法修辞又有着诸多相通之处。

（二）立法修辞的说服性特征

立法行为是立法者意图的法律表达，通过法律条文将立法者的想法予以确立。立法行为的目标是获得民众的认同，若民众对立法并不认同，则法律即使被制定出来，也不过是一纸空文，无法得到实践，立法行为也失去了意义。立法关注的是法律的可接受性。从民众的角度来说，可接受性就是认同。根据商谈原则，每一种行为规范的有效性一般来说都取决于那些作为相关者而参加“合理商谈”的人们的同意〔22〕。如果我们将立法者比喻成一位演讲者的话，立法活动就是演讲者的演讲，其目的是为了获得听众的认同和接受。那么，立法者是无法回避修辞的，他必须运用修辞，说服他人。所以，立法修辞不可或缺，它是立法者的说服之术。

立法修辞是法律修辞的重要组成部分，是在立法活动中开展的修辞活

〔20〕 鞠玉梅：《关于中西修辞学传统的思考》，载《齐鲁学刊》2007年第3期。

〔21〕 See Peter Goodrich, *Legal Discourse: Studies in Linguistics, Rhetoric and Legal Analysis*, Palgrave Macmillan, 1987, p. 91.

〔22〕［德］哈贝马斯：《在事实与规范之间：关于法律和民主法治国的商谈理论》，童世骏译，生活·读书·新知三联书店2011年版，第194页。

动。立法是语言的表达，修辞是语言的表现形式，有语言就必定有修辞。立法的整个过程都必须考虑如何采取策略使立法者意图获得更大的支持。这一出于说服的考虑和部署，如同演讲中的谋篇布局、记忆和风格一样，是在立法活动上的修辞行为。立法修辞就是指立法者在制定法律的过程中为获得人们对法律内容的认同而采取说服性手段的行为，这不仅包括立法者对立法语言的选择、加工、润色，还包括立法者为在立法论证、立法报告以及其他立法过程中所使用的说服性方法和策略。立法修辞不仅是立法过程中语言的使用方法和技巧，也是一种理性论证说服的方式〔23〕。这一定义揭示了立法修辞的内涵，即立法修辞是一种雄辩术，这种雄辩术的施展，是为了使立法内容得到接受。这一本质，是古希腊修辞学传统的表现，对现代立法修辞来说具有很大的影响。因此，我们研究立法修辞和古希腊修辞学传统，就是研究立法者的雄辩，就是研究如何使立法者做好演讲，让演讲的内容能够打动和说服听众。立法修辞关注修辞的整体过程和效果，主要具有以下三方面的特点：

1. 综合性

立法活动是一个复杂的系统性过程，包含调研、论证、起草、审议、发布等多个环节。这整个过程，都可以看作是立法修辞的实践。立法修辞包括为了使法律得到认同与接收所做的说服性活动和策略。从这一点说，立法过程中的调研、论证、审议等程序都是一种说服性活动，可以列入立法修辞范畴。只有调研，才能使立法者了解法律规制对象的实际情况，论证是为了让法律更加合理、科学，审议则是使法律公开，让民众能够了解法律的相关内容。所有这些程序，都是为了让民众感受到立法的公正与合理。民主的立法程序为实定规范具有合理可接受性这样一个假定提供了基础〔24〕。法律并不是随意制定，法律是经过严格的程序和科学的设计后颁布的。这样的策略，正是为了说服民众所做的工作。

立法最后还是要通过文辞的形式予以表达，因此法律文本自身的打磨也是十分重要的，但是这一要素并不是立法修辞唯一的内容。从古希腊修辞学传统上说，整个立法程序都是为了使法律获得更高的可接受性，都是

---

〔23〕 武飞：《论立法修辞的要素》，载《政治与法律》2012 年第 1 期。

〔24〕 [德] 哈贝马斯：《在事实与规范之间：关于法律和民主法治国的商谈理论》，童世骏译，生活 · 读书 · 新知三联书店 2011 年版，第 40 页。

为了劝说民众认同法律，这些活动都属于立法修辞。因此，立法修辞具有综合性，涵盖了不同领域的种种活动。这些活动虽然内容大相径庭，但目标都是为了使法律获得更大的认同，使民众在立法上和立法者达成共识。

2. 论辩性

论辩通常是在司法过程中，但是立法修辞宏观维度上的论辩性十分明显。现代民主国家的立法，通常都是经过严格程序予以进行的。在按照程序立法过程中，立法者必须要对为何如此立法做出相应的说明，否则法律难以为民众所认同。立法修辞在宏观上包含了整个立法程序，因此其应当从论辩的视角出发，考虑民众的意见，与民众进行商谈。修辞原本就是论辩术，是通过文辞、逻辑和风格支持特定观点的言说。在这一点上，立法修辞很好地继承了古典修辞学的这一特点。

立法说明是立法论辩性的集中体现。通常在法律审议阶段，提案人将针对立法草案作说明，立法机关相关人员对立法议案进行质疑。在这个过程中，立法者指派的提案人必须对相关问题予以回应。这一过程是一个论辩的过程，只有提案人回应了相关质疑，立法机关相关人员才会对这一议案予以认同。一般来说，立法机关相关人员的观点和看法，会反映民众的看法和观点，其发言等于代表民众对法律草案进行评议。所以，议案提出者要能够有效解决质疑，通过论辩的方式说服异议人，这样才能使法律草案获得通过。草案一旦被通过，就说明其得到了立法机关相关人员的认同。他们的认同，可以扩大到民众认同。这正是立法修辞说服民众的举措。

3. 权威性

这里的权威性主要是指立法者的权威性、立法过程的权威性和立法内容的权威性。立法者享有国家管理权，其合法决议必须得到遵循，对民众来说是一种权威的存在。立法程序是立法者依法作出的，不容置疑，也是一种权威和严肃的活动。因此，从立法修辞的主体和实践来看，其具备权威性是合理的。正是依托这种权威性，民众才能服从立法修辞，才能认为立法修辞的过程是可以接受的。因此，立法修辞在宏观上的权威性是其能够顺利开展和产生效果的有力支撑。

权威性与说服并不相矛盾，反而是相得益彰。立法修辞正是凭借权威性才能做到说服民众。布迪厄将权威视为说服过程中最重要的因素，认为言辞具有的或者发挥的任何力量都是外加的而不是内在的，这一力量的大小取决于发言人从所属社会机构得到多少“授权”，而发言人所获代理权的多寡又是由他在所属机构中享有的社会地位决定的。如果某一施为言语“出自一个‘无权’说这话的人之口，它注定不能成功”[25]。虽然立法修辞具有权威性，但这一属性并不是将立法者的意图强加给民众，而是使民众能够严肃认真地对待法律，塑造民众的法治理念和信仰，从而使法律得到民众的遵守。

（三）重合与交集：古希腊修辞学与立法修辞的共性分析

古希腊修辞学和立法修辞同为修辞，其必然具有一定的重合与交集。古希腊修辞学的架构是比较清晰的，包含宏观和微观两个领域。从微观来说，文辞的合理与得当是表达效果的重要保障。如果词不达意、语无伦次甚至不知所谓，那么演讲是不可能打动听众的。这一点对于演讲和立法来说都是相通的。演讲者的品质、姿态与风格、演讲内容的优美程度也是影响听众的重要因素，人们更加倾向于接受一个好的演讲者的表达，而不愿因认同一个拙劣的演讲者或者品质低劣且言语枯燥的演讲者。事实上，修辞学在当代意义上传承了古希腊修辞学的核心内容，即更加注重语言的外在形式，关注文学和诗歌中的形象，侧重转喻和隐喻[26]。这些特征，在立法修辞中也应当有所体现。立法过程的完善与否，立法文本的表达质量，往往决定着立法是否可以为更多人信服和接受。随意制定的法律规范，粗制滥造、不假思索且枉顾程序的独断是难以持久的。因此，古希腊修辞学和立法修辞在内容上具有明显的共性。其共性主要表现在以下三方面：

第一，提高说服的效果。修辞能够提高说服的效果，使听众接受演说者的观点，这是修辞最大的功效。不论是古希腊修辞学还是立法修辞，都具备这样一种功能。通过自身的作用，使所要表达的意图更好的呈现出来，最终获得更加广泛的接受和认同。古希腊修辞学追求这一目的，其自身就是说服性和劝说性的。立法修辞虽然关注立法过程，其环节相对固定，但每个环节的质量仍然与立法表达的效果密切相关。如果在立法规划、立法调研、立法论证、草案创制等过程中都能够保证比较高的质量，立法的质量肯定也是比较高的。整个的过程始终与民众接触，民众中的特定群体会参与到立法过程中来。所以，立法修辞一直在影响民众。做好立法修辞，

---

〔25〕 武飞：《论立法修辞的要素》，载《政治与法律》2012 年第 1 期。

〔26〕 See Peter Goodrich, *Legal Discourse: Studies in Linguistics, Rhetoric and Legal Analysis*, Palgrave Macmillan, 1987, p. 88.

也会对民众产生积极的影响，提高法律的说服力。

第二，通过多元因素影响听众。古希腊修辞影响听众的原因是多方面的。演讲内容和形式都是重要因素。如果演讲者只注重内容而忽视形式，也不能打动听众。立法修辞也是一样，如果不做好法律文本和立法程序两方面的工作，立法的正当性和科学性就无法体现，法律也就难以得到接受。目前，我国立法修辞在内容与形式上都存在一些问题：内容上，主要是法律文本存在各类错误和不当；形式上，立法程序还不够科学、完善。因此，一些法律或者规范性法律文件制定后，其实施效果比较一般，甚至就成为纸面上的法律，无法实施。这一问题并不是个案。所以，立法修辞和古希腊修辞学一样，也是需要由多个维度入手改进表达效果和质量的。

第三，演讲者主体的特征发挥关键作用。对于古希腊修辞学来说，演讲者是谁和他是否被接受有密切的关系。事实上，直至今日，这一传统仍然有其影响。演讲者必须直面听众，通过言谈举止直接影响听众。听众是能够看到、听到演讲者的，这一点是演讲独有的特征。立法也是如此，从启动立法活动到法律正式发布，每一个环节都要与民众形成一定的互动。每次互动，都是立法者形象的展现。演讲者如果具有权威，那么其演说就获得接受，权威会引导听众向演讲者所希望的方向靠拢。立法者是国家权力机关，其权威属性十分明显，正是因为这样一种特点，才能使民众对立法者的立法活动和立法结论予以信服。所以，古希腊修辞学和立法修辞在演讲者主体的作用上具有相通之处。

正是由于古希腊修辞学与立法修辞存在相通之处，古希腊修辞学的智慧才能够对立法修辞产生借鉴意义。两千年来，演讲与政治家始终紧密地联系在一起，不论是选举还是动员，演讲和演讲的修辞是政治家必备的能力。政治家的演讲，是希望听众从事特定行为的，是具有指引性的。这一点和立法何其相似，立法者的辛勤工作，正是为了民众可以按照立法内容从事特定行为。既然两者如此的相似，影响演讲两年前的古希腊修辞学，完全可以给予今天的立法活动一些智慧的启迪。

古希腊修辞学重视宏观与微观、形式与内容，这些对于当代立法修辞无疑非常具有积极意义。宏观上，古希腊修辞学认为演讲者的风格、个人品质都是修辞的一部分，好的风格和不好的风格、品质高贵的演讲者与品质低劣的演讲者得到的反映是不同的。当然，演讲内容的辞藻和内容也是影响演讲者表达效果的重要因素，但是最后的演讲成效是两类维度综合、互动形成的。对于立法者来说，立法语言是重要的，立法程序也是十分重要的。只要是能够使民众知晓、理解、认同立法的事项和领域，立法者都应当予以关注和实践，从而在立法修辞上做到宏观和微观的双重开展。

四、古希腊修辞学的宏观借镜

古希腊修辞学从劝说入手，重视本体和行为两个层面。换言之，其既重视文本和文辞的优美与生动，又重视演讲者在具体演讲过程中的表达和风格。甚至有学者认为，演讲者在表达风格上的特点是西方修辞学研究的重中之重〔27〕。**古希腊修辞学对立法修辞的宏观借镜，在于把握编制法律文本以外的其他立法活动。**这里的其他立法活动主要是指立法程序之中的若干个重点环节。立法程序的运用是为了提高立法质量，但其本质目的是为了使法律得到更广泛的认同与接纳。修辞并不是强迫别人接受自己的观点，而是通过劝服，它的表现和最终的结果都体现了主体间相互性、共享的知识、互相的信任和一致〔28〕。只有在修辞中始终依据言者和听者都认同的知识基础，才能达成相互的共识。

程序正义是法治社会的基本原则，任何立法活动只有经过法定程序才能获得正义性，这是法治社会的立法者和民众都接受的基本概念。因此，现代立法活动往往对立法程序的各个环节十分重视。或许一些立法者已经意识到，自己的立法活动就如同一场政治演说，立法意图就是自己的政治立场和要求。立法必须是个性化的，能够体现立法者的独特诉求同时又要让听众接受。所以，现代立法往往对立法程序设计得非常细致，尤其是在涉及立法和民众的互动环节时，必须完善立法程序，通过各种方法使程序对民众产生积极影响从而使即将颁布的法律获得充分的支持。古希腊修辞学的宏观借镜主要表现在三个方面：

（一）立法程序应当重视权威的树立

权威是立法获得尊重与认同的重要基础，在立法程序中必须高度重视权威的树立和使用。在亚里士多德的《修辞学》里，他将修辞者的“人格”作为修辞的首要手段。亚里士多德这里说的“人格”主要是指修辞者的品格威信。在现代法治国家，立法主要是一种民主性权力，立法者大都是因

〔27〕 温科学：《20世纪西方修辞学理论研究》，中国社会科学出版社2006年版，第181~198页。

〔28〕 沈竹：《哈贝马斯“交往行动理论”的修辞学意蕴》，载《江汉大学学报（社会科学版）》2016年第5期。

具有优秀的品格和突出的能力而经由民选而产生的，由此我们可以推论，他已经具有了亚里士多德说的人格威信〔29〕。有权威人格的演讲者，言出如山，掷地有声，容易获得听众的信服与追随，具有更加明显的演讲效果。立法修辞的作用是通过提升立法者自身的权威，使立法表达的影响力获得强化。立法修辞对权威的影响主要表现在刚性和柔性两个方面。

立法修辞能够为法律塑造刚性的强制力。“法律必须被信仰，否则将形同虚设。”立法机关制定的法律，如果不能成为人们内心的一种心理认同，进而转变为自觉的服从，就难以被遵守。立法的权威并不能简单地依靠国家强制力来保证，从某种意义上说，则是建立在权威的立法基础之上的〔30〕。立法者的权威应当是先在的，依托这种权威形成立法的正当基础。在现代法治国家，立法者是民主选举产生的权力机关，是公民在公共事务中享有参与权、决定权的集中体现。这一特征使其具备民众的认同与支持因而具有正当性，是形成权威的基础。任何人见到能够决定自己命运的权力都会本能的选择敬畏，立法者具有的因立法影响他人命运的权力以及基于文化因素形成的威信都是其形成权威的重要资源〔31〕。依托这三类资源的共同作用，立法者能够对民众形成一种刚性的影响力。这种刚性影响力虽然不强制民众，但能让民众内心产生一种主动遵从的观念，自觉按照法律规定行事。

立法修辞能够为法律凝聚柔性的向心力。权威除了建立在刚性之上，还越来越体现在商谈与沟通所达成的共识之上。立法过程中的公众参与和交流，也是树立立法者权威的重要方面，反映了科学立法和民主立法的要求。哈贝马斯认为，法律规范的有效性与通过民主原则所保障的所有潜在相关者对法律规范制定的参与和同意是密不可分的〔32〕。法律是建立在共识基础上一种适用于所有人的行为规范。因此，在立法过程中充分吸纳、体现民众的观点对于提高法律在民众心中的认同度来说具有十分重要的作用，

---

〔29〕 武飞：《论立法修辞的要素》，载《政治与法律》2012 年第 1 期。

〔30〕 刘用安：《立法的权威与权威的立法》，载《人民政坛》2010 年第 7 期。

〔31〕 参见［英］约瑟夫·拉兹：《法律的权威：法律与道德论文集》，朱峰译，法律出版社 2005 年版，第 7 页。

〔32〕 参见［德］哈贝马斯：《在事实与规范之间：关于法律和民主法治国的商谈理论》，童世骏译，生活·读书·新知三联书店 2003 年版，第 67 页。转引自王亚平、郑军辉：《中国人大立法中的公众参与》，载刘茂林主编：《公法评论》（第 7 卷），北京大学出版社 2011 年版。

这需要依托公众参与保障。作为一种制度化的民主立法形式，公众参与立法指向的是享有立法权的机关与公众之间的双向沟通、协商和对话，公开、互动、包容、尊重民意是其应有之义。公众参与立法的核心在于其有效性，即公众通过民主参与能够对立法产生实际影响[33]。民众如果从来没有参与过相关法律的公开征求意见，对于法律是陌生的，那么很难说会对法律有一种认同和亲近感，法律的执行也会遇到不少的负面因素和问题。只有充分实施立法公开，才能广泛听取意见，才能做到充分的沟通，从而使立法与民众之间形成一种对话，在对话中提高立法质量，使立法获得民众的认同，正如使演讲获得听众的支持一样。反映了自身诉求的法律是最能获得民众认同的，只有获得认同的法律才会使民众自觉遵守和维护。在这里，立法权威并不只表现为刚性的强制力，还表现为柔性的向心力。凝聚广泛共识的法律规范同样具有权威，这种权威甚至更能获得拥护并具有更强的生命力。

（二）立法程序应当重视信息的及时有效传达

演讲者在进行演讲的过程中，必须要让听众全面地了解自己所要表达的意图，这一点依赖于演讲者的表达方式与表达技巧。如果演讲者不能完整的表达自己的观点，那么要让听众完整地理解自己是不可能的。因此，完整与全面是演讲者进行言说时必须达成的基本目标。正如一个演讲者一样，立法者必须让民众知晓立法包含的所有信息。如果不能让民众知晓立法的完整内容，那么让民众严格遵守法律就无从谈起，不论是因为民众不知道法律还是不理解法律，都会影响民众遵守法律的积极性和可能性。因此，立法程序必须重视法律信息的及时有效传达。

立法过程的信息传递是影响立法获得接受的关键因素，因此立法过程应当充分的公开，让民众能够获知自身希望获知的立法信息。在现代民主国家，立法的公众参与是普遍的政治活动，也是法治的集中体现。立法公开的基本含义是立法的过程和有关信息向公众公开，并以一定形式允许公众参与有关活动、提出意见的制度。立法公开是保证公众参与立法的重要手段，是立法民主化的重要标志[34]。只有公开立法的各个环节，让民众对

---

〔33〕宋方青、宋尧玺：《论我国公众有序参与立法的模式与实现路径》，载《法制与社会发展》2012年第6期。

〔34〕丁祖年、吴恩玉：《立法公开的规范化与实效化探讨》，载《法治研究》2013年第3期。

于立法的内容提出意见，才能及时的完善立法内容，使立法内容与实际生活密切相关，科学回应实际生活中的问题。一般来说，立法在进行公开过程中，会通过公开征求意见、调研、论证等形式和民众进行接触。在不同的国家和地区，立法公开的内容也是不同的，这正是显示出不同立法演讲者的风格是有差异的。但是，不论风格如何，追求一种更加为人所认同的风格是立法者不变的理念。公开征求意见必须充分、及时。此外，对于民众的异议，也可以在立法阶段尽量予以解决，避免法律出台以后民众不认同或者被接受。

（三）立法程序应当重视各环节的衔接与配合

正如亚里士多德提出修辞学重在谋篇布局一样，一场成功的演讲最重要的是安排好表达的先后与结构，如何使论点得到更好的支持和表达。一个好的演说家往往对演讲的节奏有很精致的把握，他会知道什么时候该说什么，什么时候不该说话而是通过其他方式去打动听众。这一点对于立法修辞来说是十分值得借鉴的。通常的立法程序是指，有权的国家机关在制定、认可、修改、补充和废止法的活动中所须遵循的法定的步骤和方法〔35〕。这一程序就是立法的过程，也正是演讲的过程。这个过程包含了多个领域和环节，如果各个领域和环节的配合不够科学到位，就像一场演讲的起承转合不够精准一样，很难去打动听众。因此，立法修辞必须关注立法过程各环节的配合，提高各个领域和环节的契合度，从而使立法过程这一整体产生更好的说服力。

作为民主政治体现和运行载体的代议机关，其在立法过程中所依循的程序首先是承认并尊重利益的千差万别而不是予以扼杀，然后确保不同的利益得以平等且真实地表达，有效且充分地博弈，进而在可接受的妥协和平衡基点上形成与多数强权或者多数暴政迥然不同的多数意志〔36〕。要确保不同利益得到平衡和表达，就必须在立法规划、调研、起草、论证、监督各个环节做好配合，使每一个环节都能充分发挥作用，让不同利益得到及时的反映和体现。目前，我国立法程序还存在一些问题，比如交涉性不强、部分程序属于柔性程序，未能充分发挥作用等。这些问题都需要在立法程序环节的衔接中予以回应和改善。通过对不同环节程序作出改进，强化各

〔35〕 周旺生：《立法学》，法律出版社2009年版，第220页。

〔36〕 孙潮、徐向华：《论我国立法程序的完善》，载《中国法学》2003年第5期。

环节之间的衔接，使每个环节对上下两个阶段产生促进作用和保障作用，让立法程序连成一个不可或缺的运行链，这样就能使立法程序的整体作用成效得到提高，使部分相加大于整体，从而优化立法表达，使法律体现不同权益和观点，增强法律的可认同度和可接受性。

五、古希腊修辞学的微观借镜

演讲必须有优美的辞藻和华丽的语句，这一点毋庸置疑。一位演说家，往往也是一位诗人。通过他的描述，听众的情绪将被调动，向着演说家所指引的方向思考和前行。同样的，对于立法者来说，其立法过程中的最后一环——法律文本也必须具备较高的质量，使民众能够更加准确、全面、有效把握立法文本的内容，从而按照法律要求从事特定行为。法律与语言相关，尤其在法律解释方面，从这个意义上说，有法律就有法律语言[37]。法律文本通过法律语言表达与发挥作用。法律语言是日常语言的变体，尤其独特的用法和语言学规范，包括语法、词汇、术语和意义[38]。立法文本是最后一环，法律信息需要通过文本表达，做好立法文本的修辞，毫无疑问对于立法修辞的效果是具有关键性作用的。古希腊修辞学最基本的内容就是从文本入手，通过对文本的修饰，改进演讲的表达效果，提高演讲的可接受性。从古希腊修辞学的传统来看，有以下两点特征可以作为立法修辞微观层面借镜。

（一）立法修辞应当体现立法语体的特点

正如亚里士多德将演讲分为典礼、政治和庭审一样，不同的演讲需要运用不同的语体和文辞风格。因为非语言因素（交际领域、目的、对象和方式等）的不同，语言产生了一定的音调、词语、句式、修辞方式等方面的特点，这些特点综合称之为语体[39]。立法必然有自身独特的语体，立法者应当关注并且应当予以反映。立法修辞最直接、最根本的作用对象是法律文本，其作用是使法律文本更加的准确、简明、严谨、严肃、全面，从而提高法律的可接受性。这些目标需要通过运用立法语言得以实现。立法语言是民族共同语在法律语境中的具有特殊用途的语言变体，它虽然不具有特殊的语言材料或完全独立的语法体系，但由于法律本身的特殊要求，形

---

〔37〕 See Heikki E. S. Mattila, *Comparative Legal Linguistics*, Ashgate, 2006, p. 6.

〔38〕 See Heikki E. S. Mattila, *Comparative Legal Linguistics*, Ashgate, 2006, p. 3.

〔39〕 褚宸舸：《论立法语言的语体特点》，载《云南大学学报（法学版）》2009 年第 2 期。

成了一些自身的语体特点〔40〕。立法修辞必须反映立法语体的特点，通过运用这些特点，让立法语言反映立法的特点和效果。

立法语体主要表现为立法语言的专业性，即法言法语。专业词汇是用来表达特定法律概念的专门用语，其主要特征是含义的单一性和使用场合的特定性〔41〕。专业性法律语言的发展历经千年历程，其特定表达与日常语言相差甚远，但意义却已经得到了法律界的共识，因此在运用中必须按照专用含义去理解和实践。立法语言是立法的表达，是建立法律关系的依据，因此立法语言必须围绕法律事实的基本情况来进行设计和构想。从语义学角度来考察，任何语言的表述最终都要通过一定的文字符号系统呈现出来。从宏观层面来考察，经由语言表述所形成的意义当然具有客观性与确定性。但是，从阐释学的角度来观察，基于语词符号系统的“所指”和“能指”间的二元张力，文字符号系统的意义可以根据语词的不同含义作出不同诠释，因而在客观上存在着不尽相同的意义解读，从而导致不同阅读者在面对相同文本时会做出不同阐释，获致不同意义空间〔42〕。

从这一理论入手，立法语言可以分为确定的和不确定的，因此立法语体具有准确性与模糊性两方面的特点。准确性是指在特定领域必须明确规定，清晰告知民众何种行为可为，何种行为不可为。在表达准确性时，还要注意简洁性。立法文句应当简洁，尽量删去可有可无、不能提供有用信息的冗辞〔43〕。模糊性则是指在特定领域只能给出定性的判断和方向，对具体的、确定的定量界限可以交由民众自行判断。立法者必须正确解决、处理好立法语言表述的确定性与模糊性之间的矛盾，在立法语言表述的模糊性和确定性之间寻找到一种折衷的衡平〔44〕。立法修辞必须反映这种平衡，在确定与不确定之间找寻一种均衡关系，使准确与模糊相当益彰，各自产生积极作用。

（二）立法修辞应当体现立法的属性

不同类型的演讲需要不同类型的修辞，政治演讲和庭审发言所借用的

〔40〕 褚宸舸：《论立法语言的语体特点》，载《云南大学学报（法学版）》2009年第2期。

〔41〕 张建军、陈玉秀：《立法语言的专业性与通俗性》，载《人大研究》2017年第5期。

〔42〕 刘爱龙：《立法语言的表述伦理》，载《现代法学》2006年第2期。

〔43〕 陈炯、钱长源：《对于立法语言作为立法技术的几点思考》，载《江汉大学学报（人文科学版）》2004年第2期。

〔44〕 刘爱龙：《立法语言的表述伦理》，载《现代法学》2006年第2期。

古希腊修辞学手法是完全不一致的。立法需要立法修辞体现自身的属性，这一点要通过对立法语言的运用去落实。孟德斯鸠曾经告诫立法者："法律不要精微玄奥；它是为具有一般理解力的人们制定的。它不是一种逻辑学的艺术，而是像一个家庭父亲的简单平易的推理。[45]"这句话反映出法律的两大特征，一是通俗性，二是权威性。通俗性保证法律可以为人所明，权威性则保证法律能够获得人们的尊崇。这两大特点确保了法律的效果和权威，立法修辞必须反映出法律的这两大特点。

第一，立法修辞应当反映法律的通俗性。所谓通俗性，正如英国哲学家边沁所指出："更为必要的是，法律的风格应该和它们的条例一样简单；它应该使用普通语言，它的形式应该没有人为的复杂性。如果说法典的风格与其他著作的风格有什么不同的话，那就是它应该具有更大的清晰性、更大的精确性、更大的常见性；因为它写出来就是让所有人都理解，尤其是让最低文化水平阶层的人理解。"[46]因此，法律在一定意义上必须是写给常人看的，只有普通人看懂，才能保证他们去遵守法律。法律术语的专业性体现在专业领域，不能超出专业领域泛化。在日常领域，立法语言的风格首先要保证的是通俗性，即所有人都能够理解立法者所要表达的含义。

人们之所以能够通过语言相互理解，是因为人们处在"语言共同体"当中，而日常用语则是形成"语言共同体"不可或缺的要素。由于法律始终与一般民众的日常事务相关，是一般民众的行为规范，具有浓厚的世俗性，因此，无论在立法文本中还是在司法实践中，都离不开日常用语的使用[47]。日常语言是民众理解任何问题的第一选择和通途。法律的实施必须要被阅读和理解，因此，法律的形式应当更加易于接受。在中世纪，法律被写成诗的形式，朗朗上口[48]。即便今天，法律规范的草拟也应当符合人的阅读习惯。这些活动都是为了使法律具有通俗性，易于为常人认同。

对于立法修辞来说，必须要平衡好日常语言和专业语言的关系，在运用专业语言说明专业问题的同时，发挥日常语言的作用，用日常语言解释、

[45] [法]孟德斯鸠:《论法的精神》，张雁深译，商务印书馆1963年版，第298页。转引自刘爱龙:《立法语言的表述伦理》，载《现代法学》2006年第2期。

[46] [英]边沁:《立法理论》，李桂芳等译，中国人民公安大学出版社2004年版，第191页。转引自刘爱龙:《立法语言的表述伦理》，载《现代法学》2006年第2期。

[47] 张建军、陈玉秀:《立法语言的专业性与通俗性》，载《人大研究》2017年第5期。

[48] See Heikki E. S. Mattila, *Comparative Legal Linguistics*, Ashgate, 2006, p. 40.

说明专业术语和问题，从而使专业问题变得通俗，为人所知，为人说明。在法律条文中用通俗语言表述规定的内容，尽可能使用法学概念性术语，并对其作出界定[49]。如果民众看不懂法律在说什么，违法就是不可避免的，且可能还具备不可责罚性。如果法律是用一种民众所不理解的语言写成的，通篇都是专业生僻、晦涩难懂的专业术语，那么，就会在法律职业团体与一般民众之间形成一道无法逾越的专业性的壁垒，那些熟悉法律、以法律为业的人士就会成为一个特权阶层，他们可以随心所欲地操弄法律，而民众就会处于对少数法律解释者的依赖地位，法律的指引、预测、规范功能便无从发挥[50]。这一现象只有在古代独裁社会才可能出现，当代法治社会必须回避这样的问题和弊端。所以，立法修辞必须注意语言的日常属性，通过立法修辞的技巧，使语言日常属性得到保障和体现，从而为说服民众理解法律提供充分的语言基础。

第二，立法修辞应当反映法律的权威性。法律的权威通过各种方式予以表现？很多观点认为是国家强制力的支持，但从客观情况来说，国家强制力的动用是极少数的，否则社会秩序就得不到建立。法律权威性最集中的体现是由语言来表达的。通过法言法语来影响人的行为，使人们遵守法律，不能违背法律。法律的权威通过法律语言实现，这种效果是通过影响民众的心态而形成的。一方面，法律语言要让民众记住可为和不为，另一方面，也要让民众通过语言就可以了解违背法律的制裁[51]。只有在语言失效的情况下，国家强制力才能介入。我们可以说权威由强制力所营造，但这种营造需要中介和桥梁，语言正是发挥这样一种功能。

立法修辞就像演讲者要通过语言的文体来表达不同诉求一样，其应当通过法律文本的行文风格体现法律的权威性。立法语言的风格应当典雅不俗、严肃庄重。《唐律疏义·名例律》说："观雷电而制威刑，睹秋霜而有肃杀，惩其未犯而防其未然。"其语言风格典雅、庄重[52]。具体来说，立法修辞在法律文本的完善方面需要体现语言的严谨性和典范性。严谨性是

[49] 陈炯、钱长源：《对于立法语言作为立法技术的几点思考》，载《江汉大学学报（人文科学版）》2004 年第 2 期。

[50] 张建军、陈玉秀：《立法语言的专业性与通俗性》，载《人大研究》2017 年第 5 期。

[51] See Heikki E. S. Mattila, *Comparative Legal Linguistics*, Ashgate, 2006, p. 39.

[52] 陈炯、钱长源：《对于立法语言作为立法技术的几点思考》，载《江汉大学学报（人文科学版）》2004 年第 2 期。

指严密、谨慎，是立法语言的重要风格[53]。立法语言严谨的最大好处在于语用的正确性，即语言是不会用错的。人们对于一直正确的东西会产生一种情感上的认同和尊重，所以立法语言的严谨性是树立立法权威的有效方式。同时，立法修辞应当体现典范性，即立法语言应具有通用语言的典型、示范作用的属性[54]。立法语言应当成为各类语言的一个典范和模板，尤其是在涉及利益配置的事项，人们应当可以将立法语言的形式和风格作为借鉴和参考。法律自身具有强制性，其意义重大，法律的行文风格和结构很容易成为社会语言的标准。如果立法语言缺乏典范性，使用了社会成员不能接受甚至认为错误的表达，成为批评的对象，必然损失法律的权威[55]。因此，立法修辞应当注重语言在使用上的示范作用，提高表达质量，避免出现语用错误和争议。

六、结语

演讲是一个复杂的过程，每一句的语调和动作都是不同的。一个优秀的演说家，其行为往往蕴含深意，在潜移默化中使听众认同了自己，成为自己的追随者。古往今来，无数演说家也同时是优秀的政治家。在直选制国家，优秀的政治家就是通过演讲来吸引支持者，从而实现自己的政治理念。直到今天，美国也仍然采取这种演讲的方式竞选总统和州的负责人。演说这一形式已经存在几千年，但魅力不减，说明这一模式对于人有固有的影响。作为立法者来说，其立法和演讲如出一辙，都是听过语言来实现目标，获取支持。立法应当像演说一样，不断改进自己的风格和技巧。宏观上，应当注重立法程序的完善和改进；微观上，应当加强立法文本的优化。立法者应当向演说家学习，将自身置于讲台之上，时刻考虑如何说服听众，如何使自己的观点得到更好的表述。立法者应当精通演说的技巧，或者说立法的技巧，这里的技巧有程序的也有实体的，在不同维度中提高技巧，发挥立法修辞的作用。用好立法修辞就是讲好法治话语，更加有效地用语言载体影响他人的观念和思想。在法治思维中，人们可以把法律词汇定义为修辞性的，以此作为关键词构造人们的思维方向，从而把独白的法律文本，变为法律文本与人的思维之间的互动，使法律在人们的理解、

[53] 参见宋北平：《法律语言》，中国政法大学出版社 2012 年版，第 75 页。
[54] 参见宋北平：《法律语言》，中国政法大学出版社 2012 年版，第 78 页。
[55] 参见宋北平：《法律语言》，中国政法大学出版社 2012 年版，第 78 页。

解释和适用中发生意义[56]。通过修辞手法，不断改善法律表达，使立法更加深入人心，为人所理解从而获得认同，这是立法者的使命，也是立法修辞的功能。

---

〔56〕 陈金钊:《权力修辞向法律话语的转变——展开法治思维与实施法治方式的前提》，载《法律科学》2013年第5期。

“人的尊严”在宪法秩序中的价值格局与规范实践

——基于历史社会学视角的观察*

王进文**

一、导言

人的尊严（human dignity）是当代法学话语中的重要概念。虽然关于这一术语的使用，学界尚存在分歧，[1] 但对其法律属性的认知基本上是确定的，即人的尊严是由于人作为人类共同体成员所享有的高贵与尊荣。[2] 尽管我国宪法中并没有关于人的尊严的明文规定，但已有学者注意到《宪法》第38条“中华人民共和国公民的人格尊严不受侵犯”的规定中人格尊严与

---

* 本文为2018年中国法学会比较法学研究会年度课题项目：“‘人的尊严’在宪法秩序中的价值格局与规范实践”（CLC2018003）；国家社科基金一般项目“‘人的尊严’理论发展与本土化建构研究”（项目批准号：17BFX164）；法治湖南建设与区域社会治理协同创新中心平台建设阶段性成果。

** 王进文，中南大学法学院副教授。

〔1〕 例如，究竟是使用“人的尊严”“人性尊严”抑或“人格尊严”，学者之间的见解并不一致。“人性尊严”所应对的是Menschenwürde，würde des Menschen，而英语世界则普遍使用Human Dignity，即“人的尊严”。至于中文世界中的“人格尊严”，所涉及的是一般人格权。就文义而言，“人的尊严”涵义较广，“人性尊严”次之，“人格尊严”最为狭窄。本文采取较具中间色彩的“人的尊严”作为论述的标的。至于对三者规范用语差异的分析，可参见拙作：《“人的尊严”义疏：理论溯源、规范实践与本土化建构》，载《中国法律评论》2017年第2期。

〔2〕 参见胡玉鸿：《人的尊严的法律属性辨析》，载《中国社会科学》2016年第5期。

人的尊严概念的相似性，进而试图从该条款中引申出人的尊严的规范依据。当然，这是一种存在较大争议的理论建构。〔3〕不过，这种建构的出发点已然承认了我国在人的尊严之肯认与保障问题上存在落差。考虑到人的尊严在我国现行法律中缺乏统一性的规定、内容尚显狭窄单一以及表述较混乱等现状，以及该概念在界定上面临着思想资源的多样性、规范认定的困难性和不断发展的开放性等方面的挑战，我们有必要对其在宪法上的规范地位进行准确而全面的分析，对其不同规范地位之间的适用关系进行细致而严密的梳理，明晰其规范内涵，界定其权能范围，确保人的尊严最大程度的实现。本文首先通过对人的尊严的历史源流之梳理，明确其规范层面的内涵与范畴；在此基础上，通过比较法的研究，以厘清人的尊严之法律地位的完整图像；继而，分别就人的尊严之宪法价值、权利和基本原则等面向予以辨析，彰显出其在宪法权利架构与体系中的层级与位阶；最后，在明确了人的尊严的法律地位的基础上，为我国人的尊严保障机制之建构与运作提供可行的方案。

二、人的尊严的历史源流

人的尊严是一个从道德哲学转化而来的法律规范，它与人类对自身的认知程度及法律上人的形象变迁密切相关，人的尊严之实践也必然是一个建构性的不断发展的过程。因此，欲明晰尊严的规范地位与司法适用，对其历史源流进行系统梳理便具有必要性。

（一）人的尊严的古典传统

在拉丁文中，人的尊严（dignitas hominis）的原始意义是“值得尊重”，亦即一个人由于其在社会中所担任的角色——包括个人魅力、身份地位或高贵人格——而获得别人的尊重，是为秩序性尊严。后来经由基督教化和神学化，与人类学、伦理学相交融。直至文艺复兴时期的启蒙运动以降，普遍性的人的尊严才得以产生。

在古希腊的斯多葛学派看来，人类的理性是人与动物之间差别的基础，是人类道德决定与行为举止的依据。而人则具有四种角色，即人格：第一种是人类所共同具有的使人变得杰出并超越所有其他生命的存在方式的特征；第二种是每个人的个体所具有的特征；第三种是通过历史的情境构成

〔3〕参见林来梵：《人的尊严与人格尊严——兼论中国宪法第38条的解释方案》，载《浙江社会科学》2008年第3期。

的社会特征；第四种是经过个人意志创造出来的特征。人的尊严便是从上述叙述中引申出的道德要求，即人必须维持自己的人格，必须保护自己人格的尊严，自己的理性必须控制自己本能需求、情感、欲望并对后者加以支配，等等。[4] 在柏拉图与亚里士多德等人看来，人类是地位高于所有其他的动物的独一无二的存在，是具有理性的道德行为主体。因为理性，人与动物相比表现出更优越的价值、地位与等级。但理性存在于人类的本性之中，人类因具有堕落的能力而改变本性，使人类变得如同动物一样。人类对自己生活与本性的塑造是其自身的选择，人的尊严会随着个人对自我的塑造而有所不同。从而，尊严并不是相等的，已也不存在抽象的普遍性的人的尊严——毋宁说，尊严是以秩序性的形式存在的，取决于人的血统、社会地位和行为举止等特征。

对秩序性尊严的经典表述出自西塞罗。西塞罗在斯多葛学派的影响之下，提出了基于人的理性天赋的内在尊严理论。西塞罗认为，尊严存在于人性之中，它给予所有人类理性与道德决定的自由，以及给予每个人具体的个体特征。[5] 不过，这也说明了人的尊严在西塞罗那里尚未成为法学规范。尊严的存在取决于一种社会和政治身份地位的获得，包含在公共领域和道德完整的重要个人成就，前者显示出个人的权力、庄严、崇高，后者则是道德标准的高尚、严肃、端庄。[6] 因此，在罗马政治传统中尊严并不是作为普遍的人的尊严，而是依据身份等级作为一种特别的尊严，即秩序性尊严。[7]

（二）人的尊严的神学意涵

根植于基督教的“神的形象”而来的人的形象塑造与近代理性主义构

---

〔4〕 Hubert Cancik, “‘Dignity of Man’ and ‘Persona’ in Stoic Anthropology: Some Remarks on Cicero. De Officiis I 105-107”, in David Kretzmer & Eckart Klein (eds.), *The Concept of Human Dignity in Human Rights Discourse*, Vol. 19, Hague: Kluwer Law International, 2002, pp. 19-21.

〔5〕 在西塞罗看来，“每当我们研究责任问题时，我们必须搞清楚人的本性研究在多大程度上优越于牛和其它牲畜的本性……只要我们没有忘记我们本性的优越性和尊严，我们就会认识到沉湎于穷奢极侈使多么错误，过一种节俭、克己、朴素和严肃的生活是多么正确。”［古罗马］西塞罗：《论老年论友谊论责任》，徐奕春译，商务印书馆2003年版，第138~139页。

〔6〕 Izhak Englard, “Human Dignity: From Antiquity to Modern Israel's Constitutional Framework”, 21 *Cardozo L. Rev.* 1904 (2000).

〔7〕 Joern Eckert, “Legal Roots of Human Dignity in German Law”, in David Kretzmer & Eckart Klein (eds.), *The Concept of Human Dignity in Human Rights Discourse*, Vol. 19, Hague: Kluwer Law International, 2002, p. 43.

成了欧陆人文历史上尊严议题的基石。基督教神学对尊严概念的论述，基本上是以天主教教宗大圣良一世（Sanctus Leo I Magnus，约 400—461）的著作为基础的。大圣良一世将尊严比附为俗世的地方行政长官——其意义在于，一方面，尊严（俗世身份）是建立在受洗的基础上，因此，尊严是神所赋予的；另一方面，人类是依据上帝的图像所创造的，上帝的存在使人类的人性具有尊严。因此，人类与上帝的同构性决定了所有人类都具有相同且平等的尊严。〔8〕

经院哲学的代表人物阿奎那（Saint Thomas of Aquinas，1225—1274）则与大圣良一世对尊严基础的理解有所不同。他认为，人类作为一种个别存在的实体，尊严的基础在于人的本质（nature），而非神学。阿奎那判断人类具有位格（拉丁文为 persona，有面具、角色的含义）——人格（personality）。人格即人的位格，是人作为理性本质的个别实体，强调的是人在本质上的社会功能。人的尊严有赖于人的具有天生自由和自我存在特性的人格。但在阿奎那的理论中，人的尊严存在着衰败与消失的可能：当人变得无理性的时候，例如犯罪，尊严便会丧失。〔9〕因此，尊严虽然是人类与生俱来的，但它需要不断地进行维持。因为每个人对尊严的维持程度不同，所以，尊严也并不是等值的，不同的人有不同的尊严。大圣良一世与阿奎那对尊严的见解，至今仍然影响基督教对人的尊严的看法，同时亦影响哲学对人的尊严的论述。

（三）人的尊严的哲学论述

文艺复兴时期的思想家们开启了对人的尊严议题的世俗化的人文-法理讨论。其中，皮科（Giovanni Pico della Mirandola，1463—1494）关于尊严

---

〔8〕 Lewis Milton，“A Brief History of Human Dignity: Idea and Application”，in Jeff Malpas & NorelleLickiss（eds.），*Perspectives on Human Dignity: A Conversation*，Springer Netherlands，2007，pp. 93-94.

〔9〕 事实上，人的尊严存在衰败与消失的可能性正是阿奎那将死刑合法化的正当理由。“由于犯罪，人背离了理性的秩序，因此失去了其人性的尊严……” Thomas Aquinas，*Summa Th.* II（2）：Q64A2R3，Second part of the second part，Question 64，Article. 2，Reply to Objection 3，p. 3325. 转引自程新宇:《西方文化中人的尊严的涵义及其演化》，载《贵州大学学报（社会科学版）》2015 年第 4 期，第 8 页。

的论述最具代表性。[10] 1486年皮科出版了被誉为“文艺复兴宣言”的《论人的尊严》一书。他赞叹人类为“被恰当地称为并被看作是一个伟大的奇迹，一种堪配所有赞叹的生灵。”[11]

> “亚当，我们没有给你固定的位置或专属的形式，也没有给你独有的禀赋……可以按照你的自由抉择决定你的自然，我们已把你交给你的自由抉择。……你就是自己尊贵而自由的形塑者，可以把自己塑造成任何你偏爱的形式。”[12]

在他看来，“尊严”是人类所独有的品质，尊严存在于人类的自由之中，而自由必然包含着完全动态的尊严视野。人因自由而被赋予高于不自由的动物的尊严，可以不断地在理性和道德层面努力，从而日趋接近神的形象。

我们知道，在阿奎那等中世纪思想家关于尊严的见解当中，存在所谓的尊严的丧失，尤其是在人类犯罪之时。皮科则认为，自由和尊严是不可剥夺或让与的。尊严不能丧失，否则便意味着对人的自由的否定。[13]

活跃于文艺复兴时期的人文主义试图完成关于人的尊严的非神学的论

---

〔10〕 在文艺复兴时期，基于对中世纪晚期教皇英诺森三世（Innocent III，1161—1216）《论人的悲惨处境》的回应，以“人的尊严”为题的小册子很多。首先处理人的尊严问题的并不是皮科，而是马内蒂（Gianozzo Manetti，1396—1459）。马氏是以神学和自然理性为基础对人的尊严进行论述的：在神学方面，他以“上帝的图像系由人类所创造”颠覆了中世纪“上帝按照自己的形象创造人”的极端神学的表述；在自然理性方面，他认为人类在天地万物之中占据最高等级地位，而尊严则建立在人类的身体与灵魂的杰出完美之中。每个人一出生即具有尊严，此种尊严是所有人类平等共享。参见 Carlos Ruiz Miguel，“Human Dignity：History of an Idea”，in Herausgegeben von Peter Höberle（ed.），*Jahrbuch des ÖffentlichenRechts der Gegenwart*（*JöR*）*neue Folge*，Band 50（2002），SS. 288-289. 马内蒂引用亚里士多德、西塞罗以及圣经等的见解，证明人类的卓越。他认为上帝将杰出的特质加诸人类身上，而尊严则通过人类自己的本性得以建立。为了保持其自身之目的，人类总是爱护他自己，支配所有的事物。这具有明显的斯多葛学派印记。不过就对人的尊严的世俗化论述而言，马内蒂似乎尚未涉及，这也导致了在法学领域其影响力往往被稍晚一些的皮科的光芒所遮盖。

〔11〕 ［意］皮科·米兰多拉：《论人的尊严》，顾超一、樊虹谷译，吴功青校，北京大学出版社2010年版，第18页。

〔12〕 ［意］皮科·米兰多拉：《论人的尊严》，顾超一、樊虹谷译，吴功青校，北京大学出版社2010年版，第25页。

〔13〕 皮科关于人的尊严的论述属于人文主义的范畴，与今天我们对人的尊严的理解有相当的差距。也正是在这个意义上，施皮格伯格（Herbert Spiegelber）认为人的尊严乃是启蒙时代之后才逐渐形成的观念。参见 Herbert Spiegelberg，“Human Dignity：A Challenge to Contemporary Philosophy”，in Rubin Gotesky and Ervin Laszlo（eds.），*Human Dignity*：*This Century and the Next*，New York：Gordon & Breach，1970，pp. 39-64.

证，但显然仍保留在一种形而上学的传统的框架之内，特别是人性论方面大都预设一种先验原则的存在。而苏格兰启蒙运动哲学家休谟（David Hume，1711—1776）对人的尊严的探讨则表现出鲜明的反形而上学立场。在他看来，人的尊严是必然存在的，因为人类能够形成一种完美的概念，并超越自己本身已有的经验。他认为，人类通过美德或友谊来完成或实现某种行为，当行为履行完之后，人类便会产生一种愉悦。所以，人类具有一种值得尊敬的行为，其基础是完整意义上的人，对人的尊严概念的承认比去否认它更为适宜。〔14〕可以说，正是休谟的经验主义论述，使得人的尊严脱离了纯粹的形而上学的讨论，从而具有了世俗化的本体论意义。在此之后，具体化为法律（规范）的人的尊严便呼之欲出了。

（四）康德的法治国与尊严理论〔15〕

在西方哲学史上，康德以其前所未有的开放性和包容性成为哲学的"蓄水池"。他所揭橥的"人本身即是目的"观念，视人类本身为道德主体，自己不但是自己的主人，还将人从受上帝支配之观念中解放出来，极大地提升了个人的地位。

康德将尊严放到"目的王国"之中进行论述。所谓目的王国，指的是由一群理性存在者通过普遍的客观法则所联系起来的有秩序的共同体，这个共同体是伦理的而非政治的。每一个理性存在者都必须通过自己的意志的一切准则而把自己视为普遍的立法者，每一个理性存在者应当绝不把自己及其他一切理性存在者仅仅当作手段，而是在任何时候都同时当作目的自身来对待。有理性者由于他具有人格，便具有普遍立法的参与权，他就是目的自身，所以，他是目的王国中的立法者。在目的王国中，一切东西若非有一项价格，就是有一项尊严，有价格的东西，某种别的东西可以作为等价物取而代之，与此相反，超越一切价格，不容有等价物予以替代，则具有一种尊严。在康德看来，人格本身即是目的，尊严即人的内在价值，

〔14〕［英］休谟：《道德原则研究》，曾晓平译，商务印书馆2001年版，第八章。

〔15〕众所周知，康德国家学说和国家尊严远没有在知识论和批判哲学方面受人关注。从人与国家之间的关系维度把握人的尊严理论，必须就构成现代政治生活的两级的人之尊严与国家尊严做出考察。事实上，这也是探讨道德哲学与政治哲学之关系的必然要求。参见张龑：《康德论人之尊严与国家尊严》，载《浙江社会科学》2014年第8期。笔者在一篇关于人的尊严的研究文章中也曾证成人的尊严在康德那里为何超越自由、平等及民主等诸权利而成为宪法的最高价值。参见拙作：《"人的尊严"义疏：理论溯源、规范实践与本土化建构》，载《中国法律评论》2017年第2期，第107~110页。

当人具备这一内在价值时，便成为道德上能够自我立法的自治、自决的主体。人的尊严所内含的"人格本身即是目的"是人的自治自决的核心要素。自治自决是人类及每个有理性者的尊严之根据。〔16〕

不过，康德所说并非简单物理意义上的人的尊严，而是理性生命的尊严。在他看来，人唯有作为人格来看，亦即作为一种道德实践理性的主体，才超越于一切价格之上，因为作为这样一种具有本体意义的人，不可以仅被当作达成其他人（包括自己）目的之手段，而是应作为目的自身存在，亦即他拥有一种尊严，一种绝对的内在价值，藉此他迫使所有其他有理性的世间存在者敬重他，与同类的人和他人媲美，在平等的基础上评价自己。其人格中的人性就是他可以向任何人要求敬重的客体。〔17〕因此，人格本质上便是理性，便是一种尊严，人不能被包括自己在内的任何人纯然当作手段，而是在任何时候都必须被当作目的来使用，其尊严就在于此，而且有责任在实践上承认他人的尊严。〔18〕

康德基于人是道德实践理性主体而展开对人的尊严的论述。不过从理论上讲，人的这种基于理性的尊严可能并非是持续不坠的，而是极有可能中止乃至丧失，康德这种立场似乎与阿奎那相似，这就回到了对"人"这一主体的预设问题。人性为何？人的尊严为何？从人的本质出发，康德以具有善的自由意志的道德人格来把握人的尊严，我们固然可以说，无论是道德实践理性主体还是作为国家存在之基础的社会契约都是居于知性世界中的先验概念，并不存在于现象界，虽然可以从实践中获得证实，但是考虑到康德对人的尊严的论述集中于道德哲学领域，而其道德哲学则是其法哲学乃至国家哲学的基础，〔19〕我们将人的尊严视为法律与道德的共同基础是可行的。更为重要的是，在康德那里，尊严完成了从秩序性到普遍性的转化，它不再与社会等级及政治身份地位相连结，而是将每个人都具有尊

---

〔16〕［德］康德：《道德形而上学的奠基》，载李秋零主编：《康德著作全集》（第4卷），中国人民大学出版社2005年版，第441~444页。

〔17〕［德］康德：《道德形而上学》，载李秋零主编：《康德著作全集》（第6卷），中国人民大学出版社2007年版，第444~445页。

〔18〕［德］康德：《道德形而上学》，载李秋零主编：《康德著作全集》（第6卷），中国人民大学出版社2007年版，第474页。

〔19〕当然，我们必须承认的是，尊严在康德哲学尤其是伦理学当中并不是作为一个基础性概念使用的，他并非意在论述与定义尊严，以及如何维护人的尊严，而是将尊严作为道德重要性的理据进行论证。

严的理念普遍化。

经由对人的尊严的历史渊源的梳理，我们可以发现，它是一个具有漫长的精神生长史的道德哲学概念。柏拉图与亚里士多德提出了“具有理性是道德行为主体”的观点，斯多葛学派首倡人类具有理性和尊严存在于人性，经过西塞罗予以引用，建构起了秩序性尊严的理论框架。经由启蒙以降人文主义思潮的发展，最终康德哲学完成了普遍性尊严的论述。那么，人的尊严是如何从道德哲学过渡到法律世界的？人的尊严的法律范畴与道德范畴的界限应如何划分？笔者认为，我们对这两个问题的回答直接关系本文所探讨的人的尊严的规范地位之界定。

三、人的尊严在宪法上的规范地位反思

人的尊严的规范形式，有的国家是以宪法条文予以明确标示的，典型者如德国；有的国家则通过司法实践予以承认并加以保障，最具代表性的是美国。目前，我国现行《宪法》中只有人格尊严而无人的尊严的明文规定，学者们依托宪法文本，试图寻求人的尊严的可能的宪法意义空间。不论是通过宪法文本的明确规定，还是司法实践的规范形式，人的尊严都必须通过宪法实务的运作才能落实，而落实之前提在于明晰其规范内涵与地位。我们可以通过对《德意志联邦共和国基本法》(下文简称《德国基本法》）和美国联邦最高法院的司法实践来考察影响其法律地位的因素。[20]

（一）人的尊严在德、美法秩序下的规范建构与司法实践

《德国基本法》的最大特征是对人的尊严的保障。在《德国基本法》第1条第1款中开宗明义地表示：“人之尊严不可侵犯，尊重及保护此项尊严为所有国家机关之义务。”紧接着在第2款规定：“因此，德意志人民承认

---

〔20〕 受到德语法学与英美法学强大的域外影响，日本“和平宪法”第13条和第24条第2款做出了“尊重个人尊严”的规定。日本“和平宪法”公布于1946年，在时间上较《德国基本法》为先，但因其制定的特殊背景，具有明显的个人主义印记。日本通说认为，“个人尊严”与德国“人的/人性尊严”旨趣相同。在司法判决中，也通常将个人尊严与人格尊严等同视之。长期处于阿拉伯世界的包围之中的以色列通过制定《人的尊严与自由基本法》(Basic Law: Human Dignity and Liberty, 1992）并通过以色列最高法院以司法能动主义的“宪法革命”进行违宪审查的形式，将人的尊严作为基本权利和新增权利保障的工具。参见俞飞:《以色列宪法革命初探》，载《环球法律评论》2006年第6期。我国台湾地区则以“司法院”大法官通过制定一系列“宪法”解释理由书的形式，确认并发展了人的尊严的规范定位，“混生（hybrid）成为具有台湾风格的阶层化尊严论述。”参见江玉林:《人性尊严的移植与混生——“台湾”宪政秩序的价值格局》，载许章润、屠凯、李一达主编:《国家建构与法律文明：第四届华人法哲学年会文集》，法律出版社2016年版，第381~395页。限于主题及篇幅，本文仅选择最具代表性的德国与美国进行考察。

不可侵犯与不可让与之人权，为一切人类社会以及世界和平与正义之基础。”以“人之尊严不可侵犯”表达了尊严是预先存在的和构成社会契约的一部分，是人性构成的一部分，是德国社会秩序的本质，具有不可剥夺性，尊重及保护此项尊严为所有国家机关之义务。〔21〕

基于对纳粹时代的残酷无人性之教训，人的尊严条款被认为是绝对不可侵犯的，不像基本权利条款那样可以在社会容忍性的要求或情势衡量下做出必要的限制。可以说，人的尊严是作为《德国基本法》的核心价值而存在的。人的尊严不可侵犯代表了其规范效力的绝对性，即不容许国家机关以任何理由或任何方式进行侵害。《德国基本法》除了将人的尊严置于第1条以彰显其特殊地位，在规范等级上结合《德国基本法》第79条第3款而形成了所谓不容修正的永恒条款，赋予其不可侵犯性。〔22〕基本权体系构成了一套价值决定的客观核心方向，支配着德国社会的运作。尊严不是仅仅集中于个人，作为宪法的核心价值，其已注入整个宪法秩序之中，促使国家保护与实现人的尊严。〔23〕

基于对战前的形式法治国的反思，《德国基本法》将社会国原则纳入其中，不但强调对个人自由与权利的保护，而且强调政治国家和市民社会的合理关系，个人是以连带关系嵌入社会当中，不应排斥个人对国家与社会应尽的义务。在司法实践中，德国联邦宪法法院将人视为一种精神-道德的存在者，具有明显的基督教自然法的印记，同时又受到人本身即是目的之康德哲学的深刻影响。就前者而言，人的行为是自由的，在社会国原则之

〔21〕 由此可见，《德国基本法》中人的尊严概念反映出其受到基督教的自然法、康德学派的道德哲学，以及更多世俗的个人自律和自我决定等三种主要学派思想的影响，但却未与其中任何一种思想完全结合的特征。

〔22〕 鉴于魏玛时代假借民主之名来摧毁民主之实的教训，在基本权利保障制度的设计上，立法者对人民的自由权利的限制并非毫无限制——限制基本权利不仅必然也是必须，但对限制公民基本权利的行为应实行更为严格的限制，而是存在基本权利限制之限制，即必须遵循诸如法律保留原则、限制条件明确化原则和比例原则等，这些原则预示着基本权仅能限制而不能完全剥夺，这就是所谓的“基本权核心之保障”。而人的尊严便是基本权之核心。参见赵宏：《从基本权限制条款看宪法规范的形式理性及其价值》，载《“中研院”法学期刊》2013年总第12卷，第232~235页。

〔23〕 Edward J. Eberle, “Human Dignity, Privacy, and Personality in German and American Constitutional Law”, 1997 *Utah L. Rev.* 972 (1997). 基于对战前形式意义上的法治国的反思，社会国原则被纳入基本法之中。社会国理念之下的个人是以社会群体中生活的与共同体存在强烈关联的个人方式存在的。参见［德］康拉德·黑塞：《联邦德国宪法纲要》，李辉译，商务印书馆2007年版，第167~168页；赵宏：《社会国与公民的社会基本权：基本权利在社会国下的拓展与限定》，载《比较法研究》2010年第5期。

下，这种作为权利的自由受到道德责任的意识的拘束。就后者而言，每个个人作为一个独立的人格而存在，每个人应该一直是自己的目的这一原则应无条件地适用于所有的法律领域。人的尊严既是宪法的最高规范，具有永恒性，无法通过修宪等的方式予以改变；也是宪法的最高价值，具有绝对性，以人的尊严为核心建构起的客观价值秩序影响到的所有领域的法律。同时，人的尊严是宪法的基本权利的源泉，具有根本性，不受任何限制，与基本权利形成了“补余”关系，共同构成了完整的人权保障体系。

美国宪法本文及其历次修正案当中，并没有关于人的尊严的规定，但存在着与人的尊严相类似的概念，〔24〕例如，宪法第八修正案“不得施加残酷和非常的惩罚”、第十四修正案“不经正当法律程序，不得剥夺任何人的生命、自由或财产”等，均与人的尊严的内涵有关。不过，就尊严这一概念的正式表述而言，最早应是出现在联邦最高法院所发展出来的宪法判例当中。人的尊严在美国的司法中呈现出明显的描述性与动态性，甚至一定程度的反复性，在不同的权利类型的案例当中人的尊严发挥了不同的作用，也扮演了不同的角色。晚近以来，德沃金和沃尔德伦（Jeremy Waldron）等在内的英美法哲学研究者明显地表现出对人的尊严这一议题的关怀，并试图超越对自由的论述，而赋予尊严以本体论的地位，将其作为所有价值的根源。〔25〕不过，作为一项宪法价值，人的尊严虽然被美国联邦最高法院所承认，但这种承认并非是全面的、绝对的，而是仅将其视为一般的宪法价值，不具有最高地位，当然也并非不受限制。联邦最高法院通常将人的尊严作为论证宪法权利和做出裁决的依据，就此而言，它又呈现出作为一种独立的宪法规范的品性。

---

〔24〕有研究者认为，虽然人的尊严在美国宪法文本并未被明确提到，也没有一种通常的价值与其结合，但如果从制宪者当时起草和讨论的相关文件来看，促进和维持人的尊严是一种不言而喻的社会目的与宪法价值，是宪法的本质之所在。Louis Henkin，“Human Dignity and Constitutional Rights”，in Michael J. Meyer & William A. Parent（eds.），*The Constitution of Rights*：*Human Dignity and American Values*，Ithaca：Cornell University Press，1992，pp. 210-213.

〔25〕例如，在德沃金看来，人的尊严是西方政治文化的最重要特征，西方现代意义上的政体与文明之前提的共和主义（共和制）便体现了对人的尊严的尊重与保障。作为个体的个人有道德权利与责任去面对与回答生活意义和价值的最根本问题。参见［美］罗纳德·M. 德沃金：《生命的自主权：堕胎、安乐死与个人自由的论辩》，郭贞伶、陈雅汝译，中国政法大学出版社 2013 年版，第三章。沃尔德伦则试图通过对秩序性尊严与普遍性尊严的梳理，结合美国联邦最高法院的判例，为尊严在美国法秩序中的生成与发展提供学理性的论证，参见［美］杰里米·沃尔德伦：《法律如何保护尊严》，张卓明译，载《现代法治研究》2018 年第 2 期。

通过前述对德国和美国的宪法学说与司法实务的观察可知，人的尊严的法律地位呈现出不同的表现形式。作为一个从道德哲学转化而来的法律规范，人的尊严具有深刻的历史性，必然铭刻着特定的宗教、政治哲学（神学）与文化印记，本文也并不预设人的尊严之保障在我国具有不证自明的必要性与可行性——这是一个必须从理论上证立的问题，[26] 而是以承认"人格尊严"与"人的尊严"存在道德价值和法学价值的落差为前提，将人的尊严视为我国法治建设与实践的可选择面向。那么，欲将其具体化为本土意义上的实定法建构，我们便必须对其规范地位进行深入探讨。

（二）人的尊严作为宪法价值之定位

众所周知，法的价值是法哲学研究的基本范畴。法的价值具有两重性质，"它一方面体现了作为主体的人与作为客体的法之间需要和满足的对应关系，即法律价值关系；另一方面它又体现出法所具有的，对主体有意义的、可以满足主体需要的功能和属性。"[27] 作为一个表征关系的范畴，法的价值的主体是人，客体是法；作为一个表征意义的范畴，它体现为其属性中为人们所重视和珍惜的部分，如秩序、安全、自由和正义等。

从历史渊源来看，人的尊严作为一种道德价值，存在于人之为人的本性，理应受到普遍的认同与保护。尊严使人类彼此受到应有的尊重与尊敬，使人类的存在具有了价值。这种价值是人类的自然禀赋，它以自身为目的，不为达到任何其他目的而存在，更不能为了其他目的而被牺牲。人的尊严存在于人类的个体之上，与道德价值至为密切——其最初的形态便是道德价值——当其存在于道德领域时，便是一种道德价值；当其被其纳入法律规范秩序之中时，便是一种法律价值。近代立宪主义的最大成就在于使宪法成为具有规范性的概念与制度，宪法确立了国家政体，决定了国家机构

---

〔26〕 关于在我国对人的尊严之保障进行本土化建构之必要性与可行性的分析，笔者在先前的研究中已经从立宪主义脉络的视角进行了论证，"近代立宪主义思想预设了一套宪法关于人的基本概念，人民是由各个独立自主的个人所构成，个人是为国家的基本要素"，我国现行宪法的人民主权原则已然内含了对人的尊严的肯认。参见拙作：《"人的尊严"义疏：理论溯源、规范实践与本土化建构》，载《中国法律评论》2017 年第 2 期，第 116~117 页。

〔27〕 张文显：《法哲学范畴研究》，中国政法大学出版社 2001 年版，第 192 页。

的组织形态，规范了政府的基本架构，并以保障人民基本权利为目的。[28]而宪法规范中的人的尊严条款，无疑便是一种宪法价值了。

那么，作为宪法价值的人的尊严应怎样定位呢？我们知道，德国经历过法律实证主义所造成的价值空虚和纳粹大屠杀的惨痛历史经历，因此我们可以看到德国联邦宪法法院非常坚定地甚至不乏偏执地捍卫人的尊严，并将其视为不可动摇的基本法之最高价值、绝对价值。人的尊严不但明确于《德国基本法》的文本中，而且德国联邦宪法法院一再重申否认存在可权衡性与均衡性的空间。在以“自由立国”的美国，基于自由主义的信念与价值观，虽然也出现了将人的尊严予以理论化并建构为根本价值的尝试，但在联邦最高法院的司法实践中，人的尊严即便作为一种宪法价值，也往往是基于宪法权利论证的考虑，基于所涉及的权利类型之不同；或是完全承认人的尊严作为一种宪法价值而存在，并将其作为其裁判的根据；或是依据社会舆论和主流价值观等而有所损益。具体到我国，人的（人格）尊严是我国《宪法》第38条所规定的一种宪法价值。但从宪法文本而言，这种价值不受侵犯的“人格尊严”属于受宪法保护的具体权利类型，并非一种绝对价值，而是一种普通的价值与相对的价值，更遑论作为宪法的最高价值而存在。当然，这不影响我们采取开放的态度对待人的尊严条款。事实上，人的尊严概念本身的抽象性也决定了我们需要采取动态性的方式对其进行把握。

我国现行《宪法》制定于20世纪80年代初，承担了拨乱反正的重要历史责任——由于十年噩梦苏醒，创伤未愈，特别是老干部们对践踏人权、人格有着切肤之痛。立基于真理标准问题大讨论的思想解放背景和十一届三中全会的指导思想，作为世俗理性主义之展开的法制建设，成为全民共识。“八二宪法”对人身自由、住宅、人格尊严等基本权利不受侵犯的规定是具有深刻的历史性的。从这一方面讲，对人的尊严的肯认已然蕴含于我国宪法的基本价值与精神之中。

既然尊严以人自身为目的，那么便意味着尊严既不可侵犯，也不可让

[28] 规范国家基本组织和保障人民基本权利是各国宪法的通例，只是在关注点与基本宪法理念方面存在不同。例如有的学者认为《德国基本法》类似“社会的蓝图”，而《美国宪法》则比较接近“政府的构图”。参见 Edward J. Eberle, “Human Dignity, Privacy, and Personality in German and American Constitutional Law”, 4 *Utah L. Rev.* 1054 (1997).

与。不过在我国的宪法秩序下，虽然可以肯认其作为一种宪法价值存在，但这种价值无论从宪法文本上还是司法实践中都似乎并没有被置于最高价值的意图，而仅仅是作为一种受宪法保护的一般价值、相对价值存在。[29]考虑到学界以我国《宪法》第38条人格条款为规范依据，将具有基础性价值的人的尊严作为宪法基本权利的基础性价值原理的努力，恐怕不宜简单视为德国宪法实务的影响，而是更有可能在正视人格尊严与人的尊严之落差的前提下呼应人权保障的潮流。那么，考虑到我国立法与法律体系中，人格尊严是与财产权、政治权利和社会权利等并列的权利，而人的尊严是人的固有价值，是基于人的存在和为了人的存在而产生的目的性价值，足以构成前述权利的上位概念，人格尊严显然无法承载后者的意涵，因此，未来的发展人的尊严的体系化建构，宜将其定位为我国宪法的最高价值。

（三）人的尊严作为宪法原则之剖析

众所周知，法律原则是一种具有开放性的、普遍性比较高的规范，在个案适用时通常作为裁决论证的理由和依据，并不产生确定性的结果。不过，原则与规则之间虽然不会产生冲突，但原则与原则之间则可能产生竞合问题：如果是一项绝对原则，那么其在适用中便不会存在其他法律原则被优先适用的问题；如果是一项相对原则，便要求我们在两个或两个以上发生竞合的法律原则之间确定适用的先后次序。具体到人的尊严，作为一项宪法原则，其究竟是绝对原则还是相对原则，便需要我们予以明确。

我们知道，《德国基本法》中关于人的尊严的规定，是一种可以诉诸宪法法院进行诉讼的原则，对“立法、行政及司法”等所有国家公权力具有拘束力。在美国，联邦最高法院也确认作为一种解释宪法权利的宪法原则，部分州法院也将其作为宪法权利论证的原则和违宪审查的依据予以适用。至于我国，必须承认的是，人的尊严尚未作为宪法上的基本原则而存在。如果我们将现行宪法放置到立宪主义的脉络里进行考察，近代立宪主义思想预设了一套宪法对人的基本概念——个人并非仅是单纯的国家统治权行使的客体，他同时以主体地位构成了国家政治秩序的基本要素，并投身公共领域，参与国家政治秩序的形成。独立自主的个人应享有基于自身之发展而自主、自决的权利，这是人的尊严的根源所在，应被视为宪法的最基

---

〔29〕 对于人的尊严作为法律上的基本原则与基础价值，学术界大致已经达成共识。参见郑贤君：《宪法“人格尊严”条款的规范地位之辨》，载《中国法学》2012年第2期。

本的精神。

本文认为，即便我们基于立宪主义的解读，肯认了人的尊严在我国的宪法原则之定位，也不宜径直赋予其绝对性，原因在于，如果人的尊严作为一项宪法上的绝对原则存在的话，极有可能造成宪法上其他基本权利被架空，这种情况在《德国基本法》的实践中已然产生。我们固然可以在一定条件下将人的尊严原则优先于其他宪法原则予以适用，特别是在本文前述其与基本权利形成“补余”关系的时候，但这一限定条件也是对其绝对性的否定。将人的尊严界定为一种相对性的宪法原则，在具体个案适用中既可以作为裁决或解释法律的依据，又可以避免在原则竞合时产生非此即彼的高度确定性的结果，无论对我国法律秩序的稳定性而言，还是对人权保护的全面性而论，都是比较适宜的。

（四）人的尊严作为宪法权利之意涵

我们知道，人的尊严是一个具有高度抽象性的概念。这个带有明显的宗教与道德哲学的法律规范是否可以作为一种宪法权利存在？如果答案是肯定的，那么这种权利是绝对权利还是相对权利？

在法学的权利理论中，大致存在经验/实证主义的权利和规范的道德权利（自然权利）两种形态，前者将权利建立在社会共同体的认可与法律制度的有效保护的基础上，后者则将权利建立在必须具有规范的道德正当性或正当理由的前提下，即只要具备这种正当性或正当理由，即便在事实上有所欠缺或不存在，也可以对应得的权利进行主张。那么，人的尊严究竟是经验主义（或实证主义）概念上的权利，还是规范的道德概念的自然权利？笔者认为，作为一种权利的人的尊严是存在的，这既有文本规范的支持，也有学理上的论证。人的尊严是人所固有的，是真实存在的而非虚构想象的，即便某些国家的宪法中没有关于人的尊严的明文规范，然而，只要具备规范的道德正当性或正当理由，人的尊严即应受到保护——如果因为宪法规范中没有关于人的尊严的明确性规定便疏于保护或否定对其保护之必要性，则不论是在逻辑上还是在现实中都可能造成有悖于人权全面实现的后果——人的尊严在宪法上是一种规范的道德概念的权利是适宜的。作为一种规范的道德概念的宪法权利，人的尊严对应着特定的价值存在，即一国的法秩序尤其是宪法秩序下的个人、社会与国家关系的合理定位。人的尊严的宪法价值决定了人作为权利主体的平等地位，每个人都享有同样的基于人之为人的价值，也意味着对人的身体、理智与精神的完整性的尊重。

立基于我国宪法文本，如果我们将人格尊严视为经验/实证主义的宪法权利而将人的尊严视为规范的道德概念的权利，基于本文前述的后者具有基本权利的“补余”功能，则应将其限缩到一种宪法基本权利的备位权利性质——人的尊严的各个面向可以通过人格尊严、自由权、平等权等具体基本权利的实践而实现，当规范意义上的各项具体的基本权利都无法主张（特别是面对新兴权利和宪法未列举权利）时，便应当发挥人的尊严的权利主张。这样的操作模式，实际上是将人的尊严界定为一种具有相对性质的权利形态，与其他宪法所规定的具体基本权利相比，并不具最高性与绝对性，其备位功能的发挥可以更好与更全面地保障人权，而不至于因人的尊严诉求的普遍化而造成“通货膨胀化”或“贬值”之困扰。〔30〕

四、人的尊严不同规范地位之间的法律适用

通过上述理论分析与比较法上的实务观察，本文初步厘清了人的尊严的宪法地位。人的尊严兼具宪法价值、基本原则与宪法权利三种属性。我国应将人的尊严视为一种普通的相对的价值、相对的优先适用的原则和相对性的具有备位功能的权利。那么，人的尊严在作为宪法价值、原则与权利在适用时，应如何处理彼此之间的关系呢？换言之，我们应如何将人的尊严诉诸实践呢？

（一）人的尊严作为宪法价值与宪法原则之适用关系〔31〕

前已述及，价值表征关系与意义，指的是事物对人所产生的需要与满足，或者是对人所具有的意义以及人对事物满足其需要所进行的评判；原则是具有纲领性、融贯性、抽象性与稳定性的具有统摄功能和指导价值的规范，它要求对事物最大程度可能的实现。可见，法的价值的实现有赖于法的原则的确立。将人的尊严赋予有用性的评价，意味着其存在对人类社会具有积极作用，那么，人的尊严的宪法价值的实现便有赖于人的尊严的

---

〔30〕 参见 Hans-Jürgen Papier：《当代法治国图像》，蔡宗珍、李建良译，台湾元照出版有限公司2014年版，第48~49页。

〔31〕 就人的尊严的实践命题而言，笔者主张分别从价值层面和规范层面入手，基于对价值多元的尊重，以交互主体性确立全新的社会主义的人的形象；以宪法基本精神特别是基本权利保障为指导，经由基本权利的落实和个案司法的实践对人的尊严的规范基础与内涵进行界定。参见拙作：《“人的尊严”义疏：理论溯源、规范实践与本土化建构》，载《中国法律评论》2017年第2期，第117~120页。限于主题与篇幅，本文仅集中于通过界定人的尊严的不同宪法地位及其相互之间的关系，在法律适用的意义上推动人权保障和人格发展资源的落实。

原则的确立，即只有当其作为宪法原则这样一种普遍性相对较高且具有法律上和事实上实现的可能性时，其宪法价值才有可能展现出来。换言之，将人的尊严作为宪法原则予以确立是实现人的尊严的宪法价值的前提，后者具体化的展开与实现有赖于前者。如此，人的尊严作为宪法价值与宪法原则进行适用时，从理论上讲便不会产生竞合或排斥现象。

在解答了这一问题之后，我们需要进一步追问的是，人的尊严作为宪法原则适用时，是否会与其他宪法原则发生竞合或排斥？前已述及，法律原则的适用可能产生竞合现象。本文将人的尊严视为宪法上的一种相对原则，这就避免了完全排除其他宪法原则适用情况的发生——如果如同《德国基本法》那样将人的尊严作为不可限制的绝对宪法原则，一般法律原则与其相遇时便必须加以修改，则以至于完全排除其他宪法原则的适用，架空了宪法诸多的基本价值原则以及其他基本原则。赋予人的尊严原则宜优先性而非绝对性，固然可能会发生宪法原则的竞合，但避免了该规范的泛化适用和“贬值”之可能，更有利于实现人的尊严的价值。

（二）人的尊严作为宪法价值与宪法权利的适用关系

作为人的固有价值，人的尊严是一种并非由实在法所设定，而是超越于实在法之上的不依据实在法而存在的先在规范。人的尊严的价值判断在于，它是对个人作为人类共同体成员的平等身份的确认，是对个人作为自己之目的的尊重，是对个人自由的自我决定与自我发展的保护。因此，人的尊严是一项极为特殊的价值存在。作为一项宪法权利，人的尊严背后所代表的是前述特殊的宪法价值，后者的实现有赖于前者的保障。从理论上讲，在人的尊严这一宪法价值与其他宪法基本权利一起适用时，不会产生相互排斥的现象，两者的结合可以促进人权的全面保障。

不过，作为宪法价值的人的尊严在与其他宪法价值在个案中相遇时，可能会与其他宪法价值产生竞合现象。如果将人的尊严视为像《德国基本法》所规定的那样的宪法最高价值与绝对价值，那么，在将这种价值进行具体化时便会排除其他价值的适用，其后果也如德国司法实践所显示的，造成了其他宪法价值的空心化。本文将人的尊严界定为宪法的相对价值，在适用人的尊严条款时，便应考虑到其他宪法价值存在的必要性，综合考虑具体个案的需求，使人的尊严这一宪法价值在获得保障的同时，又不至于排除其他宪法价值。

同样，作为一项宪法权利，人的尊严在适用时会与宪法上的其他基本权利产生竞合关系。鉴于《德国基本法》将人的尊严视为具有绝对性与最高性的宪法的基本权利所导致的宪法上的其他基本权利被架空以至于被排除而不予适用的情况，充分发挥人的尊严的相对性的权利属性之功能，使其具有谦抑性、备位性与最后适用性，才有利于其价值的彰显。

（三）人的尊严作为宪法权利与宪法原则之适用关系

无疑，作为一种相对性的具有备位功能的宪法权利，人的尊严在个案适用时会与其他宪法权利产生竞合关系——如果联系到前文之论证，当人的尊严作为宪法的最高价值或绝对价值出现时，相应地人的尊严随之成为宪法的最高权利或绝对权利，那么在个案适用时便不会出现竞合现象了。人的尊严的抽象性决定了其作为一项宪法权利出现时可能会产生更大的不确定性，因此，为了避免其在解释上的空洞化和操作上缺乏明确的标准化，在适用于个案时，比较适宜的做法是先行适用诸如自由权、平等权等比较具体的权利，当前者无法满足需求时，再诉诸较为抽象的承担备位功能的人尊严条款。换言之，如果出现人的尊严与其他宪法权利竞合的现象时，则宜秉承先具体后抽象的适用原则，如此才不至于将前者滥用或降低其位阶。

作为一项宪法原则，人的尊严的高度抽象性与普遍性使其足以承担引领与指引基本权利适用方向的任务，不但在司法解释或司法裁决中作为法律论证的理由与依据，也可以作为论证（新兴/型或宪法未列举）权利的源泉。在可以想见的未来，随着科技的发展与时代的进步，特别是生物科技与人类基因领域的突破，既为新兴/型权利的涌现提供了契机，也对人的尊严之具体落实和应用形成了巨大的挑战。这就要求我们一方面加强对人的尊严的基础理论探讨，尤其是在其保护主体与保护领域的问题上进行辩证研究，另一方面妥善处理人的尊严之适用时权利与原则之间的关系——当某种人类价值需要具体化为宪法权利予以保障和实现时，人的尊严适足承担该任务。

"以抽象的方式探讨人（性）的尊严的保护领域是不可能的，人性尊严概念之保障内涵有赖于评价作用，因此须予以具体化。"〔32〕人的尊严作为一种相对的优先适用的原则，则在该原则引领下的宪法权利便不会成为最

〔32〕 参见 Hans-Jürgen Papier：《当代法治国图像》，蔡宗珍、李建良译，台湾元照出版有限公司 2014 年版，第 60~61 页。

高的或绝对性的权利，而是保留了备位功能的相对性权利，这就避免了权利竞合时的零和博弈的可能性，实现了对包括宪法未列举的和新兴/型权利在内的公民基本权利的全面保护。

综上可知，作为宪法价值的人的尊严是其作为宪法权利存在的基础。人的尊严不但应该是一种宪法价值，而且是一种可以受法院审查和实施的宪法权利。司法机关可以将人的尊严作为宪法解释或裁判的指导原则予以适用（在我国则表现为司法援用）。然而，当人的尊严作为宪法价值适用时，便可能与其他宪法价值发生竞合现象；当其作为宪法权利适用时，与其他宪法权利也可能发生竞合；当其作为宪法原则而适用时，与其他宪法原则同样可能发生竞合，在前述情况下，本文主张应在比较研究德、美等国家相关立法与司法实践并斟酌损益的基础上，基于我国宪法文本与司法现状，坚持对人的尊严之价值普遍性与相对性、原则相对性与优先性、权利相对性与备位性等宪法地位的界定，在合宪性秩序下妥善而审慎地处理相关竞合与排斥现象，以便最大程度实现人的尊严。

五、结论

作为一个从道德哲学转化而来的法律概念，人的尊严概念具有漫长的精神史。不过从某种程度上说，诸如古希腊、罗马的古典主义传统、中世纪宗教神学思想、文艺复兴时期的人文主义理论和康德哲学等亘古绵长的学理富藏，反而造成了我们理解人的尊严的沉重负担。[33] 但是，“解析尊严这个理念最好的办法是回顾它的根源，它和所有在政治生活中拥有相当意义的概念一样，是历史性的”。[34] 本文通过历史演进的脉络中人的尊严概念的传承与发展，力求正确地理解并掌握其在现代法律尤其是宪法体系中的地位。自古希腊罗马以降，直到中世纪，尊严即指某个人因其较高的社会地位而享有的荣誉和尊敬，并与人的本质联系在一起，是为秩序性尊严。经由启蒙时期的人文主义者的阐释与建构，人的尊严被赋予普遍性，特别是康德把尊严和所有人类都拥有的无条件的内在性的价值联系起来，建构起普遍性的尊严理论，为人的尊严之法治化起到了重要的作用。当然，我们不宜将作为法律范畴的宪法保障的人的尊严等同于特定的哲学或神学

〔33〕 Gerhard Robbers，in：Umbach/Clemens（Hrsg.），Grundgesetz 1，2000，Art. Rn. 11. 转引自李建良：《人权思维的承与变——宪法理论与实践》（四），台湾新学林出版股份有限公司2011年版，第29页。

〔34〕［英］迈克尔·罗森：《尊严：历史和意义》，石可译，法律出版社2015年版，第7页。

思维，因为后者往往包含着特定的历史逻辑与传承脉络。

晚近以来，立宪主义脉络下的宪法赋予了一切社会命题以人的尊严意义，人的尊严则赋予了一切宪法命题以规范意义。因此，研究人的尊严的宪法意义，便不单纯是一项理念思辨获得，更是一项实践智慧的展开。人的尊严不可侵犯，包含了深刻的甚至是惨痛的历史经验的反思，这也决定了它是一个交织着价值的永恒性与规范的时空性的概念，而不应成为纯粹的（实证意义的）国家法上的概念。如果轻率地抹煞了人的尊严的历史经验与文化传统，它便成了没有实质内涵的空洞而抽象的名词。

基于历史、社会、文化及人类遭遇经验等的不同，各个国家或地区发展出了各异的关于人的尊严规范方式、解释机制与应用原则和程序，以及在前述基础上形成的法秩序与法理念。虽然人的尊严具有高度的抽象性，不易把握其具体的规范内容，但这并不损及其在宪法上的地位。本文通过比较研究与规范分析，指出人的尊严在我国宪法中的价值普遍性与相对性、原则相对性与优先性、权利相对性与备位性等地位，主张基于其各自地位而妥善审慎地处理司法适用当中可能出现的竞合或排斥现象。

固然，每个国家或地区都有其对人的尊严的独特理解与建构，但是，“所有基本权内涵赖以汲取营养的道德源泉”对人的尊严这一价值的肯认应是永恒不变的，国家有义务对人的尊严进行保护与尊重。从我国宪法的立宪主义脉络和基本精神出发，形成人的尊严保障的共识，建构出具有强大的规范力与相对明确的内涵的人的尊严条款，明确其法律地位，规范其适用关系，并以基本权利之落实和个案之司法实践来推进与落实人的尊严，应是我们全面推进依法治国，建设社会主义法治国家的重要举措。

西班牙宪法改革与公共养老金法律制度现代化*

王　静**

西班牙是典型的福利国家，社会保障制度是西班牙社会中极为重要的组成部分。正如2011年8月1日颁布的第27/2011号法律《关于社会保障法律制度的更新、适应与现代化》序言中写到的："社会保障制度是西班牙社会的核心支柱。"〔1〕而在西班牙社会保障法律制度中，不论是从宪法权利角度，还是从所占财政预算比例的角度，抑或是从保障民生的角度，公共养老金法律制度都是其中最为重要的部分，因而是以社会福利立国与倡导社会保障权利的西班牙法律体系中的"重中之重"。而西班牙公共养老金法律制度以及社会保障法的现代化始源于1978年的《宪法》改革。所谓社会保障法的现代化指的是所有公民平等地享有、公平地获得社会保障权。法律已经正式确认了公民的社会保障权，《社会保障总法》第1条明确写明："西班牙人享有社会保障权。"〔2〕那么，现代化以前的西班牙公共养老金法

---

* 本文为"2018年度中国比较法学"课题项目"西班牙宪法改革与退休金法现代化"（课题编号：CLC2018004）的结项成果。

** 王静，华东政法大学科学研究院助理研究员。

〔1〕 Ley 27/2011, de 1 de agosto, sobreactualización, adecuación y modernización del sistema de SeguridadSocial, en*BOE* núm. 184, de 2 de agosto de 2011, pág. 87495.

〔2〕 Real DecretoLegislativo 8/2015, de 30 de octubre, por el que se aprueba el textorefundido de la Ley General de la Seguridad Social, en*BOE*núm. 261, de 31 de octubre de 2015, pág. 103291.

律制度何如？下文将详细展开论述。

一、1978年《宪法》改革前的西班牙公共养老金法律制度

将视野扩大到世界社会保障法的发展史，便可知现代意义上的社会保障法最先诞生于德国。其1883年颁布的《疾病保险法》、1884年颁布的《工伤保险法》、1889年颁布的《老年和残疾保险法》被世界所公认的最早的现代意义上的社会保障方面的法律。到20世纪20年代末30年代初，工业国家爆发了严重的世界性的经济危机，以美国尤其严重。罗斯福（Franklin Delano Roosevelt，1882—1945）针对生产过剩、工人失业、货币贬值等经济危机问题，实施了著名的"罗斯福新政"。新政的一个主要措施便是建立统一的社会保障制度，以保障危机下公民的基本生活。在这样的背景下，1935年8月，美国国会通过了《社会保障法》，此法规定联邦政府和州政府必须各负担50%的经费，为65岁以上的美国公民提供养老金。这是世界上第一部以"社会保障"命名的专门性法律，从此社会保障法开始蓬勃发展起来。二战之后，为进一步保障人权，拥有悠久"社会保障"历史的英国率先创制了福利国家模式。北欧五国（丹麦、瑞典、挪威、芬兰、冰岛）亦加快了构建福利国家的步伐。1950—1980年间，北欧五国用于社会保障的支出显著增加。[3] 由此，二战以后，在社会保障权是基本人权的思想背景下，社会保障法在欧美工业化国家如火如荼地展开。

西班牙于20世纪伊始以社会保障为重点，开始建立社会保障体系。总的来说，西班牙社会保障法亦是配合着工业发展而建立、健全的，是社会发展和运动，经济的不断发展的结果，其制度模版以德国俾斯麦模式为基础，兼容了英国福利国家模式。对于西班牙的社会保障制度必须放在历史背景下予以理解。西班牙的社会保障法历史是一脉相承的，时间线索非常清晰，根据法律发展的情况可分成三个阶段。分别是1900年至1962年的福利体制形成阶段；1962年至1968年的福利体系化阶段；以及1978年以来的福利国家建成阶段。

---

〔3〕 对社会保障投入增长最多的是挪威、芬兰、冰岛三国。1950年以前，挪威、芬兰、冰岛三国的社会保障支出只占经济总量极小的一部分。1950年以后，上述三国用于社会保障的支出大幅度增加，增加幅度大于此前社会保障预算就相对较多的丹麦和瑞典。但不论如何，从1950年起，北欧五国对于社会保障的投入都有了明显的提高。See Matti Alestalo, Sven E. O. Hort, Stein Kuhnle, "The Nordic Model: Conditions, Origins, Outcomes, Lessons", *HertieSchool of Governance-Working Papers*, No. 41, (2009), p. 15.

西班牙最早的保障工人权益的组织可以追溯至1896年成立的给布斯高阿（Guipúzcoa），它于1900年设立了退休金。在国家立法以前，工人保障主要来源于家庭、行会、兄弟会、以教会为主要筹资机构的慈善团体。后因社会财富不断地集中于大买办、大财阀、大地主等富人阶层，且工业技术发展使得生产率不断提升，农村手工逐渐被大工厂生产取代，越来越多的民众丧失基本生活来源。在这样的背景下，普通民众不得不接受更低的薪水，在充满危险的、谈不到任何保障的环境中工作。雪上加霜的是彼时私人保障机构筹款能力减弱，工会被政府取缔和压制。不断恶化的工作状况最终导致了工人运动频发，国家不得不逐步介入到社会保障领域中来。但与德国等先发工业国家所建立社会保障制度的初衷相比，西班牙设立社会保障制度的初衷更偏向于为工人谋福利。[4]

在西班牙的社会福利立法初期，学者阿尔弗雷多（Alfredo Montoya）将其称为“慈善阶段”（etapafilantrópica）。[5] 在这个最初阶段，国家立法的目的也是使得雇员免受来自工作的风险。1900年1月30日通过的《工伤事故法》（Ley de Accidentesde Trabajo）就是这样一部为了规避工人职业风险的法律，尽管这部法律对雇主没有任何强制性，但其责任分配方式是雇主承担工人在工作中所遭受的工伤。

1902年巴塞罗那爆发了大规模的工人运动，私人组织的救助在大量的工人需求面前越显无能为力。社会需求客观要求国家加快社会保障立法的工作。1908年2月27日颁行的《国家福利研究院法》（Ley del INP）强调了胡塞（José Maluquer）所说的“退休金”协议，旨在建立由官方或私人筹资，国家社会保障局来做统一管理的模式。此法的主要目的是建立国家福利研究院，通过此机构向民众宣传退休金的效用。所以可以说，西班牙对老年人的保障始于1908年。同年，西班牙设立了国家福利研究院（Instituto Nacional de Previsión），并由此机构制定了由国家补贴的自由联盟式的退休金制度。这种体制和现在的比利时和意大利的退休金制度很类似。其本质特点是企业自愿为工人缴纳的费用和国家的补贴保持一致。这种模式称为自愿补贴模式（libertadsubsidiada），是典型的资本化社会保障模式，而非在

---

〔4〕 Borja Suárez Corujo, “The ‘Gig’ Economy and its Impact on Social Security: The Spanish Example”, *European Journal of Social Security*, Vol. 19, No. 4, (2017), p. 294.

〔5〕 Vease Alfredo Montoya, *Ideología y Lenguaje en las Leyes Laborales de España* (1873-2009), Thomson Reuters, 2009, pág. 44.

共产主义体制下更常见的分配体系。但是从历史发展来看，这种模式没有成功，主要原因是工人薪资水平低下，缺乏缴费能力和意愿。

1917 年，在马德里举行了社会保障会议。随后 1919 年 3 月 11 日公布了《强制工人退休法》(Retiro Obrero Obligacíon，简称 RD-Ley)，这是西班牙第一部强制工人参与的退休法。该法第 1 条规定：强制性养老保险适用于年龄在 16~65 岁的领薪人口，并且一年度所有薪水总和不超过 4000 比塞塔。〔6〕但此时西班牙退休法的发展仍处于初级阶段，所以其具有的一个明显特征就是雇主和国家的责任都相对有限。根据《强制工人退休法》第 2 条与第 4 条，养老金所覆盖的人群以 45 岁为界限，分成两个部分。国家和雇主只负担年龄小于 45 岁的领薪者的初始养老金。〔7〕另外，这部法律鼓励工人参与保险，以提高其退休后的养老金待遇。1921 年 1 月 21 日《强化工人退休法》被修订，设立了工人强制退休总则的同时，明确了国家和雇主所需承担的责任。彼时西班牙的退休年龄是 65 岁，从事特定工作的人低于 65 岁。至于哪些行业的年龄可以降低，则由劳动部根据国家社会保障局所做的报告决定。根据本法，每年收入超过 4000 比塞塔（Pesetas）的员工不能参加保险。另外，当投保人主动缴费时，每天可以多得 1 比塞塔的退休金，即一年 365 比塞塔。除此之外，本法规定，在任何情况下，被保障人都有权申请提升自己的配额，以提升其初始养老金；也可以将自己的养老金作为遗产。随着经济的发展，1926 年 2 月 19 日的法令将养老保险的范围扩大到了小型私营业者。

1929 年对公共养老金法律制度发展来说是有较大转折的一年。这一年，西班牙引入了生育保险，采用了分配制融资方式。随后其他社会保障法律制度也都采用了这种新的分配制融资制度。从之前资本化阶段转向了以固定算法计算退休金，并且雇主所缴纳的费用和雇员的薪资成比例。最终 1939 年 9 月 1 日颁布的法律，取代了法定退休金和残疾补助金，后在 1947 年正式成为老年人和残疾人强制性保险（SOVI）〔8〕。法律虽进行了更新，但一个重要问题是，支付老年人的退休金和残疾人的资金依然不充分。所以在 1940 年 2 月 2 日，革新了 1939 年 9 月 1 日的法律，宣布其与养老金体

〔6〕 Retiro Obrero Obligacíon, Gaceta de Madrid, Núm. 71, 1919. 3. 12, p. 910.

〔7〕 Retiro Obrero Obligacíon, Gaceta de Madrid, Núm. 71, 1919. 3. 12, p. 910.

〔8〕 Francisco Comín, "Las Fases Históricas de la Seguridad Social en la España del Siglo XX", en *Cien Años de Protección Social en España*, Ministerio de Trabajo, 2007.

系兼容。[9]

紧接着，1942 年的《劳动规范法》(Ley de Reglamentaciones de Trabajo)[10]为避免福利资金的不充足，将资金来源进一步普遍化，其所基于的理论就是普遍的互助（Mutualidades）。1954 年 10 月 10 日的法令和同日的劳动部法令确立了互助的总则。此时的养老金包括退休金、残疾人养老金、长期患病者、寡妇和孤儿的抚恤金，以上都是法律明确规定通过互助的方式完成资金筹集的。但有趣的是，互惠资金的管理不受国家社会保障局的管理，而是专门成立了一个专门管理互惠资金的机构，从此开启了退休资金二元化的阶段。

以上变革基本可以归为西班牙退休金发展的初始阶段。在这个阶段之后，退休金的相关法律将被纳入到统一的社会保障体系中。而统一的社会保障体系开始于 1963 年的《社会保障基本法》(Ley de Bases de la Seguridad Social，简称 LBSS）和 1966 年《基本法附件一》(Texto Articulado I)。从此，西班牙公共养老金法律制度律进入统一的社会保险法阶段。

从 1963 年以来，社会保障法开始出现一系列功能性障碍。其原因是资金不足、管理等复杂和特殊体制的过度扩张。资金不足最直接的后果就是福利，尤其是养老资金的不充裕，与实际的工资相差甚远。虽然 1972 年 6 月 21 日的 24/1972 号法律力图助力《社会保障总法》的切实实施，但并不是非常成功，因为该法令的一个问题是存在缴费的上限。[11]

综上所述，在 1978 年《宪法》颁布以前，西班牙公共养老金法律制度经历了从慈善机构、互助组织到工会、工厂以契约号召再到国家以法律强制工人参与的过程；从参与对象为在职工人，到农民、私营业主也可参与的过程；从退休金单独立法到整合入社会保障法体系的过程。公共养老金法律制度从初始阶段的国家主导资本化融资，逐步转变为工人缴费的配给制融资。与此相伴的是，从初始阶段的工人自愿参加退休金保险，逐步转为强制工人参与退休金保险。且参保的范围逐渐扩大，如上所述，到 1926 年已经从初始阶段的只有工人可自愿参加，转变为了小型私营业主也可参

---

〔9〕 Artículo 9 de la Citada Orden de 2 de Febrero de 1940.

〔10〕 Ley de 16 de octubre de 1942 por la que se establecen normas para regular la elaboracion de las reglamentaciones de trabajo, Boltin Oficial Del Estado, Núm 296, 1942. 10. 23, pp. 8462-8465.

〔11〕 D-Ley 2/1975, de 7 de abril, sobremedidas de políticaeconómica y social, y el D-Ley 3/1976, de 22 de abril.

加。但在民主宪法颁布以前，养老金仅仅可以由从事工作，并满足工作年限的工作者享有，并没有覆盖到每个公民，国家也没有确认公民的社会保障权。且由于社会保障资金不足，退休年龄设置过高，退休金的工资替代性较低，保障力不足。

二、1978 年《宪法》对公共养老金法律制度的影响

西班牙宪法起源于 19 世纪初，当时西班牙深受法国政治理论和实践的影响，之后随着反对拿破仑的独立战争运动不断发展。但是西班牙的宪政之路非常坎坷——1936 年爆发了惨烈的内战，之后登上历史舞台的是持续了近 40 载的佛朗哥（Francisco Franco Bahamonde）专制政权。在佛朗哥统治期间，社会保障法的指导原则是维持收入原则（Principio de Mantenimiento de Ingresos）。它指的是在岗期间的工资收入决定了退休金金额。政府依照不同的职业，设置了不同的退休金体系，各个体系间具有不同的准入标准、财务规则和特殊的福利制度。例如，公务员的在岗薪资以及退休金明显高于工人阶层。很显然，维持收入原则加剧了职业间、个体间的不平等，使薪资阶段的不平等延续到了退休之后。从经济学角度来看，维持收入原则有利于专制政府中最有特权阶层的利益。道理很简单，特权阶层的一个重要目标就是在退休之后继续享受高收入、高待遇。但对于社会底层来说，维持收入原则只能使他们在年老力弛后处于更加不利的经济状况。另外，在独裁统治时期，西班牙政府按照社会福利各历史时期的一贯做法，仅仅起到辅助职能——即在具体的福利机构无法或不能提供指定的福利时，提供辅助帮助。正如有学者指出的，在此一时期，“工人尽管仍可以获得薪资以外的补助，但不能否认的是养老金的分配是不公平的”。〔12〕

1975 年，佛朗哥逝世。接替他的是自幼便经他安排予以民主教育的波旁王朝后裔胡安·卡洛斯一世（Don Juan Carlos I）。上述 1978 年西班牙《宪法》，〔13〕是胡安·卡洛斯一世于 1975 年继位以后颁布的宪法，是西班牙社会的根本性法律，此法标志着西班牙从此进入了民主社会。在《宪法》序言中写道：“西班牙国家希望建立正义、自由和安全的国家，提升公民的福利水平。确保民主能够在宪法和法律的框架下，在公平的社会和经济环

〔12〕 Van Kersbergen: *The Distincitiveness of Christian Democracy*, *in Hanley D. Christian Democracy in Europe*, A Comparative Perspective, Printer, 1996, pp. 31-47.

〔13〕 1978 年 10 月 31 日由国会批准，1978 年 12 月 6 日由全体人民公投通过，1978 年 12 月 27 日由国王签署批准。正式的版本于 12 月 29 日发布。

境里维系。巩固法治，确保法治是民意的表达。保护所有公民享有人权、传统文化，以及各自的语言和制度。促进文化和经济的进步，确保每个公民都享有体面的生活。建立先进的民主社会……"〔14〕即，在序言中表明了立宪的根本原则——建立民主、法治社会，强调公民权利和福利保障。

秉持着"民主法治精神，民权保障"之精神，《宪法》第1条便明确了"主权在民"。〔15〕可见，民主、法治是1978年《宪法》的第一要义。且西班牙的民主并非纸上谈兵、故弄玄虚。而是从各个制度层面，涉及政治、经济体制、税收、教育等方面的改革，以建立以宪法为基础的法治、民主社会。具体到社会保障法中的公共养老金法律制度方面，最为重要的是西班牙1978年《宪法》第41条，其规定："公权力机关应保证为所有公民而建立的公共社会保障体系正常运转，以保证在公民困难情况下提供充分的社会援助和福利，特别是在失业情况下。辅助援助和服务应是免费的。"〔16〕《宪法》第41条指出了两个不同的社会保障制度：公共制度（sistemapúblico）和辅助制度（sistemacomplementario）。显然，宪法比当时的社会保障法"更注重平等、公平、共享"，因为此条款为社会保障法提出了新要求：要与宪法匹配，在公共保障之外，再设计出一个辅助性的与免费的救助和福利体系。并且，从宪法的角度来看，这种辅助性的救助体系，必须是自愿且自由选择的，且因为这个新的体系可以是由私人机构也可以由公共机构负责，因而也就存在公共领域和私人领域抗争的可能性，也存在私人拒绝国家垄断这个的可能。

所以我们看到，在1978年《宪法》颁布之后社会保障法回应了宪法的要求，在缴费型养老金之外，又增设了"非缴费型福利保障制度"以及"补充福利制度"。西班牙1990年12月20日的第26/1990号法律《社会保障制度中的非缴费型福利》第1条确立了非缴费型社会保障体系。〔17〕它建立在第26/1985号法律《社会保障制度中的非缴费型福利》的基础上，以

---

〔14〕 Constitución Española, *BOE* núm. 311, de 29 de diciembre de 1978, pág. 29313.

〔15〕 1978年《宪法》第1条第1款写道：特此将西班牙确立为一个社会、民主国家，倡导并遵从自由，正义，平等和政治多元主义为最高价值的法治。第1条第2款写道：国家主权归属于全体西班牙公民，他们是国家权力的来源。第1条第3款写道：西班牙的政体是君主议会制。

〔16〕 Constitución Española, *BOE* núm. 311, de 29 de diciembre de 1978, pág. 29319.

〔17〕 Ley 26/1990, de 20 de diciembre, por la que se establecenen la Seguridad Social prestaciones no contributivas, *BOE* núm. 306, de 22 de diciembre de 1990, páginas 38246 a 38251.

《宪法》第 41 条为原则，以《宪法》第 149 条第 1 款中的第 17 项[18]为依据制定。《社会保障总法》的第 1 条遵循了宪法原则，明确了社会保障法的普遍性。此法第 2 条确立了两种主体保护标准：第一种是由技术性、专业性劳动者享有；第二种是满足非缴费型公民必要生活保障的条件。第一种从事了劳动的公民，并且在工作时候缴纳满足缴费型社会保障年限的社会保障金，那么其享受到的就是"缴费型福利"。第二种虽然没有满足缴费型条件但由于需要或者缺乏必要的经济来源，那么其可享受的是非缴费型社会保障。在《社会保障总法》第 7 条第 1 款中明确写明了社会保障体系扩大后的适用范围："下列主体应纳入到社会保障体系中，不论是居住在西班牙的西班牙人还是合法居住在西班牙的外国人，[19] 不论其性别、婚否和专业，只要是在本土工作并且符合下列情形，就都可以纳入到缴费型社会福利中。与之相呼应的第 25.2 条规定服刑人员在任何情况下都有权获得有偿工作并享受与之对应的社会福利保障。[20]

从此，发展了 50 余年的社会保障制度，开始为全民所普遍享有。此次变革为西班牙的退休金制度奠定了最为重要的基调。这才有了前面所述的非缴费型退休金和缴费型退休金。从此，所有公民，不分性别、职业、宗教信仰、是否从事过工作，都可享受西班牙社会保障福利。从 1978 年社会保障开启全民普享以来，西班牙社会保障法得到了快速发展。目前，西班牙的社会保障体系是较为完善和立体的，包括健康医疗救助、家庭保护、社会服务、失业补助等等方面。

总的来说，基于 1978 年《宪法》而建立的西班牙社会保障体系可以分成三个部分，分别是基本保障水平（nivel básico，很多时候为方便与第二个社保体系对应，亦被称之为非缴费型保障水平）、缴费型保障水平（nivel contributivo，也称为专业性保障水平）以及补充社会保障水平（nivel complementario de protección）。其中基本保障水平中包括基本需要补偿金（rentas de compensación de necesidades básica）、非缴费型援助（asistencial no con-

〔18〕 1978 年《宪法》第 149 条第 1 款中的第 17 项：社会保障体系的基本理法和财政制度，不影响自治区实施其服务。

〔19〕 可参见《居住在西班牙的外国人的权利和自由及其社会融合法》(Sobre Derechos y Libertades de los ExtranjerosenEspaña y suIntegración Social) 第 10、12、14 条。

〔20〕 Real DecretoLegislativo 8/2015, de 30 de octubre, por el que se aprueba el textorefundido de la Ley General de la SeguridadSocial, *BOE* núm. 261, de 31 de octubre de 2015, pág. 103307.

tributivo）。缴费型保障中则包含：工资的替代性收入（rentas de susticución de salarios en activo）和专业性收入。从其“称呼”即可判知，二者的资金来源不同——基本保障基于税收，而缴费型保障根据的是雇员或私营业主所缴纳的保费。

具体而言，基本保障水平的社会福利包括针对于退休和残疾人的非缴费型养老金（pensiones no contributivas de jubilación e invalidez），医疗救助（asistencia sanitaria），社会服务（servicios sociales），老年人照管养老金（pensión asistencial de ancianidad），非缴费型生育补助（subsidio no contributivo pormaternidad），收养儿童，不满足缴纳型福利保障条件的母亲（la maternidad no contributiva）以及对弱势家庭（例如家庭成员中有残疾人、众多家庭成员、缺乏必要的生活来源等）的救助。

缴费型社会福利包括：退休金和终身残疾人员的养老金（pensiones de jubiliación y de incapacidad permanente），由于工作事故、职业病所产生的临时性福利救助（as prestaciones económicas temporales por accidente de trabajo y enfermedad profesional o común），医疗保健和药品（asistencia sanitaria y farmaceùtica），出于需要的原因（居住在国外的居民）（prestaciones por razón de necesidad（residentes en el extranjero）〔21〕，对寡妇和孤儿的福利、家庭补贴（prestaciones familiares económicas）〔22〕，对孕妇、哺乳期产妇的福利，雇员的失业补贴（subsidios por desempleo）以及社会服务（servicios sociales）〔23〕。

除了以上两个极为重要的社会保障体系，西班牙社会保障体系之外还存在第三个层面的体系，即补充性、辅助性制度体系。不同于前两个体系——政府的义务、公民必须参与的强制性特点，西班牙社会保障法律体制之外的第三个层面是公民可自由选择是否参与，并由私人机构来管理并提供服务的。最主要和常见的两种形式是：私人养老金计划（Entidades de

〔21〕 根据需要的福利指的是在西班牙境外工作或移民到国外，年龄大于65岁或者因工作而残疾，无力满足基本的生活需求。

〔22〕 家庭补贴指的是对家庭的经济保护利益受益人是合法居住在西班牙领土的人，在另一个公共社会保护体系中无权享受这种性质的福利，并且符合法规规定的要求。居住在西班牙的外国人将享有与西班牙公民相同的待遇。

〔23〕 社会服务指的是非缴费型养老金的社会保险领取养老金的受益者，不仅是一个经济收入和医疗医药援助，而且一些社会服务，主要表现形式为：家庭辅导，家庭护理，养老院和社区家园。

Previsión Social）和养老基金（Fondos de Pensiones）。

但必须指出的是，对于绝大部分公民来说，公共性质的由国家主导的社会福利保障体制是其社会福利，尤其是养老金的全部来源。纵观西班牙公共养老金法律制度发展史，乃至西班牙社会福利发展史，从参加退休金保险成为雇员义务，到公共养老金法律制度律制度被纳入到社会福利保障体系，甚至到现代化的社会保障法律体系下，一直如此。所以养老金计划和养老基金制度，公民对此并无甚多需求，又因为其市场小，所以亦无明显的发展。从目前所收集的资料来看，在社会福利公共体系中退休的新增人员（包括残疾人）数量比参加了私人化养老保险的人员高出 8 倍还多。这一比例说明，西班牙补充福利体系远未成熟。目前在西班牙，只有大约 7%的企业有内部额外的退休保险，并且这些企业主要是跨国公司和大型企业里。企业养老金计划近 1/4 都是为高管等人员准备的，在具有养老金计划的企业里也并不普遍。所以，对于普通公民来讲，国家社会保障中的公共性质的退休金对其老年生活而言最为重要。

综上所述，西班牙社会保障制度中主要由两大体系组成，分别是基本保障水平和缴费型保障水平。退休金制度分属于这两大体系——属于基本保障水平的叫作非缴费型退休金，属于缴费型体系的叫作缴费型退休金。区分的依据是享受社会福利者的身份——不满足缴费型要件以及迫于生活需要的享受基于税收的非缴费退休金，符合缴费要件的享受基于报价机制的非缴费型退休金。缴费型退休金中主要包括普通退休、提前退休、部分退休、灵活退休、64 岁退休的特殊退休制度以及强制性老年和残疾人退休保险（SOVI）。非缴费型退休制度针对的主要就是没有达到缴费年限且无法维持必要经济生活的需要被救助的公民。

三、现行西班牙公共养老金法律制度

在明晰了公共养老金法律制度律制度与社会保障法的具体关系以后，并不意味着就可以简单地了解清楚公共养老金法律制度律制度。因为西班牙关于退休金（pensiones de jubilación）的具体的法律制度比较复杂。在西班牙，不同的退休形式，对应着不同的退休金计算方法。总的来说，缴费型退休金制度颇为复杂，非缴费型退休金制度则简单得多。

（一）缴费型公共养老金法律制度

缴费型退休金可分为一般制度、特殊制度、强制性老年人和残疾人保险（SOVI）。

一般退休制度适用于：退休人员年龄达到法定的 65～67 岁退休之年龄，[24] 且累计缴纳养老保险金 15 年以上。

特殊退休制度主要包括提前退休和部分退休两大部分。相对而言，提前退休的法律制度最为复杂。提前退休主要分成六种情况。第一种叫作互惠型提前退休（mutualista），退休者需要满足的要求包括：欲退休人员年龄在 60 岁以上，或者已经累计缴纳养老金满 15 年，或者已经工作了 30 年并且是不得已方才终止工作决定退休（例如从事的是危害健康、危险性工作）。在 60～65 岁年间，退休金减少系数（coeficientes reductores）可以每年一折算。具体减少系数的多少则取决于是主动停止工作还是不得已停止工作。如果是后者，则减少系数由缴纳养老金的总年数决定。缴费年数在 30～34 年间，减少全年缴费金额的 7.5%；缴费年数在 35～37 年之间的，减少全年缴费金额的 7%；缴费金额在 38～39 年之间的，减少全年缴费金额的 6%；缴费金额在 40 年以上的，减少全年缴费金额的 6%。第二种叫作自愿提前退休（voluntaria），须符合的要件是：在达到法定退休年龄前的 2 年以内退休且累计缴纳社会保障金 35 年以上。第三种叫作非自愿提前退休（involuntaria）。引发雇员非自愿提前退休的法定原因包括：企业重组、性暴力。需满足的条件是达到法定退休年龄前 4 年内退休，且缴纳社会保障金 33 年以上。不论自愿提前退休还是非自愿提前退休，减少系数均按照养老金所计算年的百分比计算。第四种是针对伤残程度超过 45% 的残疾人所设计的提前退休制度，需要满足的条件是申请提前退休者年龄在 56 岁以上，且以伤残状态工作 15 年以上，且导致伤残的原因是法定疾病。对于此种情形，纵使在 56 岁提前退休，但其养老金数额的计算使用法定年龄退休的一般退休金计算方式，不必适用减少系数。第五种叫作因特殊职业或重度伤残而提前退休。这些职业包括：在煤矿及其他矿井工作的一线工人、铁路工作者、高空作业工作者、海洋工作者、消防员、身体伤残程度达到 65% 以上的残疾人。其中消防员退休年龄最早，达到 52 岁以上且有 15 年以上的缴费期间即可，本条所述其他职业的提前退休年龄不得早于 59 岁，并且有 15 年以上的缴费年限。是否适用减少系数，要看退休的具体年龄。第六种叫作与艺术

---

[24] 法定年龄之所以是 65～67 岁，是由于 2011 年西班牙社会保障法进行了一次巨大的改革，之前 65 岁的平均退休年龄要逐渐增长到 2027 年的 67 岁。社会保障缴款年限也要从此前的 15 年增加到 25 年。新法于 2013 年 1 月 1 日正式实施。2013 年的法定退休年龄为 65 岁，到 2027 年达到 67 岁，在 2013—2027 年间，每年的法定退休年龄按照 1 个月或 2 个月递增。

相关工作的提前退休。其中又根据职业分成艺术家和斗牛士。艺术家提前退休需满足的条件是：年龄在 60 岁以上，且缴费年限在 15 年以上。是否适用减少系数取决于从事艺术工作的具体时间。而斗牛士的退休年龄是 55 岁以上，且缴费年限在 15 年以上。是否适用减少系数也取决于从事斗牛活动的具体时间。

而部分退休（parcial），需要满足的条件是：若有互惠情形，则达到 60 岁以上且有 33 年工龄或者在伤残状态 33%以上的情况下工作了 25 年；若没有互惠情形则要依据提高退休年龄的标准。另外一种部分退休制度是退休人员达到法定年龄，并缴纳社会保险金达到 15 年。但不论是哪种形式的退休金，所减少的退休金金额都是非常多的，通常全职工作者部分退休会减少一般退休养老金的 25%到 50%。

另外还有强制性老年人和残疾人参与的保险，即 SOVI 退休。这个项目所针对的对象是 65 岁以上的老年人或者 60 岁以上的残疾人，并且在 SOVI 工作超过 1800 天。与其他缴费型退休不同的是，此种退休金的金额是固定的，为每年 5728.80 欧元。

以上所述缴费型养老金均是每月发放，并在每年的 6 月和 11 月发放两个月的养老金，全年共计发放 14 个月。西班牙政府每年都会根据消费价格指数（CPI）重新估计养老金金额。根据 2018 年数据，西班牙一般退休者养老金，如果配偶是无收入的，那么其每月养老金是 788.90 欧元，年度为 11 044.60 欧元。如果是单身居住，那么每月是 639.30 欧元，年度是 8950.20 欧元。配偶若有收入，那么每月是 606.70 欧元，年度是 8493.80 欧元。其他退休机制，则参考减少系数等因素，依照固定计算公式予以计算。

（二）非缴费型公共养老金法律制度

前面已经提到，1978 年《宪法》第 41 条规定社会保障体系要扩大到所有公民。社会保障法为了适应宪法的要求，于 1985 年以立法的形式（最为重要的是第 26/1985 号法律）开始了社会保障法的改革。1990 年 12 月 20 日，以《宪法》第 41 条为原则，第 149 条第 1 款中的第 17 项[25]为依据而制定第 26/1990 号法律，在第 1 条中正式确立了非缴费型社会保障体系。经过 1985 年以来社会保障法的系统化，在 1990 年此法颁布的时候，社会保障

[25] 《宪法》第 149 条第 1 款中的第 17 项：社会保障体系的基本理法和财政制度，不影响自治区实施其服务。

体系已经基本完成了结构的合理化。因此，26/1990号法律的宗旨就是完成《宪法》使命，扩大社会保障范围。在其序言的第II部分其解释了为何要扩大社会的保护范围：扩大社会保护范围是为了回应社会对团结的强烈希望，而社会最首要的一个需求就是国家保证向没有生存条件的老年人和残疾人提供养老金。团结的需要也与近来国际发展相一致。不论是国家内部还是国际组织，都建议扩大社会保障的范围，一方面保障工作人员在退休后与工作时的收入相比合适的比例，另一方面保障有需要的人们得到福利。需要的情形在现存的救助机制中还没有充分涵盖，需要用立法的形式创设一种新的非缴费型福利保障机制以保障残疾人和老年人的权利。享受这种福利的主体，不仅可以获得养老金这种经济利益，同时可以获得医疗救助和社会服务。

目前，在西班牙领取非缴费型社会福利的条件是：合法居住在西班牙境内，且没有足够的生活来源。除此之外，一般还需要领取非缴费型的申请人年龄达到65周岁以上，且从16周岁起算到满65岁之间，累计在西班牙境内生活10年以上。[26] 若符合条件，第一年的退休金金额由《社会保障总法》来确定，其余每年且都由《国家预算法》来确立。依照2018年国家最低非缴费型退休金标准，非缴费型退休金的标准为369.90欧元/月，5178.60欧元/年。

但必须指出的是，《社会保障总法》规定非缴费型退休金的管理、可领取标准、待遇水平由各个自治区自行管理。所以各个自治区在确保非缴费型退休金达到国家最低标准的基础之上，还有责任根据当地的经济水平和税收状况，作出微调。例如，安达鲁西亚自治区对非缴费型养老的待遇似乎就比马德里大区完善，除了基本的养老金之外，还包括对老年人的补充性社会服务与居住在出租房内持非缴费型福利退休人员的房屋补贴。[27] 各个地区根据本地经济水平，所认定的不能满足基本经济生活的标准也不同。例如在安达鲁西亚自治区（2018年新更新的标准），以独居老人年收入少于5108.60欧元为标准，同家人一起生活的情形又分为：①与配偶或者二级亲属（兄妹、孙子、孙女等）那么2个家庭成员年收入总和在8684.62欧元

---

〔26〕 不同自治区在细节上略微不同。例如，马德里大区和加利西亚自治区要求10年生活期间中有2年必须是连续的。但是安达卢西亚自治区没有10年间必须至少有2年连续的条件。

〔27〕 参见安达鲁西亚政府官方网站：http：//www.juntadeandalucia.es/igualdadybienestarsocial/export/Pensiones/HTML/pagina5.html，最后访问日期：2018年4月1日。

以下，3个家庭成员在12 260.64欧元以下，4个家庭成员在15 836.66欧元以下，5个家庭成员年收入综合在19 412.68欧元以下符合准入标准。②如果是与一级亲属人员（父母、子女）同住，那么2个家庭成员年收入总和在21 711.55欧元以下，3个家庭成员在30 651.60欧元以下，4个家庭成员在39 591.65欧元以下、5个家庭成员在48 531.70欧元以下，符合可领取非缴费型养老金的准入标准。而在同年份的安大西亚，可享受非缴费型养老金的独居老人的年收入标准为5178.60欧元，如果与配偶或二级亲属同住，则2个家庭成员的全年总收入在8803.62欧元以下，3个家庭成员在12 428.64欧元以下，4个家庭成员在16 053.66欧元以下。如果与一级亲属同住，则2个家庭成员总收入在22 009.05欧元以下，3个家庭成员总收入在31 071.60欧元以下，4个家庭成员总收入在41 034.15欧元以下。另外，笔者比较了17个自治区的可享受非缴费型退休金的金额水平，发现在同样的家庭成员数量时，各自治区都将与一级亲属生活的金额标准设置的明显高于与二级亲属共同生活的经济标准，可见西班牙政府鼓励老人与其子女同住。即政府不止力图以保证老年人退休金的充足，更通过法律制度的设计以似老年人可以得到晚年应有的精神安宁，家庭幸福。从这个角度上来看，能在体力匮乏的老年阶段，过上物质充裕有保障，家庭其乐融融，儿女陪伴，是人类共有的需求，也是各国政府理应通过合理的制度设计去达成的目标。

综上所述，缴费型养老金与非缴费型养老金互不兼容，二者最多只可取其一。缴费型养老金是基于职业贡献；非缴费型养老金基于缺乏基本生活保障，它是兜底的，是社会救助的最低限度。两种养老金共同组成了覆盖每个公民的社会保障网络。缴费型养老金多于非缴费型养老金体现了平等的原则。计算养老金金额的公式是全国统一的，养老金的管理由中央统筹，因而避免了各地区过大的养老金差距。并且法律在不断缩减特殊养老金的种类，各行业之间的养老金差距逐渐减少。

（三）养老金保障水平分析

那么，西班牙现行养老金制度能否满足公民物质充裕的生活水平呢？笔者为此调取了西班牙国家评估研究院的数据。以下表格是2018年2月由该院发布的公民各消费项目所占CPI的权重比。从中可见，食物类消费（其中食物、非酒精性饮料占19.42%，酒店、咖啡馆、餐厅的消费占12.34%，由于两者都可以归结为食物类，所以笔者将二者合并在了一起，共占比 31.76%）、交通（14.74%）、住房（13.38%）是公民消费数额最多的三项内容。

表　国立评估研究院（INE）发布的西班牙 2018 年 2 月份 CPI 权重

序　号	内　容	权重（%）
1	食物、非酒精饮料	19.42
2	烟、酒	2.98
3	衣服、鞋子	6.66
4	住房	13.38
5	家具、家居用品	5.85
6	医疗	3.95
7	交通	14.74
8	通信	3.64
9	娱乐、文化	8.60
10	教育	1.67
11	酒店、咖啡馆、餐厅	12.34
12	其他	6.78

为了检验国立研究院数据的真实性，笔者又调查了西班牙的房市情况。之所以选择调取房市情况，是由于在占 CPI 权重前三甲的项目中（食物、交通、住房），只有住房项目的开支是刚需。

2017 年西班牙房价迎来全国范围内普遍大幅度上涨的热潮。[28] 历来是房市价格领头羊的马德里和巴塞罗那更是涨幅最大。在马德里最贵的萨拉曼卡区，2017 年的涨幅达到了 20.4%。根据最新数据，萨拉曼卡区在 2018 年 2 月新房的平均房价是 5330 欧元/平方米，比全国平均水平高出了 207.5%。

〔28〕 当然，也有个别地区房价不降反跌。例如，比利亚雷霍－德萨尔瓦内斯（Villarejo de Salvanés）的房价下跌幅度最大（－15.5%），平均房价 991 欧元/平方米。

2018 年第一季度，房价历来很高的巴塞罗那的平均房价是 3174 欧元/平方米。[29]

另外，尽管在房市猛涨的热潮里，马德里的二手房价格仍明显低于新房价格。隶属于马德里自治区的波苏埃洛-德阿拉尔孔（Pozuelo de Alarcón）的二手房平均价格最高，为 3425 欧元/平方米，其次是马德里市区，价格为 3134 欧元/平方米。

西班牙每年都会重估最低工资指数（SMI），并通过皇家法令的形式发布。2017 年 12 月 29 日所确定的 2018 年西班牙最低工资标准为：最低日薪 24.53 欧元，最低月薪 735.90 欧元，最低年薪 10 302.60 欧元（同退休金一样，均是每年发放 14 个月）。

根据全国范围内最低薪资和全国范围内最高房价地区的比较，基本可以证明国立研究院所公布数据的真实性。又根据 CPI 所占比，可以推断出的结论是：西班牙公民在退休后所获得的退休金，可以保证公民享有充分的物质和精神文化活动。

笔者又比较了缴费型退休金中的一般退休、非缴费型退休金和最低薪资之间的金额。三者均以 2018 年公布的数据为准，其中一般退休选取的数据是退休金金额最低的“配偶有收入的退休金金额”，为 8493.80 欧元/月；非缴费型退休金金额为 5178.60 欧元/年；而最低年薪是 10 302.60 欧元。不能忘记，西班牙不论年薪还是退休金，均每年发放 14 个月，所以可见，西班牙退休金的工资替代性较高。再次印证了，西班牙退休人员生活水平较为丰裕的结论。即使生活贫困的未满足退休要件的，只要具有西班牙公民身份，均可以得到较为充分的物质保障。

四、宪法改革公共养老金法律制度的动因

西班牙的主流观点认为：养老金法律制度和政党、政权的联系紧密。“在相似的经济条件下，专制政府和民主政府对于退休金政策的制定、退休

---

〔29〕 巴塞罗那作为巴斯克地区乃至西班牙房价最贵的地方，2007 年第三季度达到了最高峰，当时的价格是 4441 欧元/平方米，之后跌到最低的时候是在 2013 年 2 月，为 2205 欧元/平方米。之后呈现动荡的增长趋势。马德里在 2006 年 6 月录得二手房价格的历史最高点，当时它的平均价格为 3970 欧元/平方米，之后下挫 39%，根据 2017 年 12 月的数据，马德里大区均价为 1733 欧元/平方米。

金的分配方案也有很大的不同。”〔30〕 西班牙马德里自治大学研究组的观点认为：民主政治中由于政党要调和不同阶层的利益，所以他们会制定维护各个阶层利益的养老金体系。但是在独裁政体中，由于不存在选举，因而统治者不需要民众的支持就可以维系权力，因而没有动力去制定有利于各个群体的退休金政策，养老金制度主要是根据独裁政体领袖的观念来决定。而在右翼独裁政府中，则是不平等和社会分层的保守观念。〔31〕

西班牙从独裁政治走向民主政治的过程，也是养老金制度得到改善的一个过程。因为进入民主政治阶段后，低收入群体就有了政治渠道可以将税收以再分配的形式用于公共养老金法律制度律制度的改革上。再者，在独裁统治之下，由于缺乏竞争性的选举、可以与执政党抗衡的党派以及代表性的公会，使得低收入群体没有外在政治力量以维护自身的利益。

但需要指出的是，即使同在民主制度下，养老金法律制度也各不相同。主要的影响便是执政党的意识形态和政策。但是在民主社会中，执政党为争取更多的选票，一定会顾及不同阶层的利益，采取不同的保障策略。这样的好处是，即使政府想要增加低收入群体退休金的收入，也不会影响其他阶层的利益。选举的目的就是尽量使得政府的行为有利于每个社会阶层，避免出现利益的不均衡。〔32〕 在公民有了普遍的选举权以后，低收入群体利用其手中的选票使得民主政府注重其退休利益，因此民主化使得退休待遇更好了。即使面临更加困难的经济状况，民主政府也可以采取比独裁政府更多的改革措施。在有民主选举的情形下，政府和选民都具有各自的理性：政府的理性是最大限度地提高自己的民意基础，而公民的理性是将自己的利益最大化。在西班牙，收入低于平均水平的群体非常多，这部分可以通过选举权来鼓励执政者有利于自身的福利改革。普选权使得处于劣势但是数量较多的民众有了参与政治和利益分配的可能性，这是养老金体系得以改革的非常重要的因素。但是民主政治以及维护低收入群体利益的政党和工会的存在并不是决定政府对公共养老金法律制度律制度进行再分配改革

〔30〕 RosalíaMota López: *Regímenes, Partidos y Políticas de Suficiencia en Pensiones de Jubilación*, Instituto Juan March de Estudios e Investigaciones, 2002, pág. 14.

〔31〕 RosalíaMota López: *Regímenes, Partidos y Políticas de Suficiencia en Pensiones de Jubilación*, Instituto Juan March de Estudios e Investigaciones, 2002, pág. 16.

〔32〕 RosalíaMota López: *Regímenes, Partidos y Políticas de Suficiencia en Pensiones de Jubilación*, Instituto Juan March de Estudios e Investigaciones, 2002, pág. 2-3.

的唯一原因。政治领导人对养老金体系进行改革的主要因素还是为了赢得选民的支持。

由此，可以理解为何民主政治的出现，使得低收入群体的退休金利益被执政者所注意，所以通过《宪法》第 41 条以及之后的社会保障法确立了“非缴费型社会福利制度”（其中包括非缴费型公共养老金法律制度律制度）以及“补充性社会福利制度”（其中包括补充性退休金制度）。

这里需要强调的是，并非是民主政府创立了退休金制度。历史已经告知了世人答案：世界上第一个退休金制度诞生的时候，其就不是民主国家。且各个国家诞生首个退休养老金保障体系的时候，大多也非处于民主国家。[33] 那么为什么退休金制度会在非民主社会中诞生呢？罗柏斯（López）认为这是由于创建退休金制度符合专制体制下领导人的观念，他们认为当市场无法满足维系工人生存的必要需求时，国家有责任承担辅助职能。[34] 那么为什么市场会无法满足基本需要呢？罗柏斯进一步阐释到：一个重要的原因时随着工人步入老年，其生产率降低。在此时，国家就必须建立退休金体制来进行干预。[35] 西班牙从 1900 年“首部工人退休法”到 1919 年“首部养老金法”再到 1966 年逐步发展成体系的社会保障体系的历史，从政府的参与度角度来讲，正反映了从轻度干预到成为政府必须承担责任的一个过程。当然，建立养老金制度也深刻受到了天主教正义观念的影响，尤其天主教教义认为帮助穷人和贫下阶层是上帝赋予人们的义务。

西班牙进入民主社会以来，西班牙社会保障体系已经经历了几次较为明显的改革。新的发展趋向包括：其一，本着平等原则，缩小不同职业间福利待遇水平；重视男女在社会保障福利，尤其是退休金福利上面的平等；重视移民的待遇问题。其二，本着共享原则，福利的内容越来越多。其三，本着保障充分原则，大力发展公共服务保障外的由私人机构管理的补充性社会保障体制。尤其在 21 世纪之后，西班牙面对着极为严峻的人口老龄

---

〔33〕 19 世纪末，诞生退休金保障体系的国家多处于限制普选权的君主立宪制国家。See P. Flora and A. Heindenheimer: *The Development of Welfare States in Europe and America*, Transaction Books, 1981.

〔34〕 Rosalía Mota López: *Regímenes*, *Partidos y Políticas de Suficiencia en Pensiones de Jubilación*, Instituto Juan March de Estudios e Investigaciones, 2002, pág. 21.

〔35〕 Rosalía Mota López: *Regímenes*, *Partidos y Políticas de Suficiencia en Pensiones de Jubilación*, Instituto Juan March de Estudios e Investigaciones, 2002, pág. 21.

化+人均预期寿命高，移民数量增长较快的新情势，在 2007 年房地产泡沫破裂以后，西班牙马上又遭受了经济危机，从前发展活跃的经济体受到重创。但显然，西班牙并没有放弃社会保障立国的迹象，社会保障法仍秉持着宪法赋予的“平等”“普遍”之精神继续前进。我们看到，西班牙的退休金改革充分考虑到了低收入群体，并力图减少退休人员之间收入的不平等。缴费型退休金则不论工作时候的收入水平如何，职位如何，向所有退休人员提供足够满足基本经济生活的社会福利。目前，西班牙正力图使社会福利机制稳定的维持下去，使得民众福利待遇跟得上通胀率。[36]

五、结语

1978 年《宪法》在序言中便明确了西班牙是社会民主型国家，以福利立国，社会保障权是宪法性权利。所以社会保障权既关乎政治又关乎民生，意义重大。退休金是西班牙社会社会保障法中最为重要的制度之一，诸多宪法、社会保障法的改革均与退休金改革密切相关。目前的退休金可以较为充分地满足所有公民退休后的物质生活。

西班牙自 1978 年《宪法》开启了民主政治之路，从此，也开始了民主政治下的社会保障法的现代化之路。究其改革动因，极为重要的一方面来自于政治的改革。民主政治使弱势群体通过选票拥有了获取合理福利待遇的政治权利。因而执政者必须顾及弱势群体的利益，平衡各个阶层的利益。因此 1978 年《宪法》秉持着平等、统一的原则，以《宪法》第 41 条为基本框架，将社会保障福利的覆盖范围扩大到西班牙全部公民。在民主政治环境中，市民社会和工会逐渐成长起来，进一步强化了弱势群体的利益诉求。加之立法司法真正地以宪法为根本，学校持续不断地对学生加以宪法和权利的教育，社会保障权已经成为公民的基本权利意识。在此基础之上，现代社会保障法以“扩大福利范围、福利事项，公民平等享有”为原则不断发展。

有学者将西班牙经济衰退的原因归于其高福利性社会保障体系，对于此点，恕不能苟同。例证就是西班牙自执行高福利政策以来，一直到 2007 年房地产泡沫崩溃以前，都是欧洲最具活力的经济体之一。在此，将制度抽象化，微述拙见：笔者从不相信诸如“制度塑造人性”一类话。因为人

---

〔36〕 例如《社会保障措施法》(Ley de Medidas en materia de Seguridad Social) 就致力于这个方面。

性就是那样，时间和地理都不曾将它改变，何况制度乎？人人都希望过上更自由、更富足的生活；人人都希望在遭遇不可避免的风险时，能够得到外在有力的救济；人人都希望在年老丧失劳动力之后，获得充分的物质保障。这是人之为人的本能，如果说哪种制度非要像鞭子一样，不停地驱赶着人超负荷地工作，退休后又依据户籍、职业将在岗时的“薪资待遇不平等”延续进垂垂老矣的黄发之际，而其合理性仅仅是其能促使人奋发工作，增加集体的经济指数，只能说这是一个从每个活生生的个体利益上来看，不那么理想的制度。好的制度并非是塑造了人性，使人变得高尚，而是更好满足了人之为人的欲望，并同时调和了人与人之间的利益。从这个角度上来说，与人为的设置了退休金差别的那种制度比，西班牙社会保障法体系下的退休金制度，着实是切实保障民生的好制度。

真正以宪法为根本，各个法律部门以宪法为轴心进行改革，将每个公民纳入社会保障体系，撤销依职业而产生的待遇不平等，严格分离不同保障体系的资金来源，将缴费和税收支出都纳入到预算体系之中，经费的行使严格依照行政程序，并且受民主权力机关的监督与市民社会的监督。这是西班牙进入民主社会以来社会保障法传授给其他各国的经验。而做到此点，绝非是改革退休金或社会保障法就可以完成的，其最终之所以能实实在在地惠及于民，依靠的是政治体制的改革。切忌将民主妖魔化成为民粹主义、暴民政治而排斥民主。一个很简单的道理是现代民主是代表制，最终决策的仍是政治精英们。民主的好处是选民可以有政治渠道表达合理的愿望、需求，没有任何一个社会能以长期牺牲一部分人的利益而维系下去。而所谓善法就是能够调和不同阶层的利益，以使得社会和谐、稳定发展。

第三编　比较法论文

试析比较法研究的功能论与诠释论

苏彦新*

引　言

西欧在人类社会线性进步乐观之幻象下，在法国巴黎于1900年召开了欲实现“世界法”、且以“西方中心观”为主的第一次国际的比较法学大会。不过，以更为自觉的比较方法或视野观察人文社科，包括法学研究的比较视角并不始于20世纪，而是始于更早的世纪。而且不论是法律的比较领域，还是语言文学领域，都开展了比较活动。比较是认识事物的一种基本方式，认识一个事物总是与另一个事物相比较，在二者的差异中界定和认识此事物。哲学家斯宾诺莎（Spinoza）说过，一切认定都是否定。20世纪文论中结构主义奠基者索绪尔（Saussure）认为，“语言系统正是在对立和差异中来确定任何一个词语的意义”。〔1〕当然，比较文学产生于19世纪的欧洲，这有其特殊的含义。在达尔文进化论的影响下，欧洲产生了比较动物学、比较解剖学。这些比较研究启发了人文研究，比较语言学的诞生，也由此导致了比较文学的产生，当然，比较也绝对不限于文学比较。在19世纪的欧洲，在其浪漫主义时代占据主导地位的观念，是把自然视为由不

---

* 苏彦新，华东政法大学教授，法学博士。

〔1〕张隆溪：《比较文学研究入门》，复旦大学出版社2009年版，第1页，下面所引用的吉卜林以及莱布尼茨的警句也见《比较文学研究入门》一书。

同物种构成的一个有机统一体，而这个观念也启发了文学研究者把不同语言、不同民族的文学作品视为文学表现和审美意识的统一体，而且具有可比的主题和特征。

在欧洲，比较法研究也是在此背景下的产物。因此，19 世纪才有了真正的比较法研究的自觉性，这表现为重视立法比较，而且成就不凡，诸如《法国民法典》《德国民法典》等制定、颁布就是这样的比较法成就；比较法的专业化，这表现为 1829 年德国法学家米特迈耶（C. J. A. Mittermaier）创办的《外国法学与立法评论》，1831 年的法兰西学院首次设立的“比较法学讲座”，1869 年牛津大学设立的由梅因（Maine）担任主讲的“历史与比较法学讲座”等。这些都应同 19 世纪的整个知识背景，特别是跟比较文学的诞生所造成的“知识”传染偶联起来。

当然，反对跨文化、跨民族与传统进行比较也大有人在，例如，20 世纪 30 年代英国著名文学家吉卜林（Kipling）就是其中之一，他并有一著名诗句说：“啊！东即是东，西即是西，这两者永不会相遇。”这隐含了比较不可能，不过，德国著名哲学家莱布尼茨（Leibniz）却在 19 世纪之前如是说过，“自知而能知人者，在此就可以明白：东方和西方将永远不会分开”。甚至具有事物的可比较性这种自觉意识的人也包括德国早期浪漫主义文学思潮之文学家赫德尔（Herder），甚至更早的意大利人文主义晚期的思想家、《新科学》的作者维柯（Vico），他们都是较为自觉的对不同文学与不同文化及传统之比较研究的先驱。

因此，知识从来都是互为发明与启发的，从而比较解剖学、比较动物学到比较语言学、比较文学乃至于比较法学构成了有些似乎怪诞的知识勾连。而从比较文学到比较法学之诠释论似乎也存在知识之牵连。

一、比较法学的功能方法论

功能认识方法的产生，跟西方 19 世纪的有机体学说、解剖学、生理学的产生有着密切联系，“现代西方生理学基本上是以功能（function）与形态（morphology）两个概念为主轴来看待有机体。功能指涉的对象是所谓的体系（system），属生理学的范畴，而形态学以器官（organ）的配置为指涉对象，乃有关解剖学的问题。就是在这样之认知架构的支撑下，西方人以功能来推论形态。他们认为，一旦功能出了问题，形态就跟着有了问题。因此，唯有通过功能，我们才能掌握器官的形态；同时，也唯有通过器官形态上的变异，我们才能推论功能的运作”。[2] 比较法学之功能方法的提倡与运用肇始于德国著名比较法学家恩斯特·拉贝尔，而到了20世纪的70年代衣恩斯特·拉贝尔（Ernst Rabel）教授之钵的茨威格特（K. Zweigert）与克茨（H. Koetz）师徒光大其学说。正如戈博（Gerber）所言：“比较法学家拉贝尔教授……把方法论的焦点转换到了规则的具体社会功能上，规则作为比较世界用于社会功能。功能方法允许意义比较的方法。每一个法律体系用特定的方式处理问题，因此，分析的起点应是问题本身。拉贝尔改变了分析的结构，把焦点从法律体系的规则与原则的形式语言转移到了同这些规则与原则相关的具体实在功能”。[3] 而更续其学说、光大其理论的理论结晶，当属茨威格特与克茨合著的《比较法总论》，他们论道，“比较法的第一个功能——正如一切科学方法一样是认识”；“比较法研究和通过比较法研究就法学问题进行活泼的国际交流，还有其他各种功能，在这里只能提纲挈领地提到：它打破那种不加反省的民族偏见；帮助我们认识我们世界不同的社会文化制度和改善国际的相互理解；对于发展中国家的法律改革，比较法研究是极有用的”；“但是比较法又是个特殊的有关实践的功能需要进一步考察，它们是：供立法者作为资料的比较法研究，作为解释（法律）工具的比较法研究，比较法在大学和法律专业学校教学的地位，以及比较法对于超国家的法律统一的意义。”[4] 这些论述应是两位比较法学家对“功能论”最简明的罗列。同时，这部论著由于英国剑桥大学比较法学家托尼·威尔（Tony Weir）教授的精湛语言与优美的英译译笔，以至于《比较法总论》的盛名远播在德语世界之外，今天它已经位于比较法经典论著的堂室。

但是，这部倡导功能论比较法的论著，到了21世纪初始之年，遭到了比较法学诠释论的倡导者之一，即法国著名比较法教授勒格朗（Legrand Pierre）尖锐的批评。勒格朗教授提出的质疑是：过往比较法研究缺乏跨学科

---

〔2〕 叶启政：《实证的迷思——重估社会科学经验研究》，生活·读书·新知三联书店2018年版，第156页。

〔3〕 Gerber, “Sculpting the Agenda of Comparative Law: Ernst Rabel and the Façade of Language”, in *Rethinking, the Masters of Comparative Law*, edited by Annelise Riles, Hart Publishing, 2001, p. 190. 针对比较法学家恩斯特·拉贝尔的中文详尽介绍，可以参见［德］米夏埃尔·马丁内克：《德意志法学之光：巨匠与杰作》，田士永译，法律出版社2016年版。

〔4〕［德］K. 茨威格特、H. 克茨：《比较法总论》，潘汉典、米健、高鸿钧、贺卫方译，法律出版社2003年版，第22~23页。

意识、研究法律趋同和法律协调（类似推定）、倡导功能方法，却忽视了差异与法律比较的诠释论与文化视角。他特别强调，比较法学家必须要做的是，“聚焦一个特定法律文化的认知结构，以及极为特别地聚集于这种认知结构的认识论基础”。因为正“是在这种特定的法律文化中，这种认识论基础，恰好以法律思维方式（集体的精神活动），或内景化的法律文化……为其缩影”。〔5〕这是对茨威格特与克茨所主张的，所有比较法的基本方法论的原理就是有关功能性原理的观点的否定。

比较法学的功能方法论之所以受到批评与质疑，实质上关键在于功能方法自身的问题：首先，它的最大不足是从功能出发否定事物本质之认识，否弃概念、范畴之比较，功能研究的方法就是注意力并不锚定在法律规则上，而是关注规则的效果上，不注意学说结构与论证，而是关注事件。从社会问题或社会需要入手，然后去发现处理问题的制度，即功能的其他社会制度、法律等。其次，功能论承诺超越国内法律界限，将规则同规则的语言外壳或规则的语境正当理由进行分离，并提出了摆脱法律思维的工具。再次，功能方法允许比较法学家不只是确认一项规则的目的，而且也要对这一目的进行评估，功能方法论还有强调案件事实的偏向。当然，功能方法也强调判例与案件事实无须同各个法律体系的概念结构分离。此外，功能方法从事比较研究还强调所有社会面临共同的问题，而且这些国家与社会处于相同历史阶段。功能方法之比较法论者认为，“一个社会问题的产生，法院或者立法者对此问题给予回应，进而存在解决该问题的结果，然而这么一种观点未考虑法律规则常常产生于历史路径依赖、文化先决条件与法律移植，以及法律规则也型塑了该社会问题”。〔6〕尽管有这样那样的问题，但功能方法同经济学的结合目前在比较法研究也有成绩可陈，而且比较法知识已经成为主流法律思想的组成部分。

比较法研究之功能方法论最大的问题还在于功能方法这一术语本身模糊不清。人们可以区分不同的功能主义：①目的论，一种基于内在目的论的新亚里士多德主义；②实用论，一种达尔文传统中的进化论功能主义；

---

〔5〕英国肯特大学法学院的杰弗里·塞缪尔（Geoffrey Samuel）教授的这一观点也受到了英国比较法教授约翰·贝尔（John Bell）的批评，贝尔教授认为“并不存在一个单一的法国法律文化，有的是各种法律文化的问题”。See Geoffrey Samuel, *An Introduction to Comparative Law Theory and Method*, Hart Publishing, 2014, p. 51.

〔6〕Mathias Siems, *ComparativeLaw*, Cambridge University Press, 2014, p. 38.

③古典的（杜克海姆式的）功能论，通过社会功用解释各种制度；④工具论，一种社会工程运用法律的规范理论；⑤改进的功能论，一种取代具有经验上可检验的古典功能论的某种沉思的功能主义方法；⑥认识论的功能主义，一种强调功能关系而不强调事物本体论的认识论；以及对等功能论，以这些概念为基础的建构但强调功能关系的非目的论、非因果论。因为比较法学家挑选不同的概念而不管不同概念之不兼容。比较法之功能方法论的第二个困难就是区分对象与功能。因此，对比较法学家来说，在一方面是规则，而另一方面是社会功能之间作出太分明的划分，可能是一种错误。功能主义方法第三个不足在于功能方法无法告诉比较法学家有关一个法律体系的内在结构更多的东西。而且，一般来说，功能主主义的各种方法不关注创设法律技艺的过程，谁做出了提供一项法律规则的判决，哪些因素会影响判决制作的过程。与此同时，比较法研究的功能方法论也无法告诉一个法律体系的内在结构，以及如何这样组合法律体系且安排其要素。

比较法研究中的功能方法论，它忽视了法律的意义世界，容易跟真理符合论的结合，特别是从结果或效果作为决定比较取得效用的标准，忽视了法律主体，特别是忽视了法律世界中法律人的思维方式，以及现象学对生活世界中的主体间的意义达成的部分真理在法律世界中的呈现。同时，这种法律比较的实证论实质忽视了法律规则或事实同语言哲学间的关系。按照英国哲学家奥斯汀的言语行为理论，不论是“施行话语”或曰以言行事，还是“记述话语”，语言与世界的关系、与真理的关系，都是极为复杂的问题。即使“记述话语”通过以言来意指事态或者事实，“这样，我们的言语就存在着与世界中的事实是否相符问题，因而它是有真假问题”。[7]但是按照奥斯汀（Austin）的研究，最终，记述话语也只不过是话语施事行为的一个子类，不仅有相符合与真假问题，还有“适当与否”的问题。实质上，话语施行行为其功用不是描述与陈述事实，而是施行行为。而通过语言陈述的法律世界在于施行行为，所以功能实证论的短板在比较法律中的运用之局限立刻显现，这是比较法研究中诠释论者所认识到的功能论的局限，法律是权威论证且循环阐释的一个世界，也如罗纳德·德沃金

---

〔7〕 参见［英］奥斯汀：《如何以言行事——1955 年哈佛大学威廉·詹姆斯讲座》，杨玉成、赵京超译，商务印书馆 2012 年版，译者导言部分。

（Ronald Dworkin）对法律阐释学方法的连续小说的例举〔8〕。

另外，法律实证论同哲学上的逻辑实证主义是紧密相关的，可是维也纳逻辑经验学派存在两个教条，并且所主张的实证论也是无法实现的。美国哲学家蒯因（Quine）在其著名的文章——《何物存在》与《经验论的两个教条》中已经做出了经典的分析。逻辑经验论企图把关于世界的一切陈述都还原为关于直接经验的陈述，从原初经验关系的基本概念去定义一切其他概念，从而把整个世界加以理性的重构。这在本体论是存在问题的。而同时他认为维也纳逻辑经验论的认识论的缺陷在于分析命题与综合命题的分离，以及与相信每一个有意义的陈述都等值于某种以指称直接经验的名词为基础的逻辑构造的（"还原论"）密不可分。命题分离的根据在于无论用"同义性概念"还是"语义规则"都无法将它们两者进行区分。〔9〕因此，法律实证论无论采取规则符合论还是事实符合论都有其认识论缺陷，比较法研究如果取这样的不同法律体系的法律问题的视角必须有着方法论与认识论的清醒。

二、比较法的诠释论对功能论

进入21世纪之后，20世纪盛极一时的比较法之功能方法论，遭到了以法国著名比较法学家勒格朗为代表的主张比较法之诠释论或者文化视角的批判，即对法律文化深描的诠释学的研究方法。

勒格朗不只是认为比较法学家应从差异开始——差异选择——而且还认为在比较法学中使用的方法论乃是"一种诠释学的活动"，"比较法学家不是在文本的层面上比较各种规则与范畴，比较法学家应把这些规则与范畴仅仅作为需要人们努力揭示并诠释这些'他者'的文本的文化与思维方式的一种理智理解的所指，也就是说该外国法律体系的法律文本是被情境的。诠释不是一个说明的问题，而是理解的问题"。〔10〕比较法研究之诠释论的理解图式一方面强调该解释者的"被情境的特征"的方法；另一方面强调该文本内容的"被情境的特征"。比较法之诠释研究方法相应确定了客

〔8〕 Geoffrey Samuel, *An Introduction to Comparative Law Theory and Method*, Hart Publishing, 2014, p. 138.

〔9〕 有关传统逻辑经验论的认识论缺陷的详尽阐述，可以参见陈启伟教授为《从逻辑的观点看》一书中译本所写序言，以及蒯因的"何物存在"与"经验论的两个教条"两篇文章（［美］威拉德·蒯因：《从逻辑的观点看》，江天骥等译，上海译文出版社1987年版）。

〔10〕 *Le droit Compare*, 3rd. edn, Presses Universitainer de France, 2009.

观解释不可能的理论。所有的解释都是被情境的，也就是说解释通过“前理解”或曰“偏见”，也如伽达默尔（Gadamer）所言，“对意义的每一种理解都是从人的历史情境中的前理解的给定性出发的有限理解”。[11] 比较法学家必须超越实证法律规则——这些法律文本（成文的或不成文的）——实证规则只是在该外国法的文化复杂基体下进行操作的一种深层思维方式的“所指”。因为比较法学家寻找的不是原因而是意义。

比较法学研究中采用深度诠释学的研究方法揭示的是这样的一种思想观念，即作为一种理性科学的法律是一种文化思维方式的组成部分。强调的不是一种实证之真理符合论，而是一种主体间性建构的真理融贯论。这实质上涉及人文社会科学与自然科学之方法论的分野。诠释学的理解图式提供了通过心理的与历史过程理解生活的方法，不同于自然科学之因果关系只分析，具体言之，也就是不同于可重复、可检验、因果性从而实现预测的自然科学研究方法。当然，诠释学的深刻洞见在于看到了生活世界的意义向度，以及人类在语言的牢笼里进行主体间性的世界建构。而这个意义的世界是一个诠释理解沟通过程，不是因果实证物化过程，是一个人为建构的意义世界。

鉴于此，比较法之诠释学方法寻求的是差异，而不是比较法之研究的“趋同命题或法律协调或寻找更好解决办法”。[12] 因为在持比较法研究之诠释学方法论的勒格朗教授看来，规则与概念只是呈现了法律文化的这种表层显现以及这种规则与概念是一种限制了观察者的“浅描”，并且阻止了分析者应该看成可欲的“深描”的可能性。“规则与概念只是更为深层的思维方式的信号物，一种深层的认知结构”。[13] 法律本身应被视为一种文化范围的法律传统内来理解法律，比较法将是必然针对跨学科确定的一门学科，比较法学家通过在规范命题与法律文化之间详尽阐释。比较不能仅仅靠图书馆引导，而是要求比较法学家永远按照不是走向某种统一或更高状态的辩证法思考。

---

〔11〕［德］汉斯-格奥尔格·加达默尔：《哲学解释学》，夏镇平、宋建平译，上海译文出版社1994年版，第40~41页。

〔12〕［德］K. 茨威格特、H. 克茨：《比较法总论》，潘汉典、米健、高鸿钧、贺卫方译，法律出版社2003年版，第22页。

〔13〕参见［英］杰弗里·塞缪尔：《比较法的理论与方法概论》，苏彦新译，法律出版社（即将出版），第116页。

因此，在诠释论者看来，比较法学家从来不是统一论者，而是多样性论者，提倡与促进法律统一的那些人是比较法律家的敌人。总而言之，比较法学家必须拒绝科学演绎论的认识论。

三、比较法之功能论与诠释论的图式

实质上，不论在比较法研究中运用功能方法还是使用诠释方法，二者都是一种认识论上的可理解图式。理解图式是处于认识的感性与理性抽象的中间状态。功能主义作为一种理解图式，它是按照现象之客观存在对现象进行分析，也就是对各种社会事实进行分析。而正是社会之目的或社会功能供给社会现象的知识。但是人们认识的理解图式不只是这两种，还有因果图式、结构图式、行动图式与辩证图式等。而这些图式在比较法学研究中进行运用，会使得比较法研究显现不同的样式或结果。当然，这些图式也可以相互结合，并会使比较法研究结论更为丰满周全。然而在比较法研究中运用这些图式，也必须认识到各种图式的局限，比如，因果图式在处理自然现象与人文社会科学的现象显然应该有别，因果图式不会显得特别灵验有效。因果性、可预测性用于观测社会现象就必须保持警惕。而诠释图式是解释的艺术，解释的目的是通过外在的符号理解其内在意义。

同时，这些理解图式也告诉我们，在比较法研究中，设若认识论与方法论的改变，那么认识的事物就会带来不同与变化。正如前述，功能图式无法说明按照结构或分类来认识一个法律体系是如何组合的。还比如，若说功能图式注重规则效果或案件事实的分析，但是功能图式却可能忽视了判决制作的法官角色与法官的思维样式以及法官的风格，正如在两大法系中法官在案件判决中对政策考量的不同认识与作用。但是总体来说，诠释图式不同于功能图式与因果图式，尤其是因果在于说明，诠释在于理解，而功能图式则是按照社会事实与文化事实的性质与存在所完成的功能来理解的一种说明模式。

四、比较文学对比较法研究之诠释论

虽然将比较文学跟比较法学研究并置一起，好像唐突，但是细细思量，它们毕竟都有前置一词比较，另外，我们考察比较文学的比较内容再回头思忖下比较法学应比较什么或许不无好处。20世纪比较文学的崛起中，法国的比较文学家们决不能说无足轻重。而伊夫·谢弗勒（Yves Chevrel）教授所写的一部小册子在比较文学界分量不轻。先罗列这本小册子的比较文学内容，再看看比较法学能不能获取教益。目录如下：第一章，定义；第二章，外国作品，包括四节即外国作品/本国作品/通俗作品，翻译与翻译作品，语言区、文化区，比较学者阅读观念；第三章，比较文学史编之得失，有五节即基本研究方法、文体类别史、文学潮流及文学运动、从影响到接受、传播媒介；第四章，文学神话，有三节即专门术语、工具书、研究展望；第五章，艺术形态——文学之界限，包括五节，分别是文学与副文学、文学与非语言表达艺术、文学及视觉艺术、文学与音乐、一个整体艺术？第六章，建立一套比较研究理论？包括三节，分别是用比较研究结论“文章”，束缚、常数及不变数，比较规律之若干疑问；结论，比较文学之未来〔14〕。

我们要比附的是作为比较法学作品比较的内容该从中显现什么内容呢？我们对于法律的比较需要对比较法与法律比较下定义，我们该如何定义比较法呢？比较文学一词，有时冠以一般和比较文学……譬如说，人们常把比较文学与法国文学或世界文学并列，并认为这三者之间没有多大区别。实际上，这三者各有特色。法国文学乃所有法国文学作品之总和；比较文学并非文章之总和，而是一个特定的文学研究角度。此外比较也不能被简化为两国之间文学之比较，更不能被简化为平衡比较法。而在比较法研究中，这样的问题是不是类似呢？还有比较文学中作品与翻译、文学类型、作品艺术风格、文学作品与文学理论、文学思潮与作品、文学作品与文化与传统、文本与读者等，这些可否转换成比较法研究中的法律渊源、法律样式、法律思维、法律文化、不同法律体系中法律主角即法官的角色差异等不一而足的问题呢？难道这不是比较法中也存在或应该去追问的问题吗，比较法研究不是从中可以学到许多吗？而反观以往的教科书式比较法论著对这些问题关注与研究至深吗？这对于我们研究与教授比较法，认识比较法不是提供了认识方法的启迪吗？

再者，比较文学给予比较法的教益在于跟比较法的诠释方法论的牵连。文学追求独特的典型艺术风格以及一个“差异的他者”，而不是趋同。诠释论者的核心在于法律协调、法律趋同或曰事物的相同不值得研究，揭示差异才是比较的所在。当然需要清醒认识的是，诠释论视角的比较法研究极

---

〔14〕 具体可详细参见［法］伊夫·谢弗勒：《比较文学》，王炳东译，商务印书馆2007年版，另外有［法］Yves Chevrel：《比较文学》，冯玉贞译，远流出版公司1991年版（台湾地区译本）。

为体现“社会科学的法国认识论的某些观念”〔15〕，以及法国学术风格。

结　语

方法论与认识论的自觉是一门学科真正成熟的标志，尽管在比较法研究中认为还在谈论方法的一门学科被认为是“有病”的学科。但是不谈方法的学科连有病的学科都不配。比较法研究百年历史，虽然也有比较法的论著甚至有些著作设有专章或专节谈论方法，但是完全从认识论与方法论的高度自觉认识与研究比较法，在21世纪才有好兆头。这种高度重视比较法研究的认识论与方法论，包括比较法研究的典范转变或范式革命，即比较法律文化研究的再出发都构成了当代比较法研究的新图景，而法国的勒格朗教授、英国的塞缪尔教授以及在荷兰的胡萨（Husa）教授等比较法学者是比较法这一研究图景的描绘者。这些比较法学者告诉我们比较法研究的复杂性与多元性，以及不同比较法的研究方法导致比较法知识的差异。当然，我们也可以确定性的回答，对传统比较法研究方法的批判绝不是抛弃，毋宁说是一种辩证的扬弃。比较法想当然以为把两种不同法律规则并置研究就是比较研究，或者对比较法研究的认识论与方法做简化处理或认为不问认识论与方法论就可以从事比较法研究，这些都是比较法研究的忌讳。同时，比较法研究不知遵循什么样的研究规程的比较法研究的幼稚病在我国目前的比较法研究中的论文、著作并不是不存在。就什么是比较法研究的规程或技术，尽管没有十全标准的规程，但是不论是意大利著名的比较法学家卡佩莱蒂提出的比较法教学与研究的六个步骤，还是英国的达勒姆大学比较法教授司慕思（Mathias Siems）提出的四个步骤以及卡迪夫大学比较法教授库兹（Peter de Cruz）提出的研究规程与技术八步骤还是值得我们深思或引以为鉴。这也是传统比较法研究所提供的指导与蓝图，告诉从事比较法研究的学者如何从事比较分析研究。

英国的比较法学者库兹教授在其所著《变迁世界中的比较法》一书中，就提出了从事比较法问题研究的一种行动方案或蓝图，即八个步骤：步骤一，确定比较的问题并尽可能准确的描述。步骤二，确定要比较的法域之一的内国法域，进而确定外国法域，而且假使可能的话，该外国法域所属或确认其最接近的所属的宗主法系，接下来一般标准，如渊源、法律思维模式、意识形态等。如果碰巧是一个混合法系或者乃是基于一个存在主导

〔15〕 See Jaakko Husa, *A New Introduction to Comparative Law*, Hart Publishing, 2015, p. 47

性的宗教信仰的法系，这需要加以说明。步骤三，决定需要的基本的法律渊源。步骤四，收集和组织要考察的法域的相关材料，这应该涵括基本的与次要的法律渊源。如果对法律研究的进路（即社会学的或历史学的进路）没有什么特别强烈的感情，则应对历史影响和社会经济的因素给予同等权衡。步骤五，按照反映的要研究的法系的法哲学与意识形态的主题组织材料。步骤六，初步精心拟定出对比较问题的尽可能的答案，细心比较不同研究方法或进路，尽可能记住文化差异或社会经济各种因素。步骤七，按照它们的内在意义而不是按照任何西方的或其他的标准批判性地分析。检查可能已经仔细审查翻译的确切性：已考虑了名词术语概念的文化意义而不是字面文义？规则完成了什么目的？提供或适用什么样的原则？对当事人会有什么样的实际后果？步骤八，在一个比较框架内，提出同原初研究目的有关的告诫的，如果必要的话，具有批判性评论的比较结论〔16〕。

我国的比较法研究已经取得了长足的进步，但是面对新世纪欧美比较法研究的新变化，包括对比较法研究的认识论与方法论高度重视乃至于法律文化新范式的变化，以及比较法研究开始强调跨学科研究〔17〕，就此我国的比较法研究应予以思考并加以审视。

---

〔16〕 对此问题的详尽论述可参见 Peter de Cruz，*Comparative Law in a Changing World*，Cavendish Publishing Limited，1999，pp. 235-238. 对此问题，也可参见 Siems，*Comparative Law*，Cambridge University Press，2014，pp. 13-40.

〔17〕 See Mathias Siems，*Comparative Law*，Cambridge University Press，2014，p. 7. 该论著对于比较法研究之跨学科以及方法论也给予了较多论述，这在较为概论性的著作中对这些论题如此多内容的阐释是不多见的。

论法理的普遍性：法之“公理”“通理”与“殊理”*

李晓辉**

法理学的研究对象应为法理。〔1〕法理作为法之原理〔2〕，应具备被称为法理的特征，即应具备普遍性和一般性。一般性主要是指适用于法理所及之法的所有过程、领域和方面。而普遍性则意味着法理能够包容不同政治—经济—社会结构之中的差异化制度形态，也即关涉多元文化的适应性。法理之学应“对古今中外一切类型的法律制度及其各个发展阶段情况的综合研究，它的结论应能解释法的一切现象”。〔3〕尽管法理应有普遍之意，但实际上西方法理学所赖以挖掘和发现法理的文化基础往往是单一的，集

---

* 本文系教育部2015年度人文社科青年基金项目“现代比较法方法论危机及其应对”（项目批准号：15YJC820029）阶段性成果。

** 李晓辉，中国政法大学比较法学研究院副教授。

〔1〕张文显先生在《法理：法理学的中心主题和法学的共同关注》一文中提出：“法理学不仅应重视以‘法律’为研究对象，而且应确立以‘法理’为其中心主题，”并倡导部门法学与法理学一起共同关注“‘法理’问题”，以校正法学的实践转向，引领中国法治朝着良法善治方向健康发展。本文作为对张文显先生倡议的响应，从法理的普遍性问题入手，联系法理学和比较法学两个学术谱系，共同思考法理研究的维度与方向。

〔2〕关于何为“法理”，请参见张文显教授在《法理：法理学的中心主题和法学的共同关注》一文中的详尽分析。本文中的“法理”主要是指法律制度中蕴含的理念和原理。

〔3〕张文显：《法理：法理学的中心主题和法学的共同关注》，载《清华法学》2017年第4期，第9页。

中于西方法；政治基础往往是一元的，集中于国家法。[4] 法理的普遍性问题中始终存在着某种紧张。一方面，基于人具体生存的多样性，这种具有人类意义上的普世性法理往往是最低限度的，仅仅探索最高程度、最低限度的普世性法理将使法理成为脱离具体人类生活的纯粹抽象法则，造成对多样性的压制。另一方面，如果完全放弃普世性追求，回到个殊性的地方化法律知识上来，则又无法达到法理所应有的普遍解释性。法理的普遍性存在着一个横向数轴，居于一端的是人在类的程度上最大范围认同的、最高程度抽象的和最低限度的普世法理，它源自普遍的人性和人类社会生活的基本道德原则；另一端则是地方化、个殊化的法律规则和观念，那些由特定“空气和土壤”所决定的“地方性知识”。在此两端之间，还存在着中间地带，即人类法律制度与观念的异中有同，同中存异的多元并存和交互影响的地带。“法律贯穿于整个人类社会，它是一致性和多样性、必然性和偶然性的混合；任何精致的法律理论都必须就这两者给出合理的解释。”[5] 立足全球化语境、面向未来的法理学既要探究具有普遍解释力的法理，同时又要避免陷入普遍化逻辑可能存在的“全球地方化”[6] 和（西方）知识霸权的风险。按照法的普遍性数轴，基于法理普遍性范围和程度的不同，可将法理划分成不同的层次和类型来加以考察：即普世性法理（法之“公理”）、共同性法理（法之“通理”）和差异性法理（法之“殊理”）。

普世性法理是在人作为类的意义上的普遍法理，具有最强的跨文化解释力、体现最大范围的认同；共同（共通）性法理是在跨文化交往中通过沟通和合意所发现的共同（共通）观念和共同（共通）制度中蕴含的法理；而差异性法理则是可识别、可界定的地方化单元中具有解释力的法理。当然这种基于普遍性范围和程度的法理类型区分，并非与全球法律层次和结

---

〔4〕 See William Twining, *General Jurisprudence: Understanding Law from a Global Perspective*, Cambridge University Press, 2009, pp. 5-6.

〔5〕［美］威廉·B. 埃瓦尔德：《比较法哲学》，于庆生、郭宪功译，中国法制出版社 2016 年版，第 87 页。

〔6〕［英］博温托·迪·苏萨·桑托斯：《迈向新法律常识：法律、全球化和解放》，刘坤轮、叶传星译，中国人民大学出版社 2009 年版，第 221 页。

构对应。〔7〕 普世性法理并不仅仅对应全球法，而地方性的法理也可能在共同法的构建中上升为共通性法理。理论上，这三种层次的法理可以出现在任意一种法律层次当中。上述三种法理的划分，主要是在来源和理想适用空间意义上的界分。三种类型的法理之间也往往在“全球的地方化”（globalized localism）与“地方的全球化”（localized globalism）〔8〕，“特殊主义的普遍化”（universalization of particularism）和“普遍主义的特殊化”（particularization of universalism）〔9〕 过程中相互影响，甚至互相转化。在既有的法律理论中，普世主义与世界主义理念试图在人类的层面探求最普遍法理；而共同法的观念和实践则展现了追寻通制与通理的努力；而法律文化和批判比较法学对差异性法理的优先考量则突出了法之“殊理”的认识论意义。

一、普世主义与世界主义：法之“公理”

（一）普世主义

普世（universal），源自拉丁词根“univers”，最初的含义是指“宇宙的，万有的”，进而指全球的、全世界的。在哲学上，具有“普遍的，一般的”含义，与特殊（particular）、个体和具体对应，代表一种逻辑抽象下的先验必然。现代以来，与“universal”一词有关的两个表达——“普世”与“普适”的含义具有部分重叠。“普世”意味着某种标准的“普遍存在”，尤其是以科学规律为代表，经由康德的“理性”概念而推演至道德哲学。而“普适”则源自罗马公民制度，指的是罗马历史上公民身份普遍适用于整个罗马疆域的过程。“普世”在基督教中也具有博爱广众，神恩遍至天下、所及四海之意。〔10〕 从汉语的语义上看，“普世”是具有某种本质根据的共同；而“普适”则是一种标准对于其他文化体的可适用性。“普世”是某种标准（制度、观念、价值和原理）的普遍存在，而“普适”则是一种

---

〔7〕 如推宁将全球法律划分为如下层次：全球的、国际的、区域性的、跨国的、社区间的、地区性国家的、亚国家的、非国家的。参见［英］威廉·推宁：《全球化与比较法》，载［英］埃辛·奥赫绪、［意］戴维·奈尔肯编：《比较法新论》，马剑银等译，清华大学出版社2012年版，第95~94页。

〔8〕 ［英］博温托·迪·苏萨·桑托斯：《迈向新法律常识：法律、全球化和解放》，刘坤轮、叶传星译，中国人民大学出版社2009年版，第221页。

〔9〕 ［美］罗兰·罗伯森：《全球化：社会理论和全球文化》，梁光严译，上海人民出版社2000年版，第144页。

〔10〕 关于普世与普适概念的辨析，参见［法］朱利安：《论普世》，吴泓缈、赵鸣译，北京大学出版社2016年版，代译序第5~6页。

标准（制度、观念、价值和原理）的推而广之。比较而言，“普世”的意义更接近公理的意义。

普世性概念或者普世主义（universalism）因其背后带有着欧洲中心主义和白人种族主义的思想根源、抹煞文化个性、与地方身份认同的紧张关系和将人视为同一化主体的逻辑，成为西方思想左派和后殖民时代非西方文化所普遍排斥的对象。以赛亚·柏林（Isaiah Berlin）认为，一元论以及对单一标准的信仰无非是为了满足人类理性和情绪上安定的满足感。历史上，不乏要求个人为了“公正、进步、神圣的使命、解放”等大词，将个人献祭于集体和社会的祭坛的事例。现实中，所存在的人的目标的多样性决定了价值是多元的，只有面对现实，承认价值多元，才是一种人道的理论选择。[11] 以马内利·沃勒斯坦（Immanuel Wallerstein）认为鉴于世界结构的“中心—边缘”格局即便西方意义上的价值体系，即使人权、民主和市场是普世的，在当前不平等的现代世界体系结构中也无法实现。更为极端的相对主义者们则干脆否定普遍性的存在，认为普遍性不是一个理论问题，而只是一个实践的问题。

尽管饱受批评，但无可否认的是，人作为类的存在具有共同的自然和理性特质。在智识上，普世性概念的存在构建了某种可能的、人作为类的共同性，成为人类社会的凝合剂。人类均具有判断力和实践理性。“出于实践理性的必要，普遍主义是必要且合法的；只要人类共同体概念是一个有意义的修辞，那么，普遍主义就会理所当然地获得合法性。”[12] 在伦理上，基于“人类性”的基本道德共识和道德关切，也能够在道德上提炼出人类最低限度的普遍道德和价值共识。[13] 康德在《道德形而上学的基础》中将普遍人格建立在理性意志之上，从而揭示了所有理性存在者的普遍共性及可能的普遍道德法则。“……公理者，为良心之所安，反之，则心中惶惶，如受桎梏……”[14] 普世性是人作为类的存在的基本条件之一，基于这种普遍的共同感，一致性方可在审美和道德行为中达致。由此，我们拥有了一

---

〔11〕 参见［英］以赛亚·柏林：《两种自由概念》，载［英］以赛亚·柏林：《自由论》，胡传胜译，译林出版社 2003 年版，第 240~246 页。

〔12〕 唐文明：《伦理理性、文化间性与求普遍意志——读万俊人新著〈寻求普世伦理〉》，载《社会科学家》1999 年第 4 期，第 35 页。

〔13〕 参见万俊人：《寻求普世伦理》，北京大学出版社 2009 年版。

〔14〕［荷］格老秀斯：《国际法典》，岑德彰译，台湾商务印书馆 1977 年版，第 11 页。

种自身与他人在理性和道德上沟通的能力，每个人都可以置于彼此之位，通过确证这种沟通交往和参与的能力，通过公共性，人类实现了一种作为类的存在。“正是因为人类这种共同本质和共同理性，使得一种普遍适用于人类社会的普遍法或共同法规则必然会存在。”〔15〕当代不是不再需要普世主义，而是需要将普世主义与欧洲中心主义的实质联系拆解开，使普世主义能够为任何一种文化所认同和“编码”，使普世主义成为展现其自身与特殊性、地方性之间联系的舞台。在对普世主义进行反思的过程中，斯蒂芬·乔森（Stefan Jonsson）主张，将西方中心主义转化为多元主义才是拯救普世主义和人类整体性的道路。“诉诸普世主义来维护西方文化优先性的做法恰恰背离了普世性，相反，诉诸普世主义来取消西方文化的优先性却是一种实现其自身的方式。”〔16〕

建构一种健康包容的普世主义在于处理好同一与差异的关系。“在普世化指导下的同一化过程不是导向同一性、一致性或对人之必不可少价值的确证，而是消解差异性、生产同质性。朱利安（Francois Jullien）认为，把同一性与标准化的生产混淆为普适性的实现使得我们失掉了两种可能性：第一，我们破坏了人性的最大资源，即文化的多样性；第二，我们破坏了普世主义的语境与计划，这将涉及多元文化间的真正遭遇与对话，而与同一性无任何关联。”〔17〕普世性来源于具体和特殊，来源于人的存在的多样性。作为方法论，寻找普适性就需要处理个殊性，从具体的个殊性出发，而不是在多元性和个殊性之外制造某种欲求的意识形态，亦不是将某种价值和观念以人为的方式普适化。作为意识形态和教义，西方的自由主义价值观和制度体系不再被理解为施予非西方的礼物。法理学所应着力的是创造一种具有更强兼容性的理论框架、建立更为通畅的公共领域，推动不同层面的普世性进行沟通和对话。从法律发展的角度，基于人类社会生活所普遍具有的经济和社会现实，如财产、交易、契约、婚姻家庭、犯罪、公共管理等，不同历史的法律之间具有可继承性，在不同法律文明之间具有可移植性。制度和观念的一致性体现为法理层面的一致性。“法理具有融通

---

〔15〕米健：《比较法·共同法·世界主义》，载《比较法研究》2011年第1期，第2页。

〔16〕［瑞典］斯蒂芬·乔森：《普世主义的意识形态》，孙海洋译，载《国外理论动态》2012年第6期，第50页。

〔17〕［瑞典］斯蒂芬·乔森：《普世主义的意识形态》，孙海洋译，载《国外理论动态》2012年第6期，第52页。

性和普遍性的特点，对法理的研究必然要求中国法学认真对待法（法治）的世界精神，而不能局限于法和法治的中国精神。”“西方法治文明，如同中华法治文明一样，有许多跨越时空的理念、制度和方法。诸如依法治理、权力制约、权利保障、法律面前人人平等、契约自由、正当程序以及有关法治的学说，反映了人类法治文明发展的一般规律。”[18] 在法理研究中需要建立一种健康开放的普世性观念，在尊重不同文化的基础上探索作为最低限度的人类意义上的普遍法理，即法之“公理”。

（二）世界主义

世界主义[19]与普世主义相联系，同时也是常常被混淆和混用的两个概念。世界主义（cosmopolitanism），起源于希腊词“kosmopolitês”（“citizen ofthe world”，世界公民），来自于古希腊的犬儒学派和斯多葛学派，古罗马时期的斯多亚派对其也有所发展。康德 1784 年《世界公民目的的普遍历史观念》一文中提出了其共同理性平等观。康德 1795 年的《永久和平论》则提出了世界政府和世界城邦的理想，提出了除国家法和国际法之外还应有的世界公民的法，并为世界法实践设定了必要的条件，即每一个世界公民在进入异质文化中所应获得的基本尊重。当代世界主义继承了传统世界主义的平等主义理念。玛莎·努斯鲍姆（Martha Nussbaum）、查理斯·贝茨（Charles Beitz）以及托马斯·博格（Thomas W. Pogge）等人均为当代世界主义思想发展做出了努力。世界主义的核心观点是：所有的人不论其政治立场、道德规范、经济背景和文化传统，都属于同一个共同体（a single-community），而这样的共同体是应该可以被文明教化的（be cultivated）。[20] “世界主义是这样一种思想观念：全人类同属于一个精神共同体，不论任何个人实际上属于哪一个国家或民族，都是人类共同体中的平等成员，享有

---

〔18〕 张文显：《法理：法理学的中心主题和法学的共同关注》，载《清华法学》2017 年第 4 期，第 9 页。

〔19〕 关于世界主义概念的起源，可参见［美］奎迈·安东尼·阿皮亚：《世界主义：陌生人世界里的道德规范》，苗华建译，中央编译出版社 2012 年版，序言；亦可参见［德］乌尔里希·贝克：《什么是世界主义?》，章国锋译，载《马克思主义与现实》2008 年第 2 期，第 54 页。关于世界主义模式的核心特征，参见［英］戴维·赫尔德：《民主与全球秩序：从现代国家到世界主义治理》，胡伟等译，上海人民出版社 2003 年版，第 85~28 页。

〔20〕 高秉江：《古希腊超越论传统与普世主义的形成》，载《广东社会科学》2012 年第 4 期，第 61~62 页。

受到平等对待的道德权利。"〔21〕 世界主义的理论个性在于：主张平等的个人是道德和制度的优先主体，越过包括国家在内的各种政治共同体，在世界的层面建立一种个人的平等联合，其理论的理想国是建立一个世界国家或者世界城邦。"对于每一个人类个体，作为道德关注的终极单元，都有一个全球性的道德地位。"〔22〕 世界主义也可以理解为西方现代自由主义、个人主义传统发展的较高阶段。丹尼尔·阿基布吉（Daniel Archibugi）将世界主义的这种规范核心归纳为三条原则，即宽容、民主的合法性和效率。〔23〕作为一种哲学上的先验论传统，世界主义强调的是人作为世界公民的整体普遍身份，以及这种身份背后的共同的人性和价值预设。世界主义抛弃了全球与地方、民族与国际的二元对立，消除了个人与人类之间，个人与世界结构之间的中间层，将个人的道德价值提升到了类的、世界的层面。

（三）普世主义与世界主义的区别与联系

世界主义与普世主义都是普遍主义（universalism）的表现形式，普遍主义是世界主义和普世主义的共同哲学基础。普遍主义孕育在古希腊哲学对于普遍理性的追求中。赫拉克利特认为在不断变化的事物之中有不变的、普遍的、常在的"逻各斯"存在。苏格拉底、柏拉图和亚里士多德，在追寻人类共同的善德和知识过程中发展了研究普遍存在的形而上学。自然法理念则是规范形态意义上的普遍主义。基督教普世主义将普遍主义哲学在西方推向了宗教信仰的层面。而"西方普遍主义在近现代以新的形式获得了巨大发展，表现为古典自然法学说、德国古典哲学、科学主义、新自然法学说和普世伦理学说等；同时，由于其形而上学特性和逻各斯中心主义倾向，普遍主义也受到来自怀疑主义、实证主义、马克思主义和后现代主义等学派的强烈批判"。〔24〕"普遍主义是世界主义伦理观的主要哲学基础。普遍主义认为每个人都具有超越种族、民族、文化与国家的普遍共性与基本人性，这些普遍共性与基本人性在任何地域的人身上都得到程度基本相同的体现，同时也是不同地域、文化、民族与国家的人们相互沟通、交流

〔21〕 龚群：《世界主义与全球正义》，载《人民大学学报》2013年第5期，第33页。

〔22〕 Thomas Pogge, *World Poverty and Human Rights*, Cambridge Polity Press, 2002, p. 109.

〔23〕［德］乌尔里希·贝克：《什么是世界主义？》，章国锋译，载《马克思主义与现实》2008年第2期，第54页。

〔24〕 张守夫：《西方普遍主义的历史渊源》，载《哲学研究》2010年第9期，第87页。

和共同发展的基础。"[25] 由上述对普世主义和世界主义两概念的分析来看，虽然两者都是以普遍性为基础的。但普世主义强调的是人类本质上所具有的同质性，注重凝合和聚众；而世界主义则强调世界公民及其实现的结构条件。在法律发展的影响上，普世主义更加注重挖掘人作为类的共性理念和规则，而世界主义则注重建构来自于个人主义的全球正义伦理和制度体系。

（四）世界主义的世界法

"法律世界主义将其道德的核心理念运用于社会制度，要求各种社会制度应该把所有人作为平等者予以考虑，追求建立全人类统一的法律组织。"[26] "……世界主义法的特定理论主张包括如下的内容：无边界的权利和正义是世界主义法体系的基础；世界公民之间的互动关系是世界主义法体系的运作动力；法生成和法适用的去国家化是世界主义法区别于民族国家法的基本特征。"[27] 戴维·赫尔德（David Held）在康德世界主义的基础上阐述的世界主义法，并不是普世性原则和规则的统一化或者同一化，而是建立在所有人应被善意对待的平等权利基础上，也即外国人在异国不被恶意对待的权利。"有鉴于此，世界主义法是超越民族与国家的特定要求的，并延伸至'普世性共同体'的全部成员。它意味着一种权利和责任，如果想要学会互相容忍彼此并和平共处，人们就必须接受它。"[28] 而这种康德意义上的普世性善意实现的条件是一部世界主义的民主公法。

健康的世界主义并不将所有人框定在一种同质化的"世界公民"概念中，而是尊重和保留地方文化的意义和现实。罗斯科·庞德（Roscoe Pound）的"世界法"观念认为："建构一种关于地方性立法和地方行政与适合于同一化世界的普遍法律原则间关系的理论，有可能会成为未来法学家所面临的迫切任务。"[29] "在法理学中，普遍原则（即法律推理的出发点）之一便是一方面对普遍规制社会生活中的关系和行为进行指导，而另

[25] 李建华、张永义：《世界主义伦理观的国际政治困境》，载《中国社会科学》2012年第5期，第46页。

[26] 龚群：《世界主义与全球正义》，载《人民大学学报》2013年第5期，第32页。

[27] 许小亮：《法律世界主义》，载《清华法学》2014年第1期，第75页。

[28] ［英］戴维·赫尔德：《民主与全球秩序：从现代国家到世界主义治理》，胡伟等译，上海人民出版社2003年版，第85~228、242页。

[29] ［美］罗斯科·庞德：《法理学》（第1卷），邓正来译，中国政法大学出版社2004年版，第471页。

一方面则制定与地方的、族群的、地理的、历史的和经济的情势相适应的详尽具体的规则。这两个方面是独特的，但是却会沿着某一边界相重合——尽管准确地划出这一边界极为不易。"[30] 包容的世界主义并非将全球化视为一种客观的、单一的、同质化的过程，而是一个"复数的"不同话语竞争和博弈的过程，也应该是不同话语和规则多元共存、寻找共识的复合进程。[31] 世界主义思考的两个主要线索，一个是强调全球化责任，另一个是强调尊重区域差异，有助于构筑两方面的平衡：既要保护区域性价值和社区的存在，又要寻求具有普世意义的标准。

（五）获得法之"公理"：先验、经验与比较方法

在追求普遍性的道路上，法律思想史总体上沿着先验与经验的两条脉络展开。在先验一脉，自然法的思想史从先验性公理出发，无论是神学自然法还是世俗理性自然法均为人在类的意义上探求法律的公理提供了思想基础。古希腊作为早期自然法哲学源流的正义和法律观念不仅是独立于人的意志而存在的，而且还具有普遍的效力。[32] "西方早期的自然法学家是从世界的统一性，特别是人类本性和规律的统一性的角度来思考法律的，因而得出了存在一种普遍适用的法的结论。不过他们所指的并不是某种实在法，而是一种理想的法。因而，他们对这种法的理解所强调的主要是法有共同的本质，并没有要求不同国家的实在法都一模一样。"[33] 自然法思想建立的是一种先验的法之"公理"，这些法之"公理"，蕴含在卢梭、洛克、孟德斯鸠、斯宾诺莎、格老秀斯的思想中。这些法理也蕴含在《人权与公民权宣言》《美国宪法》《法国民法典》和《德国民法典》等启蒙法典之中。康德的理性法观念是这种形而上学推演逻辑的代表："人类集体理性判断力……通过把我们每一个人置于彼此的位置之上"，从而允许我们权衡

〔30〕［美］罗斯科·庞德：《法理学》（第1卷），邓正来译，中国政法大学出版社2004年版，第470页。

〔31〕参见邓正来：《作为一种主观且可变进程的全球化——对中国法学"全球化论辩"之客观必然性预设的批判》，载《河北法学》2008年第5期。

〔32〕［美］罗斯科·庞德：《法理学》（第1卷），邓正来译，中国政法大学出版社2004年版，第28页。

〔33〕严存生：《自然法、万民法、世界法：西方法律全球化观念的历史渊源探寻》，载《现代法学》2003年第3期，第175页。

包含自身在内的人类的选择。[34] 普芬道夫（Pufendorf）在《普遍法理学精义》《自然法与国际法》中均提出了自然法是不论宗教和文化所有人类适用的基本法和一般法思想。莱布尼茨（Leibniz）在《人类理智新论》中提出的普遍唯理论原则奠定了人类一般规则和一般观念的认识论基础。费尔巴哈（Feuerbach）在刑法研究中钻研了伊斯兰刑法、俄罗斯法以及印度、西伯利亚、蒙古和中国的法律，在其作品中描绘了一幅“普世法律科学”的蓝图，这一蓝图中蕴含了对人类法律历史之整体的比较研究。19 世纪 20 至 30 年代德国的海德堡学派则见证了德国比较法的繁盛，实践着探索普世法理的努力。[35] 罗尔斯（Rawls）的《万民法》：“‘万民法’一词源于传统的 ius gentium，而 iumgentium intra se 一词则通常指各民族的共同法律。”[36]

公理型法理所建立的基础是人类共有的道德性与理性。在理论上达成公理型法理的一般途径中，比较方法不可或缺。哲理法学试图通过分析法律、法律体系以及特定制度的哲学基础和伦理基础，努力从特定时空中的法律律令中发现普遍的要素。历史法学从法律史中抽象出的共同轨迹和经验，如梅因的“比较历史法理学”概括出了所有进步社会的历史都是“从身份到契约”的历史。德国法学家柯勒（Kohler）的普遍法律史是通过比较研究建立的。柯勒认为，法律史是文明史的一部分，通过比较研究能够发现法律与文明的关系，即在历史进程中法律是如何发展起来的，一个民族的文明中哪些结果是与法律紧密相关的；一个民族的文明是如何受到法律限制的；以及法律是如何推进文明的。[37] 而普赫塔（Georg Friedrich Puchta）、黑格尔和爱德华·甘斯（Eduard Gans）的普遍法律史将法律史阐释为某一个普遍观念的实现过程，如黑格尔的绝对精神。分析法学则将法律从社会事实和历史背景中抽象出来，通过纯化法律，将法律视为一种逻辑自洽的结构来概括一般性法理。比较对于分析法学同样重要。如奥斯汀就是通过对英国法与罗马法的制度、准则和律令进行的比较分析而发现法律

---

〔34〕 参见［瑞典］斯蒂芬·乔森：《普世主义的意识形态》，孙海洋译，载《国外理论动态》2012 年第 6 期，第 53 页。

〔35〕 关于德国海德堡学学派的比较法研究，参见［美］威廉·B. 埃瓦尔德：《比较法哲学》，于庆生、郭宪功译，中国法制出版社 2016 年版，第 280 页。

〔36〕［美］约翰·罗尔斯：《万民法》，张晓辉等译，吉林人民出版社 2001 年版，第 3 页。

〔37〕 参见［美］罗斯科·庞德：《法理学》(第 1 卷)，邓正来译，中国政法大学出版社 2004 年版，第 165 页。

的内在权威结构和合法性理据〔38〕。在法学历史发展中，上述探寻法理的思路常常是相互竞争，同时也是相互印证的，这本身也是一种法学理论的比较逻辑：在不同的方法论进路中寻找共同的结论。

科学方法论是另一种直接导向普世性法理的经验思维方式。启蒙运动以来，科学和理性结盟，成为最有号召力的思想方法，科学和理性一样，追求某种普适的、客观的真理，这种真理具有普遍的解释力。从孟德斯鸠开始，西方法律社会学开始讨论法律与特定社会的联系，并抽象出社会系统和功能结构作为普遍性解释的法理："法的精神存在于法与各种事物可能发生的关系之中。"〔39〕以法律社会学、法律经济学为代表的社会科学法学，试图将科学方法对于物质世界一般原理的探求方法带入法学研究，约翰·斯图亚特·密尔的《逻辑体系》和孔德的实证主义社会进化法则就是法律科学化的尝试。这种方法认为自然科学的归纳法是获得法律之规律的可靠方法。"法理学意指法律科学"〔40〕。然而社会科学基于所研究的对象是人类的社会生活本身，存在意义和功能的两种视角，因此无法确证自然科学化的客观理论或者法则。社会生活具有自身的内在逻辑，"理解是经由一个将经验与认知、意义与价值相连的复杂过程而获得的，而这一切均植根于特定的文化之中"。〔41〕尽管社会科学不同于自然科学，但庞德仍然认为社会科学能够处理功能与意义的矛盾，"这里也存在两种可能性：第一，我们可以对那些期望把应然问题当作实然问题加以实现的努力进行研究；或者第二，我们也可以对产生于各种应然理论中的实然问题进行研究"。〔42〕

比较是经验提炼成为法理的必要途径。法律的系统化过程，尤其是面对杂乱无章的渊源和素材的时候，如伊斯兰法和早期英国普通法，都是首先始于对类似案件或规则进行异同比对，并将类似性案件归类，在此基础上提炼出共同的解决办法——规则与学说。西塞罗的分析性"界分"和

〔38〕参见［英］约翰·奥斯丁：《法理学的范围》，刘星译，中国法制出版社2003年版。

〔39〕［法］孟德斯鸠：《论法的精神》（上册），许明龙译，商务印书馆2009年版，第13页。

〔40〕［美］罗斯科·庞德：《法理学》（第1卷），邓正来译，中国政法大学出版社2004年版，第13页。

〔41〕［英］劳埃德：《法理学》，许章润译，法律出版社2007年版，第10页。

〔42〕［美］罗斯科·庞德：《法理学》（第1卷），邓正来译，中国政法大学出版社2004年版，第15页。

“类分”最后归纳成“范型”，成为法律从决疑术（Casuistry）[43]走向概念和体系的开始。庞德相信比较法学是“阐述法律科学”的一种合理方法。“比较法学不仅是对立法领域中的不同规则做比较性的编目工作，而且也是在表明各项原则（尽管相同的法律问题和正义问题在不同的立法者那里常常会有不同的答案）——亦即那些源出于司法经验或学说阐释的司法推理的出发点——长期以来是如何越来越趋向于法律统一的，除了地方性地理条件、族群条件或经济条件要求实行特殊规则的情形以外。”[44] 庞德总结的四种法理学的功用之一：“实在法的形式科学”，即是对业已发达的法律体系的比较分析，发现规律性，明确提出了法理研究对于解释不同法律文明现象的普遍性意义。而在方法论意义上，“作为法理学研究方法的分析方法、历史方法和哲理方法，必定是比较的”。[45]

二、共同法的观念与实践：探寻法之“通理”

（一）法之“公理”与法之“通理”的关系

“共同”一词与希腊语“共同体”（koinônia）一词直接相关，集中体现为希腊城邦的共同体中基于共同“逻各斯”理性和政治身份的公共利益分享。拉丁文的共同为（communis）其前缀表达了分享与共用的意思，后缀则意味相互之间的馈赠。朱利安认为，“共同在本质上是一个政治概念，所谓共同，指的是人人有份或人人参与，大家分享和人同此心。”[46] 从共同与普世的区别来看法之“公理”与法之“通理”的区别至少体现在几个方面：一是二者在达成之路径和视角上仍然不同，普世性“公理”主要面向先验律令，可以是未经经验检验的；而共同性“通理”则建立在经验的共通基础上。“至于共同，则相反，它深深地植根于经验，在经验中被发现，

[43] 决疑术作为一种“基于案例的推理”，不是从理性或道德一致性出发，而是从已有案件事实出发，将关键事实类似的案件归纳为某种“范例”，进而通过比较待决案件事实与“范例”事实的关系来甄别对待待决案件的一种法律和道德方法。决疑术比较好地解决了普遍的道德和法律律令与现实变化之间的关系。关于决疑术的详尽研究，参见舒国滢：《决疑术：方法、渊源与盛衰》，载《中国政法大学学报》2012年第2期。

[44] ［美］罗斯科·庞德：《法理学》（第1卷），邓正来译，中国政法大学出版社2004年版，第2页。

[45] ［美］罗斯科·庞德：《法理学》（第1卷），邓正来译，中国政法大学出版社2004年版，第22页。

[46] ［法］朱利安：《论普世》，吴泓缈、赵鸣译，北京大学出版社2016年版，第21页。

在经验中被选择；他在经验中深化又反过来丰富经验。”〔47〕 普世性“公理”产生于对个体的抽象，作为属类，它脱离并外在于个体本性，成为修饰个体的一个界定；而共同性“通理”则属于经验具象范畴，相当于一个体现在种种具体个体中的共同存在。“共同的对立面不再是个体（它与普世相对立），不再是差异（它与划一相对立），而是专有（le propre）或特殊（le particulier）。”〔48〕 二是普世性“公理”与共同性“通理”在普遍性程度上的差异，当其普遍性及于所有人类，具有最普遍的解释力和通约性，这种至大之共同就是普世；而共同在普遍性程度上低于普世。三是共同性“通理”在抽象程度上不及普世性“公理”，前者往往体现为较为具体的与特定文化和价值体系相适应和协调的内容，而后者所要求的抽象程度更高，往往具有高度的形式性。考虑到人的多元文化存在，“公理”往往通过两种可能途径来实现：一种是设置某种人人皆向往的理想性理念，如自然法；另一种则倾向于植根于社会生活的不变形式，呈现一种最低限度的标准。米尔恩在解决人权理念的普遍性问题中提出，“人权概念不是一种理想概念，而是一种最低限度的概念……有某些权利，尊重他们，是普遍的最低限度的道德标准的要求”。〔49〕 这些最低标准根植于社会生活本身的道德要求，无论其采取何种特定的形式，都在不同层面证成了这些权利本身。因为只有“一种普遍的最低限度的道德标准，因其仅为最低限要求，将会与众多的文化差异和谐共存”。〔50〕 在法理上，可以称之为法之“公理”的诸如：“己所不欲勿施于人”“人之生命权不可任意剥夺”“契约应信守”等。但在上述表述中，“己所不欲”的范围是否包括纳税；何为“任意”剥夺生命，是否包括堕胎和决斗复仇；“契约”是否包括人身关系契约等理解，在多元文化中是存在差异的，但这些差异并不构成对上述法理的否定。“通”非“同”，“通”即为在功能上等值、可互换或相当；在价值上可通约、可等价。而在一定地域和文化体系范围内经由经济、军事、社会文化交往和法律移植借鉴所达成的共同法理念和共同制度中蕴含的法理，即法之“通

〔47〕［法］朱利安：《论普世》，吴泓缈、赵鸣译，北京大学出版社2016年版，第22页。

〔48〕［法］朱利安：《论普世》，吴泓缈、赵鸣译，北京大学出版社2016年版，第26页。

〔49〕［英］A.J.M.米尔恩：《人的权利与人的多样性——人权哲学》，夏勇、张志铭译，中国大百科全书出版社1995年版，导论第7页。

〔50〕［英］A.J.M.米尔恩：《人的权利与人的多样性——人权哲学》，夏勇、张志铭译，中国大百科全书出版社1995年版，导论第10页。

理”，相对更为具体。

法之“通理”通过法律交往达成。这种交往和对话的过程在全球法律文明史中能够找到很多例子。“在普通法大部分历史中，它都处在成为一种共同法的过程之中，它的历史首先就是一部跟其他法律的关系的历史，这些法律在一定程度上来说在英国及欧洲也都是共同法。”〔51〕信托制度的产生就是一例，它来源于罗马法的委托遗嘱（fideicommissum）、日耳曼法中受托人（salmann）和伊斯兰法中的瓦格夫制度。“信托制度可以简单堪称是英国背景下的一些相当有影响的法律思想的结晶”：首先是普通法法院对财产概念进行个体化，其次是教会法院以及后来的衡平法院则执行原生法律和基督教法律中的债法，后者认为财产是一个公共概念，以致一个法定所有人可能对一个衡平法上所有人负有义务。“因此，信托从众多混合的法律的思想中被拼凑起来。所以我们说它是通过比较的实践而产生的。”〔52〕

又如南非语言文化中的“ubuntu-botho”，这一语词意指“人性”或者“仁慈”，其核心内涵很少指西方意义上的社会正义与公平，而社会的公民则旨在防止排除贫困和被边缘化的人群。在南非的实践中，这一精神与西方人权理念很容易地实现了整合〔53〕。“ubuntu-botho”原则并未写入南非宪法，但它被对宪法的精神、主旨和目标和规则的渗透产生了直接的法律效果。这种效果使这一语词屡屡出现在宪法判决之中，用以处理死刑问题、反对强制搬迁和享有足够住房的权利的获得，反对侵权行为和不当行为等。

再以伊斯兰法与西方法的关系为例。从法理的角度来看，双方的话语和关注是不同的，但也常常能够发现相通之处。〔54〕“从西方的角度来看，他们之间的争论主要集中在宪政主义、人权和平等。而从伊斯兰的角度来

〔51〕［加］帕特里克·格伦：《世界法律传统》，李立红等译，北京大学出版社 2009 年版，第 290 页。

〔52〕［加］帕特里克·格伦：《世界法律传统》，李立红等译，北京大学出版社 2009 年版，第 291 页。

〔53〕参见［南非］海伦·基普、［南非］罗布·米奇利：《ubuntu-botho 在塑造共识的南非法律文化中渐显作用》，载［荷］布鲁因斯马、［意］奈尔肯编：《法律文化之追寻》，明辉、李霞译，清华大学出版社 2011 年版，第 68~69 页。

〔54〕基于对人的价值与尊严的共同认知，尽管 1990 年的《开罗伊斯兰人权宣言》前后文有很多限定，但仍然体现了伊斯兰世界在人权问题上与世界人权宣言的共通之处。参见高鸿钧：《伊斯兰法：传统与现代化》（修订版），清华大学出版社 2004 年版，第 216 页。

看，这是一个承认真主的旨意、国际社会正义和共同体的问题。"[55] 在伊斯兰法传统中，"对人的权利在法律发展中的限制和对市场行为的限制表明了个人在整个伊斯兰法律传统中的地位。在那里，纯粹的主观权利被禁止；法律没有构筑个人的支配权；法律语言中缺乏跟主观意义上的'权利'相对应的词"。[56] 但格伦（Glenn）认为，个人在伊斯兰法传统中的重要性是毫无疑问的。伊斯兰法和西方法在权利基础性问题上是一致的，即应将对人的尊重置于首要的位置，但分歧在于如何实现这种尊重。

（二）共同法的观念与实践

"共同法"观念与实践就是法之"通理"的历史展现。"共同法，就是在各法律秩序所提出的相同的法律问题上都能适用的共同解决方案或共同原则，或是其相对理想的类型。"[57] "这个意义上的、作为相对理想类型的共同法，被视为在各法律秩序中的立法、判例、学说等各个领域中可以起到基准作用的东西。"[58] 如奠定包括普通法在内的欧洲法律基石并深刻影响了伊斯兰法和远东法律发展而罗马法中的法理、欧洲私法统一运动中提炼出的共同法理，以及体现在联合国公约、各类示范法中的法理，均可以作为法之"通理"的例子。米健教授总结了"共同法"的三种含义：罗马普通法、英国普通法和普遍法。"普遍法（Universalsrecht），亦即狭义上的共同法，（最后一种含义）指各个国家都能够接受，普遍适用于各个国家的世界性法律"，[59] 这一概括基本上浓缩了共同法的历史。

万民法是罗马人在制度上探寻法之普遍适用性的早期实践。罗马的扩张加深了与其他民族的交往。罗马人与异邦人的法律问题最初以属人法的原则来解决，罗马人适用罗马法，异邦人适用自己城邦的法。但随着版图的扩大，异邦人与罗马人间纠纷的多发，罗马法通过"市民地位拟制诉讼"等方式逐渐认同异邦人地位，并通过外事裁判官的裁判逐渐积累了大量解决罗马人与异邦人关系的具体制度。条约和诚信原则开始成为调整罗马人

---

〔55〕［加］帕特里克·格伦：《世界法律传统》，李立红等译，北京大学出版社2009年版，第238页。

〔56〕［加］帕特里克·格伦：《世界法律传统》，李立红等译，北京大学出版社2009年版，第219页。

〔57〕［日］大木雅夫：《比较法》，范愉译，法律出版社1999年版，第72页。

〔58〕［日］大木雅夫：《比较法》，范愉译，法律出版社1999年版，第73页。

〔59〕米健：《比较法·共同法·世界主义》，载《比较法研究》2011年第1期，第5页。

与异邦人关系的重要原则。直至万民法概念的提出，万民法（ius gentium）被认为是“‘自然理由在所有人当中制定的法（ius quod naturalis ratio inter omneshominesconstituit）’，因此，它‘在所有民族中得到同样的遵守（apud omes populous peraequecustoditur）’。……‘万民法’概念有着双重的含义，意识理论上的含义，它的根据是存在一种所有民族共有的法，并且认为自然理由是这种普遍性的基础；另一个是实在的和具体的含义，它指的是产生于罗马人与异邦人之间关系的那种罗马法体系。……这个概念有时也被用来表述某些制度功能的普遍性，即使这些制度在罗马法中是独树一帜的（比如对未婚人的监护）”。[60] 盖尤士（Gaius）在谈到不同于誓约（sponsio）的要式口约（stipulationes）时也认为其是适用于所有人之间的契约形式。“这种思考产生了一种把这部分法律视作是某种通用于所有文明族群的法律的普遍理论。”[61]。

在制度上另一个“通理型”制度体系和观念体系是欧洲中世纪的“共同法（ius commune）”。在基督教世界观的统摄之下，“人们在当时认为，存在着一种普遍的、基督教世界的市民法、寺院法、普遍教会法、一种普遍的海洋法、一种普遍的商法、一种普遍的骑士习惯，等等。”[62] 中世纪欧洲在罗马法和教会法两个支柱的基础上[63]，结合地方城市法、商人法等形式，发展出通行欧洲的制度形态。这种制度形态的形成几乎完全是一种多中心、多权威框架下以基督教法的信仰力量和罗马法学的理性威望、商人法的实用性和地方城市法的差异性相互交织、博弈形成的独特的法律融通现象。在这些形成欧洲中世纪共同法的元素中，除地方法之外，几乎都是跨法域的要素。

1900年巴黎国际比较法大会上，由朗贝尔（Lambert）起草的开幕式主题报告中就提出了通过比较法寻求建立“文明人类的共同法”（droitcommundel'humanité civilisée）。由此，近现代意义的“共同法”（iuscommune）

---

〔60〕［意］朱塞佩·格罗素：《罗马法史》，黄风译，中国政法大学出版社2009年版，第180~181页。

〔61〕［美］罗斯科·庞德：《法理学》（第1卷），邓正来译，中国政法大学出版社2004年版，第34页。

〔62〕［美］罗斯科·庞德：《法理学》（第1卷），邓正来译，中国政法大学出版社2004年版，第40页。

〔63〕参见苏彦新：《近代欧洲国家私法的历史基础》，上海三联书店2016年版，第192页。

或“普遍法”（universalrecht）概念正式进入学术和实践视野。朗贝尔和另一位大会的重要组织者——萨莱伊（Saleilles）在这次大会上提出期望通过比较法学来克服没有创造性的注释法学方法，同时寻求把地方性的法律和普遍性的自然法学结合起来，从而为可能实现的文明人类的共同法作出准备。因为这些法律具有人类本质所决定的共同规则。大木雅夫认为，1900年的比较法大会上的学人们所主张的已经不是应然之法意义上的先验自然法，而毋宁是鲁道夫·施塔姆勒（Rudolph Stammler）意义上的“内容可变的自然法”。“萨莱伊以文明人类共同法之名所探求的正是这种自然法，而并非永恒不变的自然法。但也不是国际统一法，而是一种‘从静止的抽象领域降落下来的、以通过利害冲突和各种社会事实的自然淘汰而产生的活的法为实体的自然法’，也就是植根于活的法的土壤中、并可能继续进步的理性法。”〔64〕

自 1900 年巴黎国际比较法大会直到欧盟建立后的差不多整个 20 世纪，共同法有了思想理论的支持和引领，进入了一个自觉的、有目的的发展阶段。这个时期共同法发展的重要标志是国际联盟、欧共体直至欧盟以及诸如联合国和 WTO 等国际性组织的建立。20 世纪 90 年代以来，欧洲的共同法理念、制度和学术传统，成为推动以欧盟政治框架为基础的新一轮欧洲共同法运动的动力源泉。“共同法出现在各国法典之前，是它们共同的法律渊源和法学科学的核心，这是欧洲法律的一个真正特征。正是它提供给欧洲一个体系化和概念化方法的宝库，一个共同的价值和制度的核心，并且直到今天依旧是欧洲现代化法律体系的基础；而且也是‘欧洲共同法’最终得以实现的历史基础。”〔65〕在这一轮欧洲私法统一运动中，法学家们通过功能主义方法比较欧洲国家间的法律制度来探讨欧洲共同私法的共同理念、原则、制度和规范。包括茨威格特（Konrad Zweigert）和克茨（Hein Kotz）、赖因哈德·齐默尔曼（Reinhard Zimmermann）、赫尔穆特·科英（Helmut Coing）等在内的欧洲比较法学家们希望通过比较研究，在欧洲法律原理和规则的“共同核心”基础上统一欧洲私法，拟定未来的《欧洲民法典》。〔66〕

---

〔64〕［日］大木雅夫：《比较法》，范愉译，法律出版社 1999 年版，第 55 页。

〔65〕张彤主编：《欧洲私法的统一化研究》，中国政法大学出版社 2012 年版，第 64~65 页。

〔66〕张彤主编：《欧洲私法的统一化研究》，中国政法大学出版社 2012 年版，第 65 页。

在欧洲大陆之外，“通制”与“通理”的形成也伴随着制度文明交往与制度融合的历史过程。普通法在经历13世纪和19世纪两次大的变革和系统化之后，发展出了以程序法承载实体法，以司法统摄法律实践的制度体系。大量的制度在两大法系中能够找到共同的罗马法原型。如“布雷克顿（Henry de Bracton）使用罗马法的对物诉讼和对人诉讼（real and personal action）的概念创造了普通法上独一无二的不动产和动产（real and personal property）概念”。“新近‘侵占令状（novel disseisin）’部分起源于教会法的‘侵夺之诉（actiospolii）’，后者本身又起源于罗马法的‘禁止暴力占有令状（interdict unde vi）’，直到13世纪末，权利令状跟所有权（proprietas）概念、占有令状（possessory assizers）跟占有权概念才最终被联系在一起。”〔67〕伊斯兰世界在宗教统摄之下，以伊斯兰教教义为基础发展出了自身的宗教法体系。即便如此，伊斯兰教法与欧洲大陆之间的法律文明交流仍然筛选出了一些共同的制度，并相互吸收融合。而且制度的影响不仅是从西方向外的单向流动，伊斯兰的法律制度和实践也在影响着西方。普通法早期的律师会馆制度，就是受到伊斯兰经文学院的影响而建立的。又如据历史学家考证，古伊斯兰国王哈里发发布的政令可能影响了英格兰国王发布的法令“assizes”形式；英格兰有限合伙和某些商法制度也有可能来自伊斯兰法。〔68〕在相对封闭的中国，法律交往活动基本上在大中华帝国的内部展开，在较为开放开明的朝代，域外制度也通过属人法（如唐朝的化外人的法律适用）进入中华帝国，中华帝国的法律也通过多民族治理和海外传播形成了共同观念和制度的“儒家文化圈”。在历史发展中，只要是开放的文化体，其法律融通活动就会出现，“通制”“通理”就会出现。“通制”是“通理”输送和传达的载体，“通理”是“通制”形成的观念基础。

（三）寻找法之“通理”的理论努力：一般法理学和比较法哲学

法律文明史上，法律比较和交流持续存在，大量的“法之通制”和“法之通理”被筛选出来，一方面显现着人类的共同理性认知，另一方面也在不断便利化商业和贸易往来。法律学说的系统化过程加速了“法之通制”和“法之通理”的形成和传播，罗马法法学家、中世纪经院法学家、罗马

---

〔67〕［加］帕特里克·格伦：《世界法律传统》，李立红等译，北京大学出版社2009年版，第265页。

〔68〕参见高鸿钧：《伊斯兰法：传统与现代化》（修订版），清华大学出版社2004年版，第126页。

法复兴运动中的注释法学、人文法学和德意志潘德克吞法学都为形成“法之通制”和“法之通理”贡献了智慧。法学家的系统化过程不仅创造了大陆法系的概念框架、基本制度形态也发展出了作为共同法律方法的法律解释和教义学技术。当代有两种力量：“一般法理学”（general jurisprudence）和“比较法哲学”是探求普遍性法理的重要理论方向。

1. 一般法理学

“在所有的法律制度之间存在着一些共同的要素和概念，这些共同点是它们之所以成为法律体系的内在要求；而一般法理学对于理解、比较和改善世界各地的法律具有重要的意义。”[69] 一般法理学之“一般”就在于其不局限于任何一个具体的法律体系和法律文化，它关注法律之间的共同要素，要对“法律这种复杂的、具有规则特性（因此也可以说具有‘规范性’）的社会和政治制度作出阐释和厘清。”威廉·推宁（William Twining）和布赖恩·Z. 塔玛纳哈（Brian Z. Tamanaha）是当代倡导“一般法理学”（general jurisprudence）的代表性学者。

塔玛纳哈的一般法理学不仅追求跨文化解释的一般性，还追求价值中立，无意于证成某种特定的价值体系和法律体系。从法律与社会的关系问题入手，塔玛纳哈反对法律与社会关系的传统理解——“镜像命题”，即“法律是社会的一面镜子，它的主要作用就是维持社会秩序”。[70] 塔玛纳哈对镜像理论的批判，不仅仅是一个理论观点的问题，而是以西方法无法解释的现象，如在法律移植中移植了外国法的社会中出现的法律与社会分离的现象作为突破口，一方面拆除西方法理学中以西方国家和西方法为本质主义标准的法概念，认为这些理论本身往往是理想化的描述，缺乏实际的证据；另一方面建构一种更加形式化、更加开放的，也更加具有普适性的法律概念和解释框架。在这一过程中，塔玛纳哈首先拆解了法律与特定社会之间具有反应与被反应关系、调整与被调整关系的“镜像命题”，进而拆解了“法律发展和进化的命题”。“……并不存在普遍的法律发展模式，并

---

〔69〕［美］布赖恩·Z. 塔玛纳哈：《一般法理学：以法律与社会的关系为视角》，郑海平译，中国政法大学出版社2012年版，序言第10~11页。

〔70〕［美］布赖恩·Z. 塔玛纳哈：《一般法理学：以法律与社会的关系为视角》，郑海平译，中国政法大学出版社2012年版，第2页。

不是每一种变化都可以被看做是一种‘进步’。”[71] 随着社会的现代化和全球化，社会基本结构中的道德/理性因素、习俗/同意因素对国家法的影响力正在逐渐减弱，法律也越来越关注程序性和形式性，“现代的法律理论往往将法律描述为一个空空的容器”。[72] 法律移植、法律全球化和“差距问题”的存在都进一步展现了西方法律理论在解释疏离于社会的法律制度体系方面的乏力。艾伦·沃森（Alan Watson）的法律移植具有独立性，是经精英之手实现的、独立于社会的过程，马克·格兰特（Marc Galanter）的印度法研究也证明了，即使是缺乏历史的根基或者历史的延续性，移植来的法律仍然可能在接受国深深扎根，现代类型的法律体系可能在很大程度上独立于其所在的社会和文化环境。[73] 即便是法律与社会文化存在距离，仍然不妨碍法律制度的有效性。全球化的现实削弱了主权国家和民族国家的主权和法律权威性根据的意义，全球商人法和跨国法的存在，进一步削弱了西方本质主义法概念的解释力。塔玛纳哈将法典中的法与行动中的法的差距问题也在这些变化中被放大了。塔玛纳哈批评哈特理论中因袭主义（conventionalism）、本质主义和功能主义之间的紧张关系，从而论证了包括哈特在内的分析实证主义理论“在考察法律的要素时忽略了世界上其他地方可能存在的不同情形”。

塔玛纳哈的“法律的社会—法律实证主义”进路主张，使用因袭主义的方法识别法律在社会群体中的形成和界限，认为：“法律就是人们通过他们的社会实践辨别出来并且当做‘法律’的任何现象。”[74] 这一概念本身并没有预设任何本质主义的法的标准，而只是将共同认知作为识别法律的基本程序，从而将定义法律的权利交回了特定社会和社会中的人，使法律概念本身地方化并且多元化了。塔玛纳哈在反思了传统和新的法律多元诸种思想之后认为：既有的法律多元仍然是一种本质主义的，即先界定何为法律，然后再去区分多元的法律类型。而因袭主义的法律多元主义则完全

〔71〕［美］布赖恩·Z. 塔玛纳哈：《一般法理学：以法律与社会的关系为视角》，郑海平译，中国政法大学出版社 2012 年版，第 76 页。

〔72〕［美］布赖恩·Z. 塔玛纳哈：《一般法理学：以法律与社会的关系为视角》，郑海平译，中国政法大学出版社 2012 年版，第 129 页。

〔73〕［美］布赖恩·Z. 塔玛纳哈：《一般法理学：以法律与社会的关系为视角》，郑海平译，中国政法大学出版社 2012 年版，第 137 页。

〔74〕［美］布赖恩·Z. 塔玛纳哈：《一般法理学：以法律与社会的关系为视角》，郑海平译，中国政法大学出版社 2012 年版，第 16 页。

是形式性的、开放性的，只要能够清晰界定的社会域中存在着被“当作”法律的任何现象，就可以界定为一种法律形式，而不问其具体的本质和内容。新法律多元主义所要做的是界定不同社会域中的经识别的法律现象，加以类型化并加以比较。通过上述批判、反思和建构，塔玛纳哈提出了一般法理学理论延展的思路和核心问题，即“以下两种观念就成为我们构建一般法理学的起点。在一个特定的社会域中，这些最初的核心问题包括：第一，在何种程度上，法律（国家法、习惯法、国际法、宗教法、自然法、土著法等）是反映主流的习俗和道德的一面镜子？第二，在何种程度上，法律（国家法、习惯法、国际法、宗教法、自然法、土著法等）有助于维持社会秩序？”〔75〕塔玛纳哈认为，这种形式性的法律理论框架能够解释世界各地万花筒般的法律现象，尤其是经历移植的非西方法律现象，从而将这一长期为西方理论所忽视的问题得到解决。这一目标的实现不是通过依据一个共同的标准来抹去差异，而是承认这些差异，并给予地方实践者以话语权。

如果说塔玛纳哈是从西方（主要是英美法理学）传统中试图发展一种能够延伸到非西方法律的一般理论的话，威廉·推宁则不仅在英美法理学内部寻找一般法理学的可能，而且进入了比较法的学术传统内部，反思了现代比较法的方法论和问题意识，阐释了比较法研究中未解的法学理论基础问题，并试图建立比较法与一般法理学的实质关联。推宁的一般法理学立基于全球化研究，主张建立覆盖多个法律体系（文化）的、具有一般性的法理学。他认为，全球化对英美法学理论提出了三个挑战，即第一，“全球化和相互依赖对‘黑箱理论’形成挑战，后者把国家、社会或法律制度当作离散的、封闭的实体，能够从内部和外部进行孤立的研究。”第二，挑战了“主流英美法律理论传统上只关注两类法律秩序——国内法和国际公法”，而基本无视全球商人法等其他的复杂法律渊源的做法。第三，挑战了英美法理学局限于英美的经验自身，而对非西方法律讨论不多的问题。“一个健康的全球性的一般法理学，应当能够对现代世界的法律现象给出一个全面的描述，包括陈述性、解释性、规范性和分析性的描述。”〔76〕一般法

---

〔75〕［美］布赖恩·Z. 塔玛纳哈：《一般法理学：以法律与社会的关系为视角》，郑海平译，中国政法大学出版社2012年版，第282页。

〔76〕［英］威廉·退宁：《全球化与法律理论》，钱向阳译，中国大百科全书出版社2009年版，第114页。（即为威廉·推宁，只是不同学者的译法不尽相同。）

理学应致力于“超越不同法律文化的法律理论而建构一个概念框架和元语言”。[77] 推宁评论了八位英美法理学的主流思想家，并重点关注了其中的四位：德沃金、边沁、卢埃林和罗尔斯，对英美法理学中蕴含的，能够应对上述全球化挑战，发展出一般法理学的能力给予了较为乐观的肯定。“法理学尽管在出处、受众、焦点、资源和视角上，有着某种程度的地方性或特殊性，它却能具有更大的一般价值，甚至是普遍价值。就像在其他领域一样法理学中也是一粒沙中可以看到整个世界。”[78] 这其中蕴含着对英美法理学向一般法理学发展的几种方法路径的可能性。[79] 在法律多元问题上推宁与塔玛纳哈不同，没有走反本质主义的路子，而是更加赞同桑托斯“法律间性”的思路。“我们的法律生活由不同的法律秩序的交叉所构成，即所谓法间性（interlegality）。法间性乃是法律多元在现象学中的对应概念，是后现代法律观的关键概念。”[80]

“在一个越来越相互依赖的世界上，几乎所有的法律研究都必然或多或少是世界性的。对于世界性的法律研究，既需要一般法理学的复兴，也需要从全球的角度对比较法的再思考。”[81] 从比较法自身的学术反省来看，推宁也看到了比较法对于法理论贡献的贫乏：“在现代，比较法和法律理论已经脱节。现代权威法学家很少对比较法及其理论给予持续性关注，而另一方面，主流比较法学家也很少对当代的法理学加以利用。”[82] 而实际上法理论与比较法是相互需要的。“为世界上的法律构建精确和严谨的图画，是一般法理学的核心任务。对法律的比较和概括会遇到理论上的重重困难，

---

〔77〕［英］威廉·退宁：《全球化与法律理论》，钱向阳译，中国大百科全书出版社2009年版，第65~67页。

〔78〕［英］威廉·退宁：《全球化与法律理论》，钱向阳译，中国大百科全书出版社2009年版，第165页。

〔79〕参见［英］威廉·退宁：《全球化与法律理论》，钱向阳译，中国大百科全书出版社2009年版，第81~83页。

〔80〕［英］威廉·退宁：《全球化与法律理论》，钱向阳译，中国大百科全书出版社2009年版，第248页。

〔81〕［英］威廉·退宁：《全球化与法律理论》，钱向阳译，中国大百科全书出版社2009年版，第223页。

〔82〕［英］威廉·退宁：《全球化与法律理论》，钱向阳译，中国大百科全书出版社2009年版，第225页。

而反过来，法律理论也需要依靠细致的比较工作来提供洞察力。”[83] “比较法为普遍化既提供专门材料同时也作为检验的基础”，[84] 解决比较法与法理学之间的割裂问题，需要重构一般法理学。推宁认为霍菲尔德（Hohfeld）在《司法推理中应用的基本法律概念》中的权利义务四对范畴八个概念的拆分是非常好的模式，这种纯粹抽象的分析具有很好的可转移性，不仅能够应用于普通法的分析，而且能够应用于大陆法，还可应用于政治哲学和道德哲学的分析，同时也可以用于分析非西方法。[85]

推宁主张当前最重要的工作是在既有英美法理学的基础上，完成一般性概念的构建与阐释（借助分析法理学），为构建更具有解释力的、更具有一般性的法律元语言而努力，同时也要关注特殊概念的可转移性问题，使用更具有共通性的概念，如“法律人”而不是“律师”。推宁认为霍菲尔德的分析法理学还可以帮助比较研究对其基本术语进行批判性分析，这些基本概念包括“比较”“可比性”等。而法律社会学或可在为比较法提供更多的基础性的量化比较研究、提供“比较指标概念”（类似于诉讼率等，笔者注）方面提供源泉。法律史学等其他学科也可以在全球史的层面为历史比较的展开提供丰富的素材。在对哈特、塔玛纳哈、卢埃林的一般法理学分析的基础上，推宁提出了他一般法理学法概念：“从全球化视角而言，将法律构想为一种制度化的社会实践是富有启发性的，这种制度化的社会实践在一个或更多个层面的关系和秩序中，以秩序化主体之间关系为导向。”[86] 推宁称这一概念在特定的语境中基于不同的目的而使用不同的法律意义蕴含，能够在建构一种更具有解释力的法律地图层面发挥作用，并且能够描述、解释、分析、阐释和比较各种法律现象。

2. 比较法哲学

经由比较获得普遍性法理，是现代比较法的理论追求之一。“比较法既是所有法律的向导，又是所有法律的教父；它是走向共同法的通衢，它是

---

〔83〕［英］威廉·退宁：《全球化与法律理论》，钱向阳译，中国大百科全书出版社 2009 年版，第 226 页。

〔84〕 William Twining, *General Jurisprudence: Understanding Law from a Global Perspective*, Cambridge University Pres, p. 244.

〔85〕 William Twining, *General Jurisprudence: Understanding Law from a Global Perspective*, Cambridge University Press, pp. 49-54.

〔86〕 William Twining, *General Jurisprudence: Understanding Law from a Global Perspective*, Cambridge University Press, p. 117.

追寻永久和平的卫士。”[87] 在寻求共同性法理的路径上，比较法是不可缺少的方向。“比较法的第一个功能——正如一切科学方法一样——是认识。(如果说) 我们所理解的法学不仅是关于本国的法律、法律原则、‘规则’和‘准则’的解释学，而且还包括有关防止和解决社会冲突的模式的探索的话，那么很清楚，比较法作为一种方法比那种面向一国国内的法学能够提供范围更广阔的解决模式。”[88] 比较法具有扩大法学研究视野的基本功能，可以用于检验从国内语境中抽象出来的原则或原理的适当性，把法律家从国内法的教条中解脱出来，使其理论在最广泛意义上的法律实践和文化土壤中获得生命力。“这样就可以使这些基础法学从游离于事实的抽象思辨中解放出来，以保证它们成为对法律现象开放的、全面的知识。而且超越于此，比较法最终可以期待建立一种普遍法学。”[89] 比较法学术史上不乏对法律比较背后的哲学基础的反思，如黑格尔的学生爱德华·甘斯（Eduard Gans），曾经完成了四卷本的《在世界历史发展中的继承法》，明确提出了一种专注于基础哲学的比较法方法。亚瑟·T. 冯·梅伦（Arthur T. von Mehren）也提出将法律哲学与比较法联系在一起，比较法将会成为更有价值的研究领域和更为贯通的学科体系。[90] 埃瓦尔德（Ewald）在批评现代比较法研究的散乱现状后也指出，“比较法研究的主要对象就应该是处于表面规则背后的哲学原则”。[91] “在执行阶段，比较法实质上是哲学的事业。”“在研究外国法律制度过程中，我们需要把握的主要不在于外在的方面，即有关法律的社会、规则的经济运作，甚至是黑体字原理的细节，而是在于什么可以被称为法律制度的‘认知结构’（cognitive structure）。”[92] 埃瓦尔德认为比较法哲学与法哲学不同，法哲学追问特定法律体系中的一般法理，而比较法哲学则探究具体时间地点场域中的不同的法律制度与实践背后的

---

〔87〕 米健：《比较法·共同法·世界主义》，载《比较法研究》2011年第1期，第5页。

〔88〕 [德] K. 茨威格特、H. 克茨：《比较法总论》，潘汉典、米健、高鸿钧、贺卫方译，法律出版社2003年版，第22页。

〔89〕 [日] 大木雅夫：《比较法》，范愉译，法律出版社1999年版，第69页。

〔90〕 参见 [美] 威廉·B. 埃瓦尔德：《比较法哲学》，于庆生、郭宪功译，中国法制出版社2016年版，第6页。

〔91〕 [美] 威廉·B. 埃瓦尔德：《比较法哲学》，于庆生、郭宪功译，中国法制出版社2016年版，第9页。

〔92〕 [美] 威廉·B. 埃瓦尔德：《比较法哲学》，于庆生、郭宪功译，中国法制出版社2016年版，第75页。

智识结构。比较法哲学“作为初步的准备，我们可以先把它看做是对一个或更多法律体系中主要制度背后的智识观念的比较研究”。“比较法哲学能够对法哲学做出两种贡献：第一，它提出了抽象的且真正哲学性的关于方法的问题，例如，一个人应当如何研究外国法律体系？在此种研究的开展中哲学是否扮演一种必不可少的角色？理解的极限是什么？以及在理论上理解一个彻底陌生之社会的法律实践的可能性有多大？第二，它能够提供本身就具有哲学价值的外国法律中的实质信息。”〔93〕

在西方当代比较法研究中，从法律问题入手，应用比较方法探寻法律原理和哲学基础的一个经典例子是詹姆士·戈德雷（James Gordley）的研究。他在《现代合同理论的哲学起源》一书中，比较了西方主要国家的合同制度，认为其相似度是很高的。在追溯了柯勒（Kolhler）、蒂姆（Thieme）、维亚克尔（Wieacker）、卡佩里尼（Cappillini）之后，戈德雷认为是16世纪末17世纪初的“后经院学派”或“西班牙自然法学派”构建了西方现代合同法的哲学基础。亚里士多德和托马斯主义关于承诺和合意的道德哲学，以西班牙经院哲学加以系统化的约因概念，以及关于误解、欺诈、胁迫的理论都几乎完全建立在亚里士多德主义和托马斯主义哲学的基础上。经过格老秀斯、普芬道夫、多玛（Jean Domat）和波蒂埃（Pothier）等人的重新阐释，虽几经沉浮，亚里士多德哲学的内核作为合同法制度的哲学基础得以保存下来。而当前流行的意志理论则背离了亚里士多德传统，无法解释“为何法律会对承诺赋予不同的价值，或不以同样的方式对待这些承诺”。戈德雷对现代西方合同法哲学基础的分析，借助于大量的比较法素材，不仅涉及英美法也涉及大陆法，还融入了大量的历史比较分析，应用了西班牙后经院哲学和自然法等理论。戈德雷在此基础上对更大范围的，包括合同在内的财产法、债法、侵权法等私法问题进行了比较研究，并仍然认为是亚里士多德哲学建构起了现代西方私法的基础，即“要过一种高尚的人的生活，美德尤其是审慎的美德，分配和交换正义可以使人们过上这种高尚的生活”。〔94〕戈德雷主张其对合同理论基础的研究不局限于某一法律体系或国家，具有在西方法意义上的普遍性，其意在为流变的合同法

---

〔93〕［美］威廉·B. 埃瓦尔德：《比较法哲学》，于庆生、郭宪功译，中国法制出版社2016年版，第277页。

〔94〕 James Gordley, “The Moral Foundations of Private Law”, *American Journal of Jurisprudence*, Vol. 47, No. 1 (Jan., 2002), p. 2.

寻找一种持续作用的哲学基础。戈德雷的概括不限于法律的表面层，不仅仅是关于合同制度的同与异，而是探求这些制度背后共同的历史哲学基础和认识论根据。他强调的是不同法律体系中合同的概念、结构和思维方式。他的方法所体现的是一种经由比较分析进入哲学反思的可能性。[95]

三、法律文化与批判的比较法：法之“殊理”

基于法律作为一种以法域框定的规范体系，大部分的法理研究视野基本上局限在一国或者一个法域之内，基于现代民族国家成为主要的法律效力框架，这种单一单元的法理毋宁是“民族法法理”和“国家法法理”。在探索“国家法法理”“民族法法理”过程中，为了获得更好的制度效果和安排，法律人开启了跨域法律比较活动。制度融合过程中的“同”“异”堪别，同时生产了两种产品：一种是经过人类理性的抽象、归纳和系统化形成的法之通理、法之公理；另一种是无法被通约的个殊性法理，即法之“殊理”。“殊理”与“公理”“通理”之间是相互对应存在的互证之物。不同制度的“公约数”被理解为“通行之制”，并被作为更理性、更成熟可靠的制度而得以广泛地传播和移植。法之“通制”中所蕴含的“通理”就具有了更大影响力和权威性。作为“剩余”的“异制”则留存在各自的文化和地域单元之内，作为标示制度身份认同的“差异之理”，即“殊理”保存下来。作为“比较的剩余物”“不可通约的余数”，“差异”历经了内部和外部的比较、论辩和区别的过程。在比较的过程中，“差异”也在与“通制”和“通理”的对话甚至对抗过程中，完成了自身的合理化过程，从而在不同的文化结构中沉淀下来形成了稳定性的“传统”和“文化”。

（一）法律文化比较

尊重地方性法律制度、实践与原理，是法律文化比较（或称其为“文化比较法”）的重要主张。“文化和结构毕竟相互关联并彼此交叠，结构是文化长期演进过程中存留下来的架构性遗产。”[96] 文化是人类思维的软件，是一种基于经验的抽象。在比较法上，文化一度被作为重要的尺度，用以从宏观角度凝聚不同类型的法律文明，亦用以从微观角度解读差异。没有文化关照的比较是干瘪的，没有开放给比较的文化是封闭的。法律文化内

---

〔95〕 参见［美］詹姆斯·戈德雷：《现代合同理论的哲学起源》，张家勇译，法律出版社 2006 年版，第 285~306 页

〔96〕 ［美］弗里德曼：《选择的共和国：法律、权威与文化》，高鸿钧等译，清华大学出版社 2005 年版，第 236 页。

涵着差异，世界上找不到两种完全相同的法律文化形态，就像找不到两片完全一样的叶子。20世纪法律比较活动中所使用的法律文化概念基本上是两种意义上的：一种是社会学意义上的，用以阐释法律现象中除却规则之外的部分，尤其是不可见的精神的部分，“社会—法律”视角即为此意。在“社会—法律”视角（这种意义上的使用广义上也包含格里茨“地方性知识”的法律人类学视角）看来，法律文化是一种特定的行为模式、是“某种赋予法律一定共性的历时性或地理性独立实体”[97]、一种生活经验的集合、一种法律制度的社会结构过滤器。另一种是大文化类型学意义上的，用以区分不同的法律文化类型。在这种意义上的法律文化是一种经整合的系统，一种总体的、综合的生活方式和观念体系。在比较研究中法律文化两种概念经常被交叠使用，即作为行为的文化要素亦作为宏观文化系统。皮埃尔·勒格朗（Pierre Legrand）将法律文化定义为：“个人在某一特定社会中的一种无形的行为框架。”在马克·范·胡克（Mark Van Hoecke）看来，法律文化似乎是一个涟漪样不断漾开的结构，由内而外。若要理解法律，需认识法律共同体的内部社会常规，而若要理解法律共同体的社会常规则必须理解其所处的大的社会秩序的文化；进而要理解法律所处的社会文化则应将其置于不同法系和法律文化圈进行比较，尤其是需要“勾勒西方和其他非西方法律文化的一些基本要素，从而有助于获得一种新的比较法研究方法”。[98]

全球化时代，大量事实上存在的，各法律文明体系之间不可通约之法理也成为制造法律冲突的根本性原因之一。如中国的“德主刑辅”“治人之法”与西方的“法治为先”；伊斯兰的女性附属地位与现代西方法中的男女平权；中国的家族式集体权利观念与西方自由主义的个人权利观等。现代比较法研究已经认识到：不同文化体系中的法理与其自身的宗教、文化和历史传统相联系，能够在其自身的法律文化体系中具有法理之功能和权威，是理解不同法律文化的观念密码，应予以尊重。为了最大程度地尊重法理的差异性，法律文化比较的过程和结论往往是循环的、互为解释的，即用

---

[97] ［意］戴维·奈尔肯：《法律文化概念的界定与使用》，载［英］埃辛·奥赫绪、［意］戴维·奈尔肯编：《比较法新论》，马剑银等译，清华大学出版社2012年版，第124页。

[98] ［比］马克·范·胡克、马克·沃林顿：《法律文化、法律范式与法律学说——迈向一种新的比较法研究模式》，载［比］马克·范·胡克主编：《比较法的认识论与方法论》，魏磊杰、朱志昊译，法律出版社2012年版，第97页。

文化来解释法律，用法律来解释文化。这种文化解释过程将法之"殊理"的合理性交由地方语境来处理，最大程度地求同存异。

（二）批判的比较法

比较法理论中，除了广为人知的法律文化研究，青睐法律的地方性，给予法之"殊理"以伦理优先性的重要一脉当属批判比较法学。从积极的角度看，勒格朗和弗莱肯伯格（Günter Frankenberg）所代表的批判比较法的"后现代思潮"[99] 有力地配合了"文化比较"的思路。通过认识论、方法论和伦理政治姿态的转变，将比较法研究的重心从"共性"拨回到"特殊性"上来，也将具体的研究对象从普世法律、共同法理转向了具有地方性的法律制度和特殊法理上来，从而承认了地方性法理的合理与正当，走向法律理性的平等化格局。

1. 皮埃尔·勒格朗

皮埃尔·勒格朗作为批判比较法的代表人物之一，展现了激进的认识论怀疑主义和保守的文化相对主义。勒格朗对传统比较法给予普世性和同一性以知识优先和道德优先进行了言辞激烈的批判。勒格朗认为，现代比较法的历史不过是西方法律在大陆法系和普通法系之间进行的内部对话，其内在的线索是通过构造一种以欧洲地方法律为模板作为文明之法的"自我"而将其他法律形态"他者"化。这种法律比较的哲学倾向是追求一种普遍性的法，将差异性视为一种"创伤"。"通过压制差异，经常是通过粗暴的形式，以关于人的共性的模糊观念（这种观念可能是基督教的世界观所滋生的，这种世界观认为人类最终是一体的和相同的）为基础而向往普世性和追求通用性（commonality），从而使比较法学家可以避免这种创伤。"[100] 但是，如同所有的愿望一样，在法律中寻找同一性的愿望最终一定会失败，因为它聚焦于不可能的主题，这一主题仅仅存在于一种自身的概要和抽象之中，而并不是事实上的存在。勒格朗提出了差异优先化的主张，"一个根本性的论点是同一性实际上需要差异性以便展现它的存在。因为同一性是一种关联，它需要在其之外存在一个非同一性，以此作为它存在的条件"，也就是说同一性从非同一性或者差异中取得自身的存在。"然

---

[99] 关于比较法的后现代思潮，请参见朱淑丽：《西方比较法学研究范式的后现代转向及其限度》，载《学术月刊》2013年第3期，第33~40页。

[100] ［法］皮埃尔·勒格朗、［英］罗德里克·芒迪主编：《比较法研究：传统与转型》，李晓辉译，北京大学出版社2011年版，第235页。

后，差异能够理解为不仅在一定程度上与同一性是‘同质的’而且比同一性享有更高程度的原初性，因为是差异使同一性的存在成为可能。”[101]

将差异性优先化，不仅在于打破传统比较法的本质主义对‘幻想中的一般性’的病态追求，而且能够满足自我超越的需要。“如果比较的目标首先是显示所有法律共同体分享的东西，那么，任何人都不需要为了考虑自己之外的视角和经验而修正自己的观点。”[102] 差异优先化的比较研究不追求一种统一化的理论和实践效果，而是追求一种多样化的呈现。但勒格朗也强调，他并非要抛弃“共性”的观念，而是反对比较法学家构建共性的排他性方式。[103] 这种排他性的构建共性的方式往往存在将共性（commonness）偷换成同一性（oneness）的危险，仅仅将自身投射到他者身上，构建一种虚伪的共性，而背后实现的是将自身强加于他者的文化暴力。勒格朗所主张的尊重差异的比较研究，意在“解释、赞颂、留意和质问地方性”，不在于秩序化和同质化他者，而是注重某种场域化的研究，展现作为他者本身的他者。[104] “换句话说，关注差异并非意味着民族主义、帝国主义、殖民主义或者（已过政治上或经济上的）孤立主义，它们是指某种类似于‘文化原教旨主义’的东西；相反，它尤其考虑到跨国的公共领域。”[105]

勒格朗在差异优先化的比较法主张之后，进一步系统化了他的激进观点，提出了“消极比较法”（negative comparative law）理论（或称“否定的比较法”）。勒格朗的“消极比较法”理论受到法兰克福学派西奥多·阿多诺（Theodor Wiesengrund Adorno）“否定的辩证法”理论的直接启发，将法

---

〔101〕［法］皮埃尔·勒格朗、［英］罗德里克·芒迪主编：《比较法研究：传统与转型》，李晓辉译，北京大学出版社2011年版，第254页。

〔102〕［法］皮埃尔·勒格朗、［英］罗德里克·芒迪主编：《比较法研究：传统与转型》，李晓辉译，北京大学出版社2011年版，第254页。

〔103〕参见［法］皮埃尔·勒格朗、［英］罗德里克·芒迪主编：《比较法研究：传统与转型》，李晓辉译，北京大学出版社2011年版，第275页。

〔104〕参见［法］皮埃尔·勒格朗、［英］罗德里克·芒迪主编：《比较法研究：传统与转型》，李晓辉译，北京大学出版社2011年版，第282页。

〔105〕［法］皮埃尔·勒格朗、［英］罗德里克·芒迪主编：《比较法研究：传统与转型》，李晓辉译，北京大学出版社2011年版，第254页。

兰克福学派对工具化理性的批判应用到比较法中。[106] 在认识论上，勒格朗主张作为比较和认识对象的外国法与认识主体比较法学家的比较观念是两个既联系又相互区别的独立存在。“并不是说外国法无法被比较法学家所研究和思考，但比较法学家无法控制、占有或整全地了解外国法，用最基本的认识论原理来说明，就是因为自身无法成为他者。”[107] 勒格朗借用了语言学、伽达默尔的解释学中的“前理解”“理解即重构”等理论说明翻译和完全理解外国法的不可能性，说明了共同在场只能是差异的共同在场。[108] 德里达（Derrida）的语言不可译、非连续性等解构主义理论也出现在勒格朗的“消极比较法”中，以解构比较法研究中的可理解性。由此，勒格朗走向了对传统比较法的全面否定，否定外国法的可翻译性、否定法律的可移植性、否定功能方法、否定结构主义和经济分析、否定法律统一化运动、反对欧洲统一法典化[109] 他几乎将所有现代比较法的肯定句都改写成了否定句。相比较于此前的“差异优先的比较法”，勒格朗进一步加强了其反对普遍性的语气，直截了当地指责所有普遍性都是“某些人”的普遍性，普遍性都是自我对他者的投射，是对他者的殖民，是粗暴的话语霸权。没有所谓的“普遍的人权法”，所谓“普遍的人权法”完全是西方文化体系内部的主题。人权话语的普世化就是西方后殖民时代的新的观念和话语的殖民。[110] 勒格朗声称他并非试图阻止法律比较，而是为了转移传统比较法那种集中在客观性、事实、方法上的专断，去暴露那些大帐篷式的散乱知识的本质，从而激励更为现实和更为多元的比较。这种多元的比较能够发现外国法、特别是非西方法本真的自我属性，主张以一种更加复杂的、特殊的、变化的、多元的和原汁原味的表达来取代那种简单化的、庸常的和同质化的对

---

〔106〕 参见 Pierre Legrand, *Negative Comparative Law*, 载皮埃尔·勒格朗个人学术主页, http://www.pierre-legrand.com/legrand-negative-comparativ.pdf, pp. 409-411, 最后访问日期：2018 年 2 月 20 日。

〔107〕 参见 Pierre Legrand, *Negative Comparative Law*, 载皮埃尔·勒格朗个人学术主页, http://www.pierre-legrand.com/legrand-negative-comparativ.pdf, p. 412, 最后访问日期：2018 年 2 月 20 日。

〔108〕 参见 Pierre Legrand, *Negative Comparative Law*, 载皮埃尔·勒格朗个人学术主页, http://www.pierre-legrand.com/legrand-negative-comparativ.pdf, p. 413, 最后访问日期：2018 年 2 月 20 日。

〔109〕 参见 Pierre Legrand, “Against a European Civil Code”, *Modern Law Review*, Vol. 60, No. 1 (Feb., 2010), pp. 44-63.

〔110〕 参见 Pierre Legrand, *Negative Comparative Law*, 载皮埃尔·勒格朗个人学术主页, http://www.pierre-legrand.com/legrand-negative-comparativ.pdf, p. 440, 最后访问日期：2018 年 2 月 20 日。

待地方法的方式。[111]

2. 弗莱肯伯格

作为勒格朗的同道，弗莱肯伯格的批判比较法主张较为温和。弗莱肯伯格认为现代比较法的主流研究存在诸多教条：集中在文本比较（Camparative Nomoscopy）；试图将法律体系描述为事实；有着一种法律中心主义和实证主义的狭隘，忽略了社会和文化的方面；受制于一种前见，即法律的发展具有既定的趋势，将走向趋同。[112] 弗莱肯伯格和勒格朗在批判现代主流比较法的认识论、方法论、政治与伦理观上都不遗余力，这种批判所集中打击的一个重要目标就是“法律发展中存在一种普遍的真理和普遍的道路”这一观点。批判比较法认为法律存在多种可能性，其内在的发展逻辑和原理也当然是多种多样的。[113] 弗莱肯伯格认为，追求对多元法律的一般理解曾经是现代比较法所继承的康德启蒙传统的理想。人类精神和理性的共性体现在不同的、有差异的人群和文化之中。而比较法能够解释人类在法律制度方面的共同观念。[114] 二战中的战争暴行几乎摧毁了人类对自身理性的自信。二战后，普遍主义话语在比较法学术中似乎耗尽了感召力，比较法学开始转入法系划分的分类学研究和功能主义比较。但随着欧洲共同核心计划、欧盟法律整合、经济全球化的推进，比较法的普遍主义思潮又重回话语中心，法律移植、全球化、国际人权法的发展都是这一逻辑的体现。而人权、平等保护、司法独立等价值的普世化就也是这一观念和实践的产物。弗莱肯伯格质疑这种对于普遍性的追求，认为追求普遍性的比较法学家们在理论上都预设了两个假定：第一，存在一种普遍的比较框架——自然法、普遍历史、普遍正义感等，否则他们就无法声称比较法能够作为一种解释的普遍方法；第二，他们不得不假定在比较审查下的现象是本质上类似的，否则他们就无法主张“比较主义必须处于所有司法行为的中心，

[111] 参见 Pierre Legrand，*Negative Comparative Law*，载皮埃尔·勒格朗个人学术主页，http：//www. pierre-legrand. com/legrand-negative-comparativ. pdf，p. 438，最后访问日期：2018年2月20日。

[112] 参见 Günter Frankenberg，*Comparative Law as Critique*，Cheltenham，UK and Northampton，MA，USA，Edward Elgar Publishing ，2016，s. 11.

[113] 参见 Günter Frankenberg，“Strangers and Identity & Politics in Comparative Law”，*Utah Law Review*，1997，p. 223.

[114] 参见 Günter Frankenberg，Comparative Law as Critique，Cheltenham，UK and Northampton，MA，USA，Edward Elgar Publishing ，2016，s. 45.

如果法律是那些普遍原则的体现而不仅仅是国内或者欧洲的原则”。[115] 然而这两种前提都已经被证明是存疑的。弗莱肯伯格倡导一种“有厚度的比较”（Thick Comparison），即将西方法与非西方法、本国法与外国法、自身与他者置于平等的认识论地位之上，倡导一种主体间沟通对话的比较研究，以克服唯西方本位和唯自我本位的教条。这是一种向地方知识和语境持开放态度的比较，试图克服主流比较法对地方法的简化；这是一种反实证的、反形式主义的比较，拒绝将法律纯化为唯一的研究对象、拒绝祛除法律与文化和意义之关联的幻想。[116] “有厚度的比较法”将所比较法的法律理解为平等对话的对象，理解为在具体的社会中以其自身方式型构法律事实与法律行为要素的动态结构。在这种比较中，文化、语境和自反性（reflexivity）都成为关键的要素，那些注重差异的研究计划成为决定性的部分。[117]

结语：多元法理的规范性竞争与“间性法理”

法之“殊理”是所有法律制度、实践与原理的基础性载体，“通理”之达成、“公理”之追寻都要建立在法之“殊理”的基础上。但从全球多元文化的现实来看，“殊理”与“公理”“通理”之间可能存在不协调甚至矛盾、冲突，典型的如在人权法理念上伊斯兰法的宗教观念与世界人权宣言意义上的人权理念之间的差异，具体表现为女性附属地位、穆斯林与非穆斯林公民待遇的差别原则、宗教信仰的伊斯兰唯一性原则等。[118] 格伦关于法普世性与规范性关系的理论能够借以说明法之“公理”“通理”与“殊理”之间可能冲突的根源是不同法律渊源规范性之间存在的竞争关系，[119] 即不同的法理相互之间争夺规范性权威所导致的认识冲突和行为冲突。一种法律传统如若与其他法律传统之间保持高度的共性，能达到某种共存，则意味它必须具有高度的灵活性和包容性。宽容问题需要面对的是两种在

---

〔115〕 参见 Günter Frankenberg , Comparative Law as Critique, Cheltenham, UK and Northampton, MA, USA, Edward Elgar Publishing , 2016, s. 99.

〔116〕 参见 Günter Frankenberg, Comparative Law as Critique, Cheltenham, UK and Northampton, MA, USA, Edward Elgar Publishing , 2016, s. 226, 228.

〔117〕 参见 Günter Frankenberg , Comparative Law as Critique, Cheltenham, UK and Northampton, MA, USA, Edward Elgar Publishing , 2016, ss. 227-228.

〔118〕 参见高鸿钧：《伊斯兰法：传统与现代化》（修订版），清华大学出版社 2004 年版，第 204~218 页。

〔119〕 参见［加］帕特里克·格伦：《世界法律传统》，李立红等译，北京大学出版社 2009 年版，第 398 页。

本质上冲突的规范性问题。比宽容更好的是相互依存。格伦认为，传统的复杂性在传统之间产生信息交换时直接模糊了传统之间的差异性。“因此，复杂传统在本质上以及在他们的主要形式上都是非普适的和非普世化的。他们为包容其他的复杂传统提供了大量的空间。传统越庞大、越复杂，它对其他传统就越不具危险。”〔120〕

在处理多元法理的规范性竞争问题过程中，一种呼之欲出的趋势和一些频繁出现的热词中似乎透露着某种重要的信号：那就是使用“间性”概念来理解不同层次和语境中的法律及其原理之间的关系或可是一种可接受的思路。这种理论倡导搁置规范性的竞争性问题，而强调多元法理与合法性之间的沟通过程和渠道，在多元对话中相互影响和渗透，以维系平等尊重的、多元合法性并存的空间。博温托·迪·苏萨·桑托斯（Boaventura de Sousa Santos）在法律全球化研究中指出：“我们处在一个多孔的合法律性（legality）或合法律性的多孔性的时代，一个迫使我们不断地转变和违规的法律制度的多重网络的时代。我们的法律生活是由不同的法律秩序相互交叉即法制间性而构建的。间性合法性是法律多元主义的现象学的对应物，它是压制型后现代法律观的一个关键概念。间性合法性是一个高度动态的过程，因为不同的法律空间是非同步的，因此产生了法律代码（在符号学意义上）的不平衡的和不稳定的混合。”〔121〕这种关于“合法律间性”（inter-legitimacy，高鸿钧先生译为“居间法制”〔122〕，笔者译为“间性合法性”）的理解不同于传统法律社会学意义上的法律多元。埃利西和千叶正士意义上的法律多元主义主要是在国家法中心主义的前提下关注非正式法律渊源的规范意义。“间性合法性”所指示的是在国家法的中心地位被强力动摇的情势下，在一个日渐“多中心的法律世界”里，全球法、区域法、国家法、地方法等多种合法性之间所展开的磋商、对抗、共谋或妥协。在这种多元、多层次、多种类的合法性之间的沟通交往之中，制度之理的互动和牵拉定是题中应有之意。而本文中提到的其他作者们，如勒格朗、弗莱

---

〔120〕［加］帕特里克·格伦：《世界法律传统》，李立红等译，北京大学出版社2009年版，第407页。

〔121〕［英］博温托·迪·苏萨·桑托斯：《迈向新法律常识：法律、全球化和解放》，刘坤轮、叶传星译，中国人民大学出版社2009年版，第536~537页。

〔122〕参见高鸿钧：《法律规制与解放之间：读〈迈向新法律常识：法律、全球化和解放〉》，载《政法论坛》2012年第4期，第94页。

肯伯格、威廉·推宁等也都以不同形式表达了这种理解，即破除法律认知上传统的“我—他”格局、实现一种共在的主体间存在，实现交互的、关联的、互为依存的法律多层次、多场域存在。格伦在研究法律传统之间的关系时经常使用 White 在 Middle Ground 中使用的“中间地带”（middle area）（一个“介乎二者之间的区域”）一词，以解释文化适应过程。在“中间地带”中，文化之间相互渗透影响、互相改变，彼此共生。[123] 国家在就是这样的一种中间地带，成为包括原生法律传统等非主流法律传统与西方理性法律传统之间传递信息和建立联系的某种媒介。在格伦那里，“间隙理性”（inter-reason）概念也尤其重要，这一概念试图突破仅仅在传统之内，尤其是在“理性传统之内”理解理性的视角，而试图在不同传统，以及不同的“理性之间”寻找某种间隙，以理解传统和传统之间发生实质关系的模式和过程。[124]

比较法和法理学中的“间性”（inter-ness）理论是西方哲学“间性理论”直接传导到法律认知的结果。“间性理论”作为对西方主体哲学的反思和反动，在现代哲学传统中已成为一种现实趋势，从康德的意志自律与他律理论[125]，到胡塞尔现象学中直接提出的“主体间性”（intersubjectivity）[126] 概念，再到海德格尔提出的“共在”（mitsein）[127] 概念，至哈贝马斯的“沟通交往理性”（communicative rationality）[128] 都是“间性哲学”打破“主客体”哲学屏障，解放被“自我”所压制的“他者”努力的成果。基于间性概念所发展出来的“主体间性”“文本间性”“文化间性”“媒介间性”等概念为理解跨文化、跨场域的社会关系提供了独到的解释工具。间性哲学的核心要义在于将主体之间的认知过程置于平等的层面，主体之

---

〔123〕 参见［加］帕特里克·格伦：《世界法律传统》，李立红等译，北京大学出版社 2009 年版，第 89 页。

〔124〕 参见［加］帕特里克·格伦：《世界法律传统》，李立红等译，北京大学出版社 2009 年版，第 89 页。

〔125〕 参见［德］康德：《道德形而上学原理》，苗力田译，上海人民出版社 1986 年版，第二章。

〔126〕 参见［德］埃德蒙德·胡塞尔著、［德］克劳斯·黑尔德编：《生活世界现象学》，倪梁康、张廷国译，上海译文出版社 2002 年版，第 194 页。

〔127〕 参见［德］马丁·海德格尔：《存在与时间》，陈嘉映、王庆节合译，生活·读书·新知三联书店 1987 版，第 146~152 页。

〔128〕 参见［德］于尔根·哈贝马斯：《后形而上学思想》，曹卫东、付德根译，译林出版社 2001 年版，第二、四章。

间以互动和相互影响的形式共同存在，主体之间互为条件，互相成就。文化间性论者从间性哲学中获得启发，将不同文化之间的关系理解为一种互为彼此的存在，互相影响的共在。“每一种文化就都有一个间性特质的问题，即在与他者相遇时或在与他者的交互作用中显出的特质。”[129] 一种文化的间性特质唯有在与他者的特定关联中才得以显现，……唯有居于这种关联的东西，才是能够引起彼此关注的东西，也就是能够在对方引起反响的东西。[130] 鉴于法律首先作为地方知识的属性，间性理论能够主张法律文化之间的平等性和差异优先，突出在沟通交往中建立的意义。

但在实践和操作的意义上，现有间性理论所提供的进路似乎并不如意，如雷蒙·潘尼卡（Raimon Panikkar）的文化功能主义进路。他从比较宗教而来的“文化间哲学”首先要求平等文化主体间相互承认差异的优先性，并以同情的姿态，在对方的文化体系中寻找“功能对等物”，并以这些“文化功能对等物”来建立相互理解和沟通的机制基础。[131] 这种思路将结构功能主义方法应用到文化和意义的维度，但似乎并没有摆脱对功能共性的依赖，又转回到功能主义的传统逻辑上来了，仍是从共同功能出发、共性优先。而另一种间性哲学则完全放弃认知者与认知对象间实现意义勾连的意图，拒绝概括，认为只要本真的描述、浸入式的体验和共情式的理解就够了，承认和尊重本身就是目的。这两种模式中，都忽略了两种或者多种法律地方性之间相互影响的过程，这个过程包括了两种地方性法理之间可能发生的交叠、替代、杂糅、分工等可能的模式，忽略了参与这一过程的法律职业人的提炼、归纳和创造，也忽略了各种社会要素和行为结构之间的冲撞与妥协。两种或者多种法律地方性之间的相互影响的过程所展现的细节和技术需要被认真地对待。归纳和提炼这一过程似乎呼唤着一种关于多元法律共生与影响的交往理论，或可称其为“间性法理”。“间性法理”的目标在于发现和提炼多元法律文化共生与交往的理想模式和原理，如“法律文化多元与平等”“社会文化功能性可等价”“法律文化在相互影响中发展”等原理，用以概括那些实现多元法律文化平等对话的有效机制。“间性法理”用以解决法之“公理”、法之“通理”与法之“殊理”之间，不同

[129] 王才勇：《文化间性问题论要》，载《江西社会科学》2007年第4期，第44页。

[130] 参见王才勇：《文化间性问题论要》，载《江西社会科学》2007年第4期，第46页。

[131] 参见［印］雷蒙·潘尼卡：《对话经：诸宗教的相遇》，王志成译，四川人民出版社2008年版。

的法之“殊理”之间的关系，在彼此之前建立“中间地带”，建立可能的沟通媒介（如国际组织、法律家群体、商人与商业自治机构）等，以达成不同层面法理之间的对话，尊重多元法律所蕴含的理性而不是以某种法律理性为唯一，并建立平等的多元法律对话的机制。“间性法理”是一种沟通交往程序与理念，承认法之原理在普遍性上可能存在的不同层次，并以开放包容的态度尊重差异。“间性法理”不以统合差异为目标，以追求人类可能限度的普遍性公理为基础，以在平等对话和交流中寻求最大程度的法律理念和原理上的共识为目标，尊重所有人类基本道德底线意义上的差异性。“间性法理”是“关于法理的法理”，在此基础上，不同普遍性之间的法理才能打破隔绝与孤立，各种法律的地方性、个殊性法理才能走出固守的领地，开辟更广阔的交流空间，在相互尊重和借鉴之中获得发展的参照。通过放大法之“公理”的校准性作用，拓展法之“通理”的内涵与外延，尊重法之“殊理”的内在逻辑，“间性法理”的思路可能建立一种更为“周全”的全球法理学和一般法理学。而探索“间性法理”是法理学和比较法学共同的使命，也是当代中国法理学对于中国大地上的法理及其所关联的人类法律文化间法之“通理”与法之“公理”的可能贡献。

中俄司法比较的实践与反思

——以移植苏联司法为重点的叙述

王海军*

不同国家和地区法制交流更是比较法产生和发展的直接动力，而法律移植更是比较法领域内一个具有重大理论意义和实践意义的课题。就中国比较法的发展和法律移植的实践来看，在历史上有三次发展期，第一次是清末修律及民国时期仿照西方立法进行的法制变革，第二次是 1949 年中华人民共和国建立后对苏联法的学习和移植，第三次则是 1978 年十一届三中全会以后出现的法制建设的高潮，在立法、司法、法律职业、法学教育等各个领域根据中国的国情借鉴外国，包括西方国家的法制建设经验的活动。

比较司法研究一直是比较法的研究热点，这也为我国司法改革提供了诸多理论资源。在这个发展过程中，20 世纪 50 年代中苏司法比较的历史尤为值得关注，因为大规模移植苏联法学理论和司法制度的实践结果对中国司法体制的发展具有不可替代的意义。在这个过程中，中国通过聘请苏联法学专家、派遣留学生和访问团队，大量翻译出版了苏联的法律、法学著作，比较研究了苏联、东欧社会主义国家的立法、司法，参考借鉴了苏联、东欧社会主义国家的有关司法制度，并在法学期刊大量刊载有关研究苏联法制的论文和译文，并以此构建了司法体制。1978 年，以党的十一届三中全会为历史转折点，中国开启了社会主义现代化建设的新时期，也由此开

* 王海军，法学博士，华东政法大学法律史研究中心、科学研究院副研究员。

始注重加强社会主义民主和法制的建设。在这个时期，中国开始由单一研究苏联司法逐渐转为开始囊括更多其他国家司法体制及比较研究，法学界也开始突破苏联法学理论的束缚，对苏联司法理论和实践予以评价和反思，开始重新认识中国移植苏联司法的影响。近年来，随着对俄罗斯问题研究的升温，在一定程度上开始反思苏联司法制度，并从这个层面上开始关注中国司法体制的改革问题。

一、移植苏联法与新中国司法体制的构建

1949 年 10 月 1 日，中华人民共和国成立。在进行司法建设过程中，《中共中央关于废除国民党的六法全书与确定解放区的司法原则的指示》明确指出："司法机关应该经常以蔑视和批判六法全书及国民党其他一切反动的法律法令的精神，以蔑视和批判欧美日本资本主义国家一切反人民法律、法令的精神，以学习和掌握马列主义——毛泽东思想的国家观、法律观及新民主主义的政策、纲领、法律、命令、条例、决议的办法，来教育和改造司法干部。"[1] 在废除"旧法统"的基础上，中国法制正式进入一个新的历史发展时期，但是中国遇到了与俄国十月革命之后共同的法律难题——无法快速创建符合自身政权性质的法律制度。在这种情况下，要建立一种符合新中国政权的法制模式就必须基于政治考虑和国际环境，因此全面移植苏联法包括司法制度成为创建国家法制的重要选择。相比之下，中国似乎更加幸运一些，因为 1917 年第一个社会主义国家——苏维埃俄国（1922 年 12 月建立苏维埃社会主义共和国联盟，简称"苏联"）已经建成，其法律制度在此前也得到了或多或少的借鉴。20 世纪 50 年代，中国开始了全面学习和移植苏联法的运动，接受苏联方面的直接帮助，并在这些基础上构建了司法体制。

（一）法院体制的建立

中华人民共和国成立之初的法院体制是在否定国民党时期的"旧法院"体制、引进苏联法院体制模式的基础上创建的。具体而言，中华人民共和国中央人民政府认为国民党政权下的法院"是反动阶级统治人民的工具，只能站在反动统治阶级的立场上面，镇压革命，压迫人民。它不但对共产

---

〔1〕《中共中央关于废除国民党的六法全书与确定解放区的司法原则的指示》。

党、对工人农民肆行血腥的残害，就是对一般人民也竭尽其欺凌的能事”,[2] 但“由于全国解放不久，革命秩序尚在逐渐建立，应兴应革的事情，自然要按先后缓急去做。目前各地人民法院无论在组织上、在制度上是既不完整又不统一”，“摆在我们面前最重大的困难是：各地法院组织机构不健全，干部量少质弱，案件的积压相当严重”。[3] 因此，移植已经成熟的苏联社会主义法院模式成为当时最好的解决方法。

1938 年 8 月，苏联最高苏维埃根据 1936 年《苏联宪法》的精神和规定通过了《苏联、各加盟共和国和自治共和国法院组织法》，其中将法院的任务确定为保障苏联宪法、加盟共和国宪法、自治共和国宪法所规定的苏联社会结构和国家结构，社会主义经济体系和社会主义所有制，所保障的苏联公民的政治、劳动、居住及其他人身财产权利与利益，以及国家机关、企业、集体农场、合作社及其他社会团体的权利和合法利益不受侵害。[4] 这与新中国成立初期法院任务相一致，那时将法院的任务确定为保护中华人民共和国国家权益和每个人的权益，保护政治制度、经济制度、文化制度和社会秩序的安定，保护国有企业、共有企业和社会团体等利益。[5] 这两者之间有着明显的移植痕迹。

同时，在审级制度上，新中国成立初期也是借鉴苏联审判制度中的三级二审制。第一审级法院为县级人民法院；第二级为各省、各专区设立的省级人民法院；第三级为最高审级，即最高人民法院，并在各大行政区设立最高人民法院分院。一般案件两审终审，个别案件实行三审终审或一审终审。此外，借鉴苏联审判制度，确定了公开审判原，1954 年《宪法》就规定，“人民法院审理案件，除法律规定的特别情况外，一律公开进行。”[6]

---

〔2〕《人民法院审判工作经告（修正重刊）——最高人民法院吴溉之副院长在第一届全国司法会议的报告》。

〔3〕《人民法院审判工作经告（修正重刊）——最高人民法院吴溉之副院长在第一届全国司法会议的报告》。

〔4〕《苏联、各加盟共和国及自治共和国法院组织法》，载［苏］В. Г. 列别金斯基、Д. И. 奥尔洛夫编：《苏维埃检察制度》（重要文件），党凤德等译，中国检察出版社 2008 年版，第 362 ~ 363 页。

〔5〕《人民法院审判工作经告（修正重刊）——最高人民法院吴溉之副院长在第一届全国司法会议的报告》。

〔6〕 1954 年《中华人民共和国宪法》第 76 条。

（二）人民陪审员制

在中国的司法实践中，早在 1925 年省港大罢工期间，“省港罢工委员会就提出了陪审制度，把它作为临时建立起来的司法制度的重要一环”。〔7〕正式建立陪审制度是在 1932 年中华苏维埃共和国中央执行委员会借鉴苏联立法并根据实际情况颁布了《裁判部暂行组织及裁判条例》。中华人民共和国成立之后，根据 1949 年《中国人民政治协商会议共同纲领》中“建立人民司法制度”〔8〕的精神，“承载着‘司法民主’价值的人民陪审员制度正式登上我国司法制度的舞台”，〔9〕在 20 世纪 50 年代大规模移植苏联法的背景下，中国吸取苏联经验在审判活动中采纳了人民陪审员制。

此后在 1954 年《宪法》和 1954 年《中华人民共和国人民法院组织法》（下文简称 1954 年《人民法院组织法》）中都规定了该制度，以根本法形式将人民陪审员制作为一项宪法制度予以表达，确定了人民陪审员与审判员共同组成合议庭的基本法庭组成形式。基于此，我国人民陪审员制得到了发展。随着 1954 年《宪法》和 1954 年《人民法院组织法》的颁布实施，中国人民陪审员制度进一步向苏联模式靠拢，可以说这个时期是新中国人民陪审员制的一个黄金发展期。〔10〕

从 1957 年下半年开始，国内各种政治运动兴起，人民陪审员制的制度形态被非理性的群众运动所扭曲，其司法民主内涵受到了极大打击甚至被否定。在法律表现上更是明显，如 1982 年《中华人民共和国民事诉讼法（试行）》中将人民陪审员制作为选择性制度，1982 年《中华人民共和国宪法》(下文简称 1982 年《宪法》）则完全回避了人民陪审员制的内容，而 1983 年《中华人民共和国人民法院组织法》则进一步将人民陪审员制推向了制度边缘。20 世纪 90 年代，随着改革开放和依法治国理念的提出，司法民主需求高涨，人民陪审员制度在这种背景下又被提出，如 1999 年最高人民法院《人民法院五年改革纲要》提出了要完善人民陪审员制，2004 年全

---

〔7〕 张晋藩主编：《中国司法制度史》，人民法院出版社 2004 年版，第 564 页。

〔8〕 1949 年 9 月 29 日中国人民政治协商会议第一届全体会议通过《中国人民政治协商会议共同纲领》，其中第 17 条规定了废除国民党反动政府一切压迫人民的法律、法令和司法制度，制定保护人民的法律、法令，建立人民司法制度。

〔9〕 毋爱斌、吴斯、张花显：《传承与超越：人民陪审制的现代转型》，载《政法学刊》2011 年第 3 期。

〔10〕 参见曲升霞：《中国人民陪审员制度的多元透视》，载《南京大学法律评论》2013 年第 1 期。

国人大常委会通过《关于完善人民陪审员制度的决定》，要求各级人民法院在一审案件中实行人民陪审员制，在继续完善人民陪审员制度的同时也确定人民陪审员制的法律地位，这个决定在很大程度上，被学界誉为我国人民陪审员制的第三波复兴。〔11〕 2009 年 11 月最高人民法院通过了《关于人民陪审员参加审判活动若干问题的规定》*，进一步将此制度规范化。

（三）检察制度

在中华人民共和国成立后，参照苏联 1936 年以后的检察制度建立了中国的检察制度。1949 年《中华人民共和国中央人民政府组织法》（下文简称《中央人民政府组织法》）第 5 章第 28 条、第 29 条、第 30 条，以及 1949 年 11 月通过的《中央人民政府最高人民检察署试行组织条例》（下文简称《试行组织条例》）和 1954 年的《中华人民共和国人民检察院组织法》（下文简称 1954 年《人民检察院组织法》）中都对检察制度做出了规定。

1. 检察机关的法律监督职能定位

苏联检察制度影响新中国检察制度的重要一点就是检察机关的职能地位，当然，中国检察机关这种定位经历了一个历史发展过程。

按照 1949 年《中央人民政府组织法》第 5 条规定，〔12〕 建立最高人民检察署，并与政务院、人民革命军事委员会和最高人民法院平级，由当时作为最高权力机关常设机关的中央人民政府产生。同时第 28 条规定，“最高人民检察署对政府机关、公务人员及全国国民之严格遵守法律，负最高检察责任。”《试行组织条例》规定最高人民检察署受中央人民政府委员会直辖，直接行使并领导下级检察署执行下列职权：①检察各级政府机关及公务人员和全国国民是否严格遵守人民政治协商会议共同纲领及人民政府的政策方针与法律、法令；②对各级司法机关的违法判决提起抗议；③对刑事案件实行侦查，提起公诉；④检察全国司法与公安机关犯人改造所及监狱之违法措施；⑤对于全国社会与劳动人民利益有关之民事案件及一切

---

〔11〕 参见钟莉：《价值·规则·实践：人民陪审员制度研究》，上海人民出版社 2011 年版，第 24 页。

* 该规定现已失效。现行有效的为最高人民法院《关于适用〈中华人民共和国人民陪审员法〉若干问题的解释》。

〔12〕《中华人民共和国中央政府组织法》于 1949 年 9 月 27 日中国人民政治协商会议第一届全体会议通过。第 5 条：中央人民政府委员会组织政务院，以为国家政务的最高执行机关；组织人民革命军事委员会，以为国家军事的最高统辖机关；组织最高人民法院及最高人民检察署，以为国家的最高审判机关及检察机关。

行政诉讼，均得代表国家公益参与之；⑥处理人民不服下级检察署不起诉处分之声请复议案件。[13] 这些规定与1936年《苏联宪法》中的表述基本一致。从职能方面看，新中国对检察机关的职能定位正是受苏联对检察院“法律监督机关”定位的影响。

在1951年通过的《中央人民政府最高人民检察署暂行组织条例》(下文简称《暂行组织条例》）和《各级地方人民检察署组织通则》，以及1954年《宪法》中都对此予以肯定。1956年，彭真在第三届全国检察工作会议上指出：“检察院是人民共和国的法律监督机关。”[14] 1957年3月，董必武在军事检察长会议上也同样指出：“检察院是监督机关，不管哪个机关犯了法，它都可以提出来。”[15] 可以说，“从（20世纪）50年代以来，中国的检察机关因受到苏联法影响，而定位于国家法律监督机关。这种监督权限当然也包括民事或是行政诉讼。”[16] 此后1979年《中华人民共和国人民检察院组织法》(下文简称1979年《人民检察院组织法》）和1982年《宪法》都明确了我国检察机关是法律监督机关的这一定位。

可见，我国检察机关的定位与苏联相同，不局限于对刑事犯罪的追诉，还有权对其他违法行为实施法律监督，以实现维护国家法律的统一和正确实施。《中央人民政府组织法》《试行组织条例》《暂行组织条例》中有关检察机关的法律监督职能定位方面基本上照搬苏联宪法中的规定。

2. 检察机关的垂直领导体制

根据宪法和法律规定，中国检察机关的最高法律监督权被赋予了最高人民检察署，并由其领导下级检察机关整体行使。

《试行组织条例》规定，各级人民检察署均独立行使职权，不受地方机关干涉，只服从最高人民检察署指挥，即在国家机构体系中实行垂直领导体制，但是此后通过的《暂行组织条例》和《各级地方人民检察署组织通则》则指出，《试行组织条例》规定的垂直领导体制因各方面条件尚不成熟，在实践中感到“有些窒碍难行之处”，而将其改为双重领导体制，即各

---

〔13〕 参见杨一凡、陈寒枫、张群主编：《中华人民共和国法制史》，社会科学文献出版社2010年版，第478页。

〔14〕 最高人民检察院研究室：《中国检察制度史料汇编》，内部编印1987年，第390页。

〔15〕 最高人民检察院研究室：《中国检察制度史料汇编》，内部编印1987年，第371页。

〔16〕 [日] 铃木贤：《原苏联法制与法学对当前中国法之影响》，载《法学研究》编辑部、黑龙江大学法学院编：《俄罗斯法论丛》(1)，中国社会科学出版社2006年版。

级地方人民检察署既受上级人民检察署的领导，又是同级人民政府的组成部分，受同级人民政府领导。

1954 年《宪法》颁布后，最终确定了最高人民检察署为全国人民最高检察机关，采取垂直领导制，地方各级检察机关独立行使职权，不受地方国家机关的干涉。〔17〕可见，1954 年《宪法》中关于检察机关的规定回到了《试行组织条例》中移植自苏联的检察机关实行垂直领导、反对双重领导，完全独立于地方国家机关的做法。根据宪法，1954 年《人民检察院组织法》第 6 条第 2 款规定："地方各级人民检察院和专门人民检察院在上级人民检察院的领导下，并且一律在最高人民检察院的统一领导下，进行工作。"

可以说，1954 年《宪法》和 1954 年《人民检察院组织法》颁布以及其中对检察机关垂直领导体制的确认，肯定了移植苏联检察制度的成功经验，以国家根本法和基础性法律的形式进一步在制度上确认了检察机关的领导关系，与苏联的体制保持了完全一致。〔18〕

3. 检察机关体系

中国在移植苏联检察制度过程中，也借鉴了苏联检察机关体系，尤其是借鉴了专门检察院的设置。

1954 年《人民检察院组织法》第 1 条规定："中华人民共和国设立最高人民检察院、地方各级人民检察院和专门人民检察院。地方各级人民检察院分为省、自治区、直辖市、自治州、县、市、自治县人民检察院。"1979 年《人民检察院组织法》也沿袭了这个体系，同时规定："省一级人民检察院和县一级人民检察院，根据工作需要，提请本级人民代表大会常务委员会批准，可以在工矿区、农垦区、林区等区域设置人民检察院，作为派出机构。"〔19〕

新中国检察机关的组织体系虽然在借鉴苏联检察经验的基础上有所变化，但其组织体系的划分还是苏联检察院体系方式的。

4. 检察监督的职能

苏联检察院被定位为国家法律监督机关。作为专门的法律监督机关，苏联检察机关享有一般监督权、对刑事案件和民事案件法院审判的监督权、

〔17〕 1954 年《中华人民共和国宪法》第 83 条。

〔18〕 参见何勤华：《关于新中国移植苏联司法制度的反思》，载《中外法学》2002 年第 3 期。

〔19〕 1979 年《中华人民共和国人民检察院组织法》第 2 条。

对侦查活动的监督权、对民警机关的监督权、对监所的监督权以及对在刑事案件中的检举公诉权。新中国在移植苏联检察制度过程中，基本借鉴了这些职权。

1954 年《宪法》以及 1954 年《人民检察院组织法》就以国家根本法和基础性法律的形式对检察院的法律监督职能在制度上进行了系统规定，以维护宪法和法律法规统一、正确地实施，检察违法犯罪行为，其具体职能包括一般监督、侦查与侦查监督、审判监督、劳动改造机关监督。可以说，1954 年《人民检察院组织法》是“苏联色彩”最浓的一部法律，但是与苏联检察制度的最大的不同在于“检察委员会”的设立。

在这些监督职能中，“一般监督”尤为突出，它作为苏联检察监督之中的核心和标志被吸收进了中国检察立法中。根据 1954 年《宪法》和 1954 年《人民检察院组织法》的规定，在中央层面，“中华人民共和国最高人民检察院对于国务院所属各部门、地方各级国家机关、国家机关工作人员和公民是否遵守法律，行使检察权。”〔20〕其中“检察权”一词的表达，实质上与苏联检察立法中“检察监督”具有同一性，只是在翻译或者措施上有所不同，因此实为“检察监督权”。同样，在地方层面，“（地方各级人民检察院）对于地方国家机关的决议、命令和措施是否合法，国家机关工作人员和公民是否遵守法律，实行监督。”〔21〕但是“一般监督”是争议最大也是最终通过实践探索最终被取消——由其他权力所分解替代的一项权力。1979 年《人民检察院组织法》做出了重大修正，主要表现在：首次明确规定“中华人民共和国人民检察院是国家的法律监督机关”，取消了 1978 年《宪法》中检察机关一般监督的规定，对检察院行使的职权重新分解和明确，重新确定了检察机关对公安机关的侦查监督，对法院的审判监督，对刑事案件判决执行的监督，以及对监所的监督。

应当说，一般监督虽然带有苏联检察体制的某种缺陷，但将检察机关视为国家法律制定和执行的监督者的理念和制度设计，是符合人类社会发展规律。因此，20 世纪 50 年代初我国移植苏联一般监督的经验，也是有其历史必然性的。

---

〔20〕 1954 年《中华人民共和国宪法》第 81 条；1954 年《中华人民共和国检察院组织法》第 3 条。

〔21〕 1954 年《中华人民共和国人民检察院组织法》第 4 条。

（四）诉讼制度

1. 刑事诉讼制度

苏联从十月革命后所建立刑事诉讼的程序体系到至 1936 年《苏联宪法》颁布后基本定型，它对新中国刑事诉讼法的观念和制度层面都有深刻影响。

首先，在刑事诉讼的观念上，与苏联刑事司法的目标和方向相同，刑事诉讼是公检法机关运用司法程序，以巩固人民民主专政为目的，惩治危害人民与国家利益的敌对分子和犯罪分子，保护公民的人身权利和财产权利的活动。〔22〕其次，在刑事诉讼法的基本原则方面，与苏联诉讼原则相同，中国确立了辩论原则、审判公开原则、职权原则、法治原则等。再次，在关于诉讼证据的理论方面也有类似之处，如关于证据的一般理论，证据的种类和证据的分类等内容。最后，在一些诉讼法的概念上也直接移植了苏联学者的观点。〔23〕

总的来看，新中国成立初期我国确立的刑事诉讼制度在受到苏联刑事诉讼理论、观念和制度的影响基础上，在 20 世纪 50 年代中叶的司法建设中逐渐完备。

2. 民事诉讼制度

在关于民事诉讼法的组织形式、民事诉讼理论，以及民事诉讼的各项基本原则和制度等基本上都是在苏联民事诉讼法的影响下形成的。

首先，关于民事诉讼审判的组织形式。受到苏联诉讼法的影响，中国采取了与苏联相同的诉讼审判之形式，在 1957 年的《民事案件审判程序（草稿）》中明确规定，除了簡单的民事案件和法律另有规定的案件外，必须由人民法院组成合议庭进行审理。〔24〕

其次，关于民事诉讼中的诉与诉权。苏联法学认为，民事诉讼中的诉具有双重属性，即“诉是一个统一的概念，但是，它具有两方面的意义，向法院请求保护权利，构成诉的诉讼法方面的意义，它与具有实体法意义的原告人对于被告人的请求权是相联系的”。〔25〕基于此，诉权也应当从民

〔22〕参见余敏声：《中国法制化的历史进程》，安徽人民出版社 1997 年版，第 141 页。

〔23〕参见何勤华：《关于新中国移植苏联司法制度的反思》，载《中外法学》2002 年第 3 期。

〔24〕1957 年《民事案件审判程序（草稿）》第 3 条。

〔25〕［苏］阿·克列曼：《苏维埃民事诉讼》，王之相、王增润译，法律出版社 1957 年版，第 196 页。

事实体法和民事程序法两个视角去分析和界定，“实体法意义上的诉权就是提起以审判的方法强制实现由民事法律关系中所生请求的权能。……程序意义上的诉权或起诉权是因主体民事权利或受法律保护的利益受到侵犯或发生争执时，向法院请求保护的一种权利”。[26] 这种双重诉权学说对中国民事诉讼制度影响很大，当时我国学者均采用双重诉权的观点，如江伟教授认为：“诉有双重涵义，与之相适应，诉权也有两种涵义，即是程序意义上的诉权和实体意义上的诉权。”[27] 常怡教授、刘家兴教授在编写的民事诉讼法教科书中采用的同样是双重诉权说。[28] 1983 年，由柴发邦教授任主持编写的高等学校法学教材《民事诉讼法教程》出版，在这本教材中，采用的也是双重诉权说。[29]

再次，处分原则与国家干预。在苏维埃民事诉讼制度中，当事人的处分权是与国家对民事诉讼的干预紧密地结合起来的，即“苏维埃民事诉讼中的处分原则就是当事人在法律范围内有处分诉讼客体（主观民事权利）和对于诉讼客体的审判保护手段（诉讼权利）的自由，这种自由是和国家为了对于国家本身和劳动者进行民事法律关系的正当保护而实行对民事法律关系的干预相结合的”。[30] “处分原则就是当事人有权处分自己的实体权利和诉讼权利，检察长有权参加诉讼，同时，法院有权监督当事人处分权利的情形，以便发现真实和保护真正的权利。”[31] 国家干预理论亦为当时中国的学者所认同，特别是参与新中国第一部民事诉讼法起草的学者所认同。柴发邦、江伟、刘家兴认为：“对民事诉讼实行国家干预，是社会主义民事诉讼特有的原则，法院和检察机关对民事诉讼的开始、进行和终了，在特定情况下，代表国家进行监督，不依当事人的意志决定诉讼是否进行。”[32]

---

〔26〕［苏］C. H. 阿布拉莫夫：《苏维埃民事诉讼》（上），中国人民大学审判法教研室译，法律出版社 1957 年版，第 199 页。

〔27〕江伟编著：《民事诉讼法学》，文化艺术出版社 1986 年版，第 133 页。

〔28〕参见常怡主编：《民事诉讼法教程》，重庆出版社 1982 年版，第 116~118 页；刘家兴主编：《民事诉讼教程》，北京大学出版社 1982 年版，第 122~125 页。

〔29〕参见柴发邦主编：《民事诉讼法教程》，法律出版社 1983 年版，第 191 页。

〔30〕［苏］C. H. 阿布拉莫夫：《苏维埃民事诉讼》（上），中国人民大学审判法教研室译，法律出版社 1957 年版，第 52 页。

〔31〕［苏］阿·克列曼：《苏维埃民事诉讼》，王之相、王增润译，法律出版社 1957 年版，第 70 页。

〔32〕柴发邦等：《民事诉讼法通论》，法律出版社 1982 年版，第 109 页。

最后，检察机关参与民事诉讼。接受苏联影响，新中国初期的民事诉讼程序中，也规定了检察机关参加民事诉讼程序的方式，如检察机关可以提起、参加民事诉讼，在认为原审法院的判决不公正时还有权提出抗议，并要求上级法院重新审理。〔33〕很明显，这学习了苏联诉讼制度中有关检察机关的职能的内容和规定。

从20世纪50年代开始的中国大规模移植苏联司法的活动来考察，其具有特殊的历史原因。共同的意识形态和政治制度，决定了苏联所建立的法律制度包括司法制度必然会对在其后建立的各社会主义国家产生重大影响和示范效应，作为新兴社会主义国家的中国也不可能脱离这种影响。从法律移植角度看，中国在20世纪50年代大规模移植苏联司法制度，在很大程度上帮助新中国司法体制的建立，可以说在当时社会主义阵营中，对苏联法的移植是必要的选择，也是唯一的选择。

二、移植苏联司法对中国司法的影响

苏联司法对中国司法的影响可谓时间最长，程度最深，是与中国司法感情最深厚的法律制度和模式。在现阶段，苏联司法已经成为历史，不再被适用，但是就其历史地位和影响来说，“苏联法制这种革命的性质和从属于高度集中的经济、政治体制的特点运用于中国的60年中，有它的优点，起了好的作用；也有它的不足，起了坏的作用”。〔34〕如何看待新中国成立以来苏联司法对中国的影响，并且对这些做出较客观、冷静的评价，将对我国现阶段进行司法体制改革具有重要理论意义。

（一）积极影响

从苏联司法对中国司法和法制建设的积极方面来看，苏联法包括司法制度对新中国成立初期的法制建设而言具有不可替代的地位，苏联法对新中国摧毁旧法统后尽快恢复建立法制起了积极作用。

第一，借助移植苏联法快速建立新中国法律体系。1949年4月，华北人民政府发布《废除国民党的六法全书及其一切反动法律》的训令，称：“反动的法律和人民的法律，没有什么‘蝉联交代’可言，而是要彻底地全部废除国民党反动的法律”。〔35〕同年10月《中国人民政治协商会议共同纲

〔33〕1957年《民事案件审判程序（草稿）》第1、50、55条。

〔34〕孙光妍、于逸生：《苏联法影响中国法制发展进程之回顾》，载《法学研究》2003年第1期。

〔35〕《董必武法学文集》编辑组编：《董必武法学文集》，法律出版社2001年版，第15页。

领》则明确宣布“废除国民党反动政府一切压迫人民的法律、法令和司法制度”。至此，南京国民政府的“旧法统”和“六法全书”被彻底否定和抛弃。在这种情况下，基于中苏两国政治体制相似性，社会主义建设的共同目标，以及学习和借鉴苏联法的传统，加之“对于极其缺乏对西方法律研究积累的当时的中国而言，苏联法成为唯一的参考对象”，[36] 依靠苏联法来建立自身的法律体系是新中国法制建设的必然选择。当时，无论从法学理论方面，还是具体的司法制度方面，苏联法都具有不可忽视的作用。在法学理论方面，维辛斯基的法学理论尤为突出，例如他所强调的社会主义法的定义、性质和功能等，社会主义法律对社会主义社会建设和发展，对统治秩序的维护以及保护、巩固和发展有利于社会秩序安定的社会关系方面的作用，以及指出要建立社会主义法律体系，建立新的法律部门等观点对我国法制体系的建构起到了积极的作用。可以说，如果没有苏联法学理论和司法制度方面的经验，新中国将很难在较短的时期内建立自己的法律体系，很难在法制建设方面取得当时取得的成果，新中国成立后可能会在较长时间内处于缺乏法制保障的境地。[37]

第二，在具体司法运行方面，中国坚持了人民司法的路线。新中国成立初期，由于受客观条件的限制，民众从事诉讼活动的成本很高，并且限于司法机关工作人员的法学素养普遍偏低的弊端，在司法运行中侦查、调查与查证等方面的能力都显得不足。在学习苏联司法理论和司法制度的过程中，也将司法民主理论纳入其制度运行的指导思想之中，同时结合当时中国国情，最终将人民司法和群众路线确定为当时国家治理和社会有效运行的指导方针，在这种路线的指引下，中华人民共和国成立初期人民法院建设的基本目标是“在人民司法机关的组织与制度上，不但要彻底打碎过去国民党政府反人民的管理机构，而且要废除它所依赖的繁琐、迟滞和扰民害民的诉讼程序。要建立便利人民、联系人民、便于吸收广大群众参加活动的人民司法的组织和制度”。[38] 为了实践司法民主和群众路线的方针，“人民法院主动参与基层民众的日常生活以确保人民法院身体的‘在场’。例如，人民法院会主动地参与农村基础设施建设、基础政权建设、组织文

---

〔36〕［日］铃木贤：《原苏联法制与法学对当前中国法之影响》，载《法学研究》编辑部、黑龙江大学法学院编：《俄罗斯法论丛》（1），中国社会科学出版社2006年版。

〔37〕参见杨心宇、陈怡华：《我国移植苏联法的反思》，载《社会科学》2002年第8期。

〔38〕《系统地建立人民司法制度》，载《人民日报》1950年8月26日。

化建设以及采用调解的方式将民众的纠纷化解在基层。基层民众从这些活动中获得了具体的实惠，从而为自己日后开展工作赢得了认同与支持。”〔39〕可以说，在当时的历史环境中，借助司法活动的群众性，不仅在一定程度上形成了具有时代特色的纠纷解决机制，也为中国司法工作开展铺平了道路，并为此后继续发展奠定了基础。

（二）消极影响

在形成积极影响的同时，“向苏联学到的法学理论和法律制度必然带上内容片面、政治极端、体系僵化和制度残缺的弊端。尽管学习苏联的积极热情随着中苏关系的恶交并未维持长久。但是，由于两国政治意识形态和制度的同质性，导致苏联法对我国产生了十分深远的消极影响”。〔40〕

首先，在大规模移植苏联司法的过程中，我国对苏联的法学理论简单照搬情况较严重，教条式地接受了大部分理论。在当时“学苏批资”观念的影响下，中国法制通过研究和宣传以维辛斯基、苏达里可夫为代表的苏联法学家关于法律理论，特别是以阶级斗争为核心的法学理论，如备受中国人推崇的维辛斯基法概念，这种法观念过分强调法的阶级性和工具性，对法制建设的负面影响很大。虽然当时中央确立了苏联经验和中国情况相结合的方针，但是并没有完全实现，因此这影响了移植效果，也导致本土化进程的迟滞，进而影响相关法律制度的运行。

其次，由于苏联长期实行党政不分、以党代政的政治体制，导致党的政策就是法律的依据，法律的作用就是完成党的任务，政治需要可以指导修订后废弃法律，法律虚无主义也由此盛行。新中国成立以后，中国的法律制度相对缺位，政策就在国家治理和法制运行过程中曾经起到重要作用，这对于新生政权的稳定和国家安全，以及社会秩序无可厚非。但随着政权的逐渐稳固，法制中的政策色彩依然浓厚，法律在地位和功能上依旧如前，这种法律工具主义和法律虚无主义的表现对中国法制的发展十分不利，其主要原因就如同有国内学者所说，“在意识形态决定一切和‘政治挂帅’的时代，法律仅为服务的工具，不能起到决定作用，甚至不能决定自身的命运”。〔41〕

---

〔39〕 郑智航：《新中国成立初期人民法院的司法路线——以国家权力下沉为切入点》，载《法制与社会发展》2012年第5期。

〔40〕 杨心宇、陈怡华：《我国移植苏联法的反思》，载《社会科学》2002年第8期。

〔41〕 王志华：《苏联法影响中国法的几点思考》，载《华东政法大学学报》2008年第1期。

再次，限制了中国法学的发展。由于受全盘学习苏联法学的影响，中国法学在相当长的一段时间内“还缺乏直接从马克思主义出发独立阐释社会主义法律观的能力，只能在继受苏联法学理论的过程中，接受了经过苏联学者在先阐释的已经教条化且有偏颇性的所谓‘马克思主义法学观’”。〔42〕就法学的知识来源方面来看，大部分来自苏联，随着中国法学的自我发展，这种因素依旧存在，在较长一段时间里，这种弊端都没有被剔除，“苏联法学仍然在一定程度上扮演着知识来源的角色。但是，这种知识来源的角色发生了转变。苏联法学不再是惟一的知识来源，而是根据马克思主义的普遍原理与中国具体实践相结合的原则，在中国法学研究者自主而严肃的研究下，苏联法学包括俄罗斯法学作为知识来源之一而存在”。〔43〕在法学研究方法上，苏联法学的“阶级斗争”范式对中国法学研究的影响也十分深远，由维辛斯基针对20世纪30年代苏联政治斗争需要而建立的以阶级斗争为纲的国家和法的理论体系，对中国产生了深刻影响，在20世纪50年代之后成为中国法学界的支配性范式。〔44〕这些方面存在的弊端和消极影响，导致了法学学科独立性的丧失。

最后，在司法运行方面，出现了“压制性”的司法模式。在司法民主论的基础上，新中国成立之后人民法院的司法活动采取了走群众路线的模式，并通过“广场化”的司法方式最大限度地吸引民众参与具体的司法活动，但是民众在司法活动的身份被认定为“执行者”，这就在很大程度上导致司法活动的随意性，而且“由于人民法院强调群众路线，反对专业化、职业化的司法路线，致使人民法院忽视了技术治理的优势以及身体治理存在的局限。”〔45〕

（三）改革开放后苏联司法消极影响的延续性

1978年，以十一届三中全会为标志，中国法制随着改革开放也进入了一个新的时代，相比较新中国成立初期的法制建设，进入了第二次法律革

---

〔42〕陈甦：《当代中国法学的历程——〈当代中国法学研究〉导论》，载《中国社会科学院研究生院学报》2010年第6期。

〔43〕王奇才、高戚昕峤：《中国法学的苏联渊源——以中国法学的学科性质和知识来源为主要考察对象》，载《法制与社会发展》2012年第5期。

〔44〕参见张文显：《法哲学通论》，辽宁人民出版社2009年版，第74~78页。

〔45〕郑智航：《新中国成立初期人民法院的司法路线——以国家权力下沉为切入点》，载《法制与社会发展》2012年第5期。

命时期。〔46〕但是，由于此前大规模移植苏联法的影响和惯性依然存在，这个阶段中国法制发展过程中不可避免地留有苏联法影响的印记，尤其是消极影响在改革开放后的一段时间里还较为明显。

1. 法的定义的阶级性

从苏联移植进来的所谓的以统治阶级的意志为法律本质的阶级斗争法理论，现在虽然渐渐失去了地位变为配角，但是仍然出现于法学教材之中。

我国法学理论中对法的定义借鉴和移植了苏联对法的认识，当时中国的法学教材或论文中普遍采纳了维辛斯基对法的定义的观点，强调法是统治阶级进行阶级统治的工具，统治阶级制定的法律反映统治阶级的意志，即突出强调了法的阶级性，如“统治阶级的意志便是统治阶级的这种利益的反映，国家根据统治阶级意志制定出来的，并用国家强制力保证其实施的行为规则总和就是法律”。〔47〕吴大英提出的社会主义法律定义为“是由国家最高代表机关或共和国的代表机关和其他有立法权的最高国家机关在特殊的程序下所制定的规范性文件……是工人阶级和一切劳动人民意志的最高表现，它调整最重要的社会关系”，“它帮助破坏旧的社会关系，消灭剥削制度……帮助建立新的、社会主义的社会关系……”〔48〕可以说，当时我国对于“法”及“社会主义法律”的定义显然搬用了维辛斯基的法的一般定义。这种现象从20世纪50年代开始一直延续了30余年，在20世纪80年代中国法学教材中依然在较大程度上突出了法是“统治阶级意志的反映”。〔49〕

2. 法律工具论的思维

苏联法学界一直将法的功能定位为统治阶级进行阶级统治的工具，强调了法的工具性，这种法的工具论在我国法学理论界颇有影响。

此后中国的法学教科书及法学论文中无不渗透着这种观念。当时普遍认为：“资产阶级法律是资产阶级用以压迫工人阶级和全体劳动人民的工

〔46〕夏锦文：《当代中国法律革命的动力》，载《法学评论》2001年第2期。

〔47〕王勇飞编：《法学基础理论参考资料》（第1册），北京大学出版社1981年版，第535页。

〔48〕参见吴大英：《社会主义法的概念和特征》，载中国社会科学院科研局编：《吴大英集》，中国社会科学出版社2002年版。

〔49〕参见杨心宇、李凯：《略论苏联法对我国法学的影响》，载《复旦学报（社会科学版）》2002年第4期。

具，社会主义法律则是无产阶级专政的工具。"〔50〕 这种工具显然是为政治服务的，因此与政治、政策间的关系是异常紧密的："反映统治阶级意志的法律，必然要具有政治的内容……如果法律离开了政治，那就不成为法律，不成为统治阶级的统治和斗争工具了。所以法律就是政治，它是政治的手段，是国家政策的具体化、条文化。" 所以，"苏维埃法律是维护劳动人民的利益，镇压剥削阶级反抗、组织社会主义经济、教育劳动人民的强大工具"。〔51〕 这种观点一直持续到了 20 世纪 80 年代。

3. 司法制度运行

在制度运行层面，苏联法对中国法在司法层面的影响也存在了很长一段时间。根据日本学者铃木贤的研究，中国在移植苏联法之后，苏联法的因素依然存留在中国法中，例如：其一，对英美法系的判例法法律渊源予以否定，通过红头文件进行的支配，法令间的等级构造较混乱，上位规范不能制约下位规范；其二，在法院的审判以外，准备了诸如人民调解、仲裁委员会、行政复议、信访制度等各种纠纷处理机关，法院所管理的事件范围受到了限定；其三，采用了人民法院独立审判的原则，但是其独立程度较低。例如，在人事或是财政权上，法院受到地方机关的强力制约，从而表现出了地方保护主义的弊病。对于审判的判断基准，最高人民法院的司法解释比抽象的并存在很多空白的法律起到更大的作用，这与旧苏联的最高法院的"指导性说明"非常类似。法院和检察院、公安机关、司法行政机关同时服从于党的政法委员会的指导，有时为了实现党或是政府的政策，这些机关的相互协作被有所期待，例如在特定时期中被要求从重从快。司法审判开始由职权主义倾向于当事人主义，但是在《民事诉讼法》或是《刑事诉讼法》并未进行全面修改的情况下，法院制度仍然存在有职权主义，例如在民事诉讼中对当事人的自由处分权有所限制。〔52〕

相比较而言，从苏联解体之后的 20 多年，中俄两国司法领域均发生了很大变化。苏联解体之后的俄罗斯的发展走向了一条不同的道路，严格地说，从 20 世纪七八十年代起，苏联就开始反思 20 世纪 50 年代以前的法律

〔50〕 参见吴大英：《社会主义法的概念和特征》，载中国社会科学院科研局编：《吴大英集》，中国社会科学出版社 2002 年版。

〔51〕 王勇飞编：《法学基础理论参考资料》（第 1 册），北京大学出版社 1981 年版，第 535 页。

〔52〕 参见［日］铃木贤：《原苏联法制与法学对当前中国法之影响》，载《法学研究》编辑部、黑龙江大学法学院编：《俄罗斯法论丛》（1），中国社会科学出版社 2006 年版。

理论，俄罗斯在 20 世纪 90 年代国家转型和司法改革过程中，则彻底抛弃苏联模式。

三、对苏联司法的评价及移植苏联司法的思考

中国司法的苏联法因素直至今日依然留有些许痕迹。在苏联解体之后，中国法学界面临任务之一就是如何看待苏联司法及移植苏联司法的问题。在这个问题上，不仅需要结合中国法制建设的特色和国情，更需要对苏联司法本身进行评价和反思。

（一）对苏联司法的评价与反思

随着苏联解体和各加盟共和国的独立，苏维埃制度和苏联社会主义法系也随之宣告寿终正寝，与此同时，一个新俄罗斯呈现在世人面前。这个国家在实行了近 70 年的社会主义之后，又将目光转向“西方”，继续彼得大帝时期开启“西化”进程，旧梦重温，重新“回归”欧洲法律传统。在司法领域，苏联最高国家权力机关终止了活动，苏联司法机关的人员发生变动，苏联最高法院成员、苏联最高仲裁法院法官、苏联检察院领导成员和这些机关的工作人员均辞去了自己的职务。

新一轮的司法改革随着国家政治体制转型而开启，在司法改革过程中，俄罗斯开始对苏维埃司法进行评价和批判，犹如苏维埃国家建立之初对沙俄时期司法进行否定和批判一样。可以说，这不仅是对司法制度本身的批判，其实质是新政权对旧政权的否定——“祖国回归世界文明要求，伴随政治和经济改革开展法制改革。国家停止作为极权制度的暴力工具，为最终完成自我否定的勇敢行为而进行民主化，由政治国家转变为法治国家”。[53]

苏维埃国家的终结决定了其司法的命运，但是对其应当给予合理的评价。对于苏维埃国家本身而言，苏维埃政权下的司法制度在政权初期为新型法制和司法制度的创建，以及整个国家构建社会主义法制体系做出了重要贡献，并在后期发展过程中寻找和维持着符合苏维埃政权自身逻辑的“内在秩序”。在苏联建立之后，在司法层面加强了各个共和国之间的交流和统一，可以说能够在最大限度内维持如此庞大的国家的法制统一也并非易事。此外，苏联司法对当时某些国家造成了较强的影响，最初就是苏联

---

〔53〕 於海梅：《俄罗斯苏维埃联邦社会主义共和国司法改革构想》(上)，载《金陵法律评论》2015 年第 1 期。

国家中的加盟共和国和自治共和国的司法制度趋向一致并逐渐统一，此后还包括蒙古。二战之后，社会主义阵营国家之间法律和经济之间的交流加强，包括司法制度在内的苏联法制成为学习和移植的对象。对于中国而言，这点尤为明显。因此，不可否认，苏维埃国家司法制度的移植很大程度上对当时新中国建立司法体制、填补制度空白起到了重要作用。

苏维埃司法虽然已经成为历史，但是对它的反思则一直持续。从 20 世纪 30 年代起，以维辛斯基为代表的官方法学家确立了苏维埃国家的社会主义法的属性，将法的阶级性、国家性和强制性作为法的本质特征。虽然在此后经历过几次法制改革，并且对维辛斯基的这种理论进行过批评，但是直到苏联解体之时也没有从本质上彻底改变。与此相关，随着革命政权确立及此后社会主义法制建立而形成的苏维埃司法制度从一开始就具有革命性和极强的政治性，并在法律实施过程中不断强化，尤其是在非常时期司法制度被作为政治工具而使用更是加强了其政治功能。在这种情况下，苏维埃司法也呈现出了“令人费解”的形态，对此可能还需要对当时的历史做出更多的探讨。

现代俄罗斯国家的法制与司法已经打破了苏联法制的框架，随着俄罗斯国家转型期司法改革的不断进行，已经逐渐脱离了苏维埃国家时期的司法模式，无论是在理念上还是制度上都发生了根本性变化。但是从另一个方面来看，苏联司法作为俄罗斯司法发展和转型的基础，必然带有不可磨灭的影响，俄罗斯司法血液中也始终会流淌着苏联司法的基因，而且在短时间内无法消除，因此俄罗斯需要在进行法制转型和法治建设过程中客观对待苏联及其遗留下的法制问题，并在制度及其理念的选择和抛弃之间寻找出一个标准，这才可以使俄罗斯在现代法治国家建设的道路上不断前行。

（二）对中国移植苏联司法的思考

从中国视角来看，如何看待移苏联司法及其影响问题十分重要。经过了 20 世纪 50 年代中苏友好期的法律移植活动，到 20 世纪 60 年代两国友好关系开始出现裂痕，由于两国在意识形态、政治需求、制度运行机制，以及传统文化等方面有着极大的相似性，因此苏联司法对我国的法制建设的影响并未因外交关系的交恶而发生变化，中国移植苏联司法所建构的司法体制以及具体机制依然在运行，同时其负面影响也从未完全消除：过度强调法律作为无产阶级专政工具的理论，政法合一的司法模式，倚重政策、忽视法律的观念等，束缚了新中国法制建设的独立视野和本土转化的能力。[54]

我们看待苏联司法对中国司法的影响只是讨论苏联法影响中国的一个切入点，因此这个问题应上升到从法治大视角下去考量。从时间上看，苏联法对中国法的影响从 20 世纪的 20 年代开始，在 20 世纪 60 年代以后，苏联法在形式上就不再对中国法发生直接影响，至 20 世纪 80 年代中期后逐渐消失，大约 100 年的时间，其中规模最大、影响最深入和最全面的时期是 20 世纪 50 年代。从历史客观出发，苏联法影响中国法是一个不争的事实，但同时苏联法对中国法制建设的影响作为历史已经过去。我们关于苏联法对中国法影响的态度决定了今后中国法治发展的发现，“如果承认苏联法主导方向上是正确的，那么在我们移植现代大陆法或英美法时，就只需借鉴其相应的技术性规则，而无需考虑其精神内涵和内在价值。这是一个原则性问题。如果承认苏联法的方向是错的，那就应该拨乱反正，对错误的东西，阻碍中国现代法制发展的消极因素进行批判，以期彻底肃清其消极的影响，从而轻装上阵，大张旗鼓地引进西方法学和法律制度，以建设中国的现代法治”。[55]

客观地说，中国现阶段无论是法律理论还是立法实践，苏联法仍存有影响。就中国现阶段而言，重要的问题并非是苏联法如何影响了中国法的问题，而是如何对待这种影响问题。随着近年来中国特色社会主义法治国家的建设，诸多法学观念和制度都已经结合中国国情本土化，并且取得了诸多的成就，但是如果不对苏联法中的流弊进行彻底批判和否定，中国法学理论和法治建设就不会有实质性的突破，这不利于法学的健康发展。

结　语

从中苏司法比较研究的历史来看，20 世纪 50 年代中国比较司法主要处在学习、研究和移植苏联司法的过程中，随着改革开放，中国比较司法研究出现了新的一轮发展和变化，并且在这个过程中反思此前单一移植苏联司法的做法，并开始将眼光投向西方国家，司法领域多元化的比较研究不仅使比较法学有了新的发展，也使得中国司法体制的不断完善和健全，中

---

〔54〕 冯广林、刘振宇：《新中国成立初期司法变革的回溯与反思》，载《中央民族大学学报（哲学社会科学版）》2012 年第 3 期。

〔55〕 王志华：《苏联法影响中国法的几点思考》，载《华东政法大学学报》2008 年第 1 期。

俄之间的司法比较也因此成为众多国家和地区法制比较研究中的一种方式，从 20 世纪 90 年代到今天也都在不断进行着。

今天我们所面临的形势与 20 世纪 50 年代移植苏联司法、20 世纪 70 年代末 80 年代初改革开放相比已经又发生了很大变化。随着经济全球化的到来，各国法律慢慢相互渗透，国家间的相互依存度逐渐加大，比较法的重要性也日益凸显，甚至成为“人类法律文明的晴雨表”。〔56〕由此，法律全球化已经成为这个时代法制发展的一个重要特征，加之国际交流合作的加深，尤其是“一带一路”倡议的提出之后，需要了解更多国家的法律制度和司法运行模式，这些都为中国比较司法研究的发展提供了更好的历史机遇，也为比较法研究提出了新的课题和挑战。对于中国和俄罗斯而言，它们均被纳入法律全球化的进程，并且由于中俄司法之间不可割裂的历史渊源，对于俄罗斯司法、法律制度、法治的研究依然十分需要重视，中俄法制与司法的比较研究也应当随着整个比较法学及其研究的发展而不断推进。

〔56〕 米健：《比较法学与近现代中国法制之命运》，载《现代法学》2005 年第 2 期。

英美侵权法行为“自身可诉”侵权制度及其合理借鉴
——以我国《侵权责任法》的完善为中心

胡雪梅*

一、英美法行为自身可诉侵权制度的特点

英美法行为自身可诉侵权系指原告或者说受害人只需要向法院证明被告实施了相关侵权行为，而无需进一步具体证明自己因被告的行为所遭受的损害，即可要求被告承担侵权责任的侵权行为类型。〔1〕由此可以看出，行为自身可诉侵权的最大特点在于：在诉讼中，原告无需证明被告行为所造成的损害。在这类案件中，原告损害或者是由法官直接根据被告行为推定存在，或者是由法官根据“合理人”标准自由裁量确定其是否存在。对前者可概括为由被告行为直接推定损害存在的类型，对后者可概括为由法官自由裁量确定损害是否存在的类型。

在英美侵权法的诸侵权行为类型中，暴力威胁、暴力侵犯、错误拘禁、侵犯土地、侵犯动产以及损害名誉〔2〕六种侵权类型属行为自身可诉侵权。在该六种侵权类型中，暴力侵犯、错误拘禁、侵犯土地、侵犯动产侵权属

---

* 胡雪梅，华东师范大学法学院教授、博士生导师。

〔1〕 *Cf.* John Murphy, *Street on Torts*, Oxford: Oxford University Press, 2005, p. 36.

〔2〕 但损害名誉侵权中的口头诽谤（Slander）的情况除外（*Cf.* Vivienne Harpwood, *Principles of Tort Law*, London: Cavendish Publishing Limited, 2000, p. 368).

于由被告行为直接推定损害存在的类型，而暴力威胁与损害名誉侵权则属于由法官根据“合理人标准”自由裁量认定损害是否存在的类型。为更清晰直观地说明行为自身可诉侵权的特点，以下分类对上述六种自身可诉侵权，从原告在诉讼中的证明责任或义务，以及法院是如何认定损害的角度分别予以介绍说明。[3]

（一）根据被告行为直接推定损害存在的自身可诉侵权

如上所说，在英美侵权法中，属于法院根据被告行为直接推定损害存在的自身可诉侵权包括暴力侵犯、错误拘禁、侵犯土地和侵犯动产四种类型，以下对该四类侵权诉讼的原告的具体证明责任或义务，以及法院是如何确认损害的予以分别说明。

1. 关于暴力侵犯侵权

暴力侵犯（battery）系指被告对原告实施了直接的暴力。在诉讼中，原告只需证明被告对其实施了直接的暴力即可。该暴力的范围是十分广泛的，大到殴打原告，捆绑原告，小到出其不意吻一下原告，或将原告座椅拉开致使其跌坐地上等均是。简言之，任何未经许可直接触及原告身体及其延伸物的行为都可构成“暴力”。可以看出，在暴力侵犯诉讼中，原告无需证明被告行为造成了其身体上的损害。实际上，在有的场合，甚至很难认定被告行为造成了原告实际损害，如医生未经病人同意，为挽救其生命而为其实施了截肢手术。从一般正常人角度看，这种情况实际很难说医生的行为造成了原告的损害，但医生的行为仍然会构成暴力侵犯。当然，在现实生活中，如果被告实施的暴力行为较为严重，如殴打、刺杀了原告，造成了其伤残或死亡，则原告自然可以向法院举证，如住院证明，医疗费用、伤残证明等，以获得更多的或曰更充分的赔偿。但这并不能改变暴力侵犯属行为自身可诉侵权的属性，即原告无需对损害承担举证责任或义务。法官会根据被告的行为直接推定损害存在。

2. 关于错误拘禁侵权

错误拘禁侵权（false imprisonment）系指无合法根据和理由而剥夺了他人行动自由。在诉讼中，原告只需证明被告剥夺了其行动自由即可，至于

[3] 上述六种侵权类型均有相应的且不尽相同的免责事由，但限于篇幅，本文对此无法详尽介绍，有兴趣者可参见胡雪梅：《英国侵权法》，中国政法大学出版社 2008 年版，第 17~21、36~38、52~53、279~300 页，以及其他作者关于英美侵权法的相关论著。

被告行为有无合法根据则属于被告要证明的免责事由问题。简言之，如果原告证明被告剥夺了其行动自由，[4] 而被告不能证明其剥夺原告自由有合理的理由（如原告同意、系合法执行职务等），则必须承担错误拘禁之侵权责任。可以看出，原告在诉讼中无需进一步证明被告的拘禁行为对其所造成的损害。实际上，即使被拘禁者当时根本不知道自己被拘禁也仍会成立侵权责任。因为，法官认为："不管被拘禁者是否知情，拘禁就是拘禁。因此，被拘禁者无论是睡着了、喝醉了、失去了知觉还是神志错乱了都可以成立错误拘禁。"[5] 同样，"绑架一个根本不知世情的婴儿或者已经老年性痴呆的百万富翁都会构成错误拘禁。"[6] 法院甚至认为：对一个患了自闭症而根本不打算到处活动的患者也同样可以构成错误拘禁。[7] 总之，错误拘禁侵权的受害人在诉讼中无需就其损害予以举证，而只需证明被告实施了拘禁行为即可，法官将根据拘禁行为本身直接推定损害存在。

3. 关于侵犯土地和侵犯动产侵权

侵犯土地（trespass to land）侵权系指无正当根据而侵入他人土地的行为，侵犯动产（trespass to goods）则是指无正当根据而接触和毁损他人动产之行为。在侵犯动产和侵犯土地的诉讼中，原告只需证明被告侵入了其土地或接触、损毁了其动产即可，而无义务进一步证明被告行为所造成的某种具体或实际的损害。如被告将垃圾倒进原告闲置的荒地里；被告在原告的展览馆不顾原告禁止触摸的告示而抚摸某陶瓷展品等，即使没有造成任何具体的损害，或者原告无法举证证明具体的损害都不妨碍被告侵权责任的成立。可见，在英美侵权法中，侵犯土地和侵犯动产侵权是由法官根据被告的行为本身直接推定损害存在的。

（二）法官自由裁量确定损害是否存在的行为自身可诉侵权

在英美侵权法中，暴力威胁和损害名誉侵权属于原告无需证明其遭受的具体损害，而由法官根据被告行为，从合理人的标准出发，自由裁定原

---

〔4〕 拘禁时间的长短不影响错误拘禁侵权之构成，但会影响法院确定赔偿数额（*Cf.* Michael A. Jones, *Textbook on Torts*, Oxford: Oxford University Press, 2002, p. 524）.

〔5〕 See Meering v. Grahame-White Aviation Co., Ltd. (1920) 122 LT 44, at 53-54.

〔6〕 Michael A. Jones, *Textbook on Torts*, Oxford: Oxford University Press, 2002, p. 523.

〔7〕 *Cf.* W. V. H. Rogers, *Winfield & Jolowicz on Tort*, London: Sweet & Maxwell, 1998, p. 71. 由此自然可以进一步推理得出如下结论：对无行动自由的瘫痪者甚至植物人都可能构成错误拘禁，尽管被拘禁者本人已经失去了行动自由的能力。

告损害是否存在的侵权责任类型，以下对该两类侵权诉讼的原告的具体证明责任或义务，以及法院是如何认定损害的予以分别说明。

1. 关于暴力威胁侵权

在英美侵权法中，暴力威胁（assault）侵权是指被告对原告表示即将对其实施暴力侵犯或打击，使得原告处于合理的恐惧和担忧之中。[8] 在诉讼中，要追究被告的暴力威胁侵权，原告要证明如下两点：其一，被告对其实施了暴力威胁行为，如被告对其愤怒地挥舞拳头；举起一把菜刀甚至手枪对其咆哮等均是；其二，被告威胁实施的暴力是即将发生的，以致原告对即将遭受暴力侵犯的后果产生了合理的恐惧和担忧。而如何认定原告对被告的行为产生了合理的恐惧和担忧则由法官根据合理人标准自由裁量确定。具体言之，如法官认为，根据被告的行为，一个正常一般人处在原告的位置，对被告威胁实施暴力的行为会感到恐惧和担忧即可。如英国的史蒂文斯诉麦尔斯（Stephens v. Myers[9]）一案中，原告史蒂文斯与被告麦尔斯共同在一个教堂参加教区会议，两人坐在同一条长凳上，但中间相隔了六七个人。由于被告越来越聒噪吵闹，原告和其他人一起提出要求被告退席。被告于是走到原告面前愤怒地对着原告叫嚷并挥舞拳头，但马上被坐在原告边上的教堂执事制止。原告随后以暴力威胁起诉被告胜诉，因为法官认为本案原告对被告的行为所产生的恐惧和担忧是合理的。但如果被告是站在铁道边上对坐在快速飞奔的列车中的原告愤怒地挥舞拳头，则法官不可能判决原告胜诉，也即法官认定在此情况下，原告不应该产生恐惧和担忧。换言之，在此情况下，即使原告确实产生了某种程度的恐惧和担忧，法官也会认定这种恐惧和担忧是不合理的，因为“合理人”也即社会一般正常人在此情况下是不会产生恐惧和担忧的。[10]

2. 关于损害名誉侵权

损害名誉（defamation）侵权是英美侵权法上的传统侵权类型，系指以公开诽谤的方式毁损或贬低他人名誉。在损害名誉侵权的诉讼中，原告只需证明如下三点：其一，被告实施了诽谤行为，即作出了可能损及原告名

---

〔8〕 *Cf.* Michael A. Jones, *Textbook on Torts*, Oxford: Oxford University Press, 2002, p. 509.

〔9〕 (1830) 4 C & P 349.

〔10〕 正是由于法官是根据一个一般正常人处在原告的位置感觉恐惧和担忧是否是正常合理的而直接认定暴力威胁的损害事实的，所以，如果原告是一位武艺高强或特别沉着镇静的人，对被告的威胁实际上并不担忧也不会妨害法官认定暴力威胁侵权责任的成立。

声的不实言行，如公开宣布原告极其好色，生活霉烂腐败等；其二，被告所实施的行为涉及原告，如指名道姓诽谤原告，或者尽管未指名道姓诽谤原告，但可以辨别出其所指系原告，如未经许可将某明星照片用于香烟广告上，尽管未署名，该明星也可提起损害名誉侵权之诉；其三，诽谤内容是公开的。如被告写了一封诽谤原告的信直接寄给了原告本人，而原告自己将该信公开则被告无需承担损害名誉的责任。可以看出，在诉讼中，原告并无义务向法院证明其实际损害，即由于被告的行为，公众对原告的评价确实有所降低。也就是说，原告只要向法院证明了被告实施了可能损及其名誉的行为、该行为涉及原告、该行为是公开的即完成了证明责任。至于被告行为是否确实降低了公众对原告的评价，即损害后果是否确实存在则是由法院根据“合理人”标准予以自由裁量认定的。如法院认为，一个一般社会正常人知悉被告的陈述后是会降低对原告的评价的，即可认定名誉损害事实的存在，反之则否。

从上述对原告在各类自身可诉侵权诉讼中的具体证明责任的阐述和介绍中不难看出：行为自身可诉侵权之原告无义务证明被告行为所造成的损害。当然，这并不是说在这些侵权案件中，不存在对原告的损害，而是说原告在诉讼中无需承担举证证明损害存在的责任或义务，该损害系由法官根据被告行为本身直接推定，或根据合理人标准自由裁量认定是否存在。这显然减轻了原告的举证责任，有利于其诉讼。但这并不等于说原告在行为自身可诉侵权中不能举证证明其所遭受的实际损害，如原告被被告用刀砍伤，住院三个月，且留有严重残疾，这些均可向法院举证，以便获得更多的或相应的赔偿。又如，因为被告的暴力威胁，原告当即因惊吓而昏迷甚至流产等，都是很好的遭受严重损害的证明。再如，由于被告的拘禁而导致误工或其他疾病等，也可向法院举证，以便获得相应的赔偿。故此，英美侵权法行为自身可诉侵权的特点可进一步概括为：原告无义务对所遭受的损害予以举证，但却有权利对其实际损害或具体损害予以证明。简言之，在行为自身可诉侵权诉讼中，证明损害事实是原告的权利而非义务。正因为此，在行为自身可诉侵权诉讼中，法官对被告所应承担的损害赔偿数额的确定享有很大的自由裁量权。一般而言，法官会综合考虑被告行为的严重程度、主观恶性、经济状况、受害人的年龄、健康情况，以及原告所提交的具体损害的证据[11]等全部案件情况后斟酌确定相应数额。[12] 如果从客观情况看原告确实没有遭受到实际的损害时，如原告在睡梦中被被告锁在房间一段时间，则法官往往会适用名义赔偿（nominal damages）制度，即象征性地判决被告承担一笔很小的赔偿数额，如一镑或一美元。其主旨在于宣示被告的行为构成了侵权，应受谴责、惩戒和禁止。[13]

二、行为自身可诉侵权制度的价值理念

如前所述，在英美侵权法行为自身可诉侵权诉讼中，一般侵权责任诉讼中需要原告承担的证明损害存在的义务原告无需承担，而是或者由法官根据被告行为存在的本身直接推定，或者由法官根据合理人标准自由裁量认定。显然，这是一种十分有利于受害人或原告的制度设计和安排。英美侵权法为什么会对一些侵权类型作出这样十分有利于受害人或原告的制度设计，也即行为自身可诉侵权的制度的价值理念或基础是什么？或者，更通俗简单地说，该制度设计的功能或社会作用如何？这一问题值得进一步探究，以便能做到不仅能知其然也能知其所以然，增加对合理借鉴其有益经验的认识。而对此，通过深入观察至少可以得出如下三点结论：

（一）行为自身可诉侵权之制度设计是有效保护极端重要的民事权利的需要

这一点主要体现于暴力侵犯、暴力威胁、错误拘禁侵权类型中。因为这些侵权责任旨在保护自然人的人身安全、生命健康、身体完整以及人身自由等权利。不言而喻，这些权利显然是自然人最为重要的权利。将这些侵权类型设计为自身可诉侵权，充分体现了立法对自然人生命安全、健康、身体完整和人身自由权的高度关切和重视，起到了充分救济受害人，震慑潜在加害行为的作用，达到了有效保护这些极端重要的民事权利的法律

---

〔11〕 如前文所述，此系原告的权利而非其义务。

〔12〕 如在英国的怀特诉布朗（White v. W. P. Brown [1983] CLY 972）一案中，原告怀特是一位老太太，在被告商店购物时被保安怀疑偷了商店的生日卡。因此，被关押在该商店的一个小房间内达15分钟，其手提包也被商店保安拿走搜查。最后警察赶来将老太太带到警察局询问，调查的结论是老太太并没有偷商店的东西。老太太遂起诉被告要求赔偿。法官根据案情裁决被告因错误拘禁赔偿老太太520镑，因侵害老太太的手提包即侵犯动产而赔偿其775镑。

〔13〕 当然，在此情况下，原告为诉讼或维权所支出的费用是被告所必须承担的，这是作为胜诉者的原告理应享有的权利。而在法院判决名义赔偿的情况下，这笔钱往往会远远高于被告对侵权行为本身所承担的赔偿数额。这对鼓励人们勇敢的依法维权，从而惩戒和震慑潜在的侵权行为自然是十分有效的。另外需要说明的是：除损害赔偿外，针对正在或可能发生的侵权行为英美法院会采用禁止令（Injunction）的救济方式。

效果。

（二）行为自身可诉侵权之制度设计可以有效克服那些损害在客观上确实难以举证的侵权责任的诉讼障碍

这一点最典型地体现于损害名誉侵权类型中。我们知道，损害名誉侵权责任保护的是自然人的名声、声誉，作为天然的社会性动物的人类，该权益显然也是十分重要的，各国立法均无例外地对此予以保护。然而，在现实生活中，损害名誉侵权的损害后果具体体现为公众对受害人社会评价的降低。由于社会评价本身是一个存在于观念和思想意识中的东西，而公众的范围往往又是不特定的。故此，要求原告对此提出确切证据加以证明实际上是十分困难的，有时甚至根本就是不可能的。因此，将该侵权类型设计为自身可诉侵权，就意味着原告无需对公众是否确实降低了对受害人的社会评价予以举证，而是由法官根据被告行为本身的情况，依合理人知悉被告陈述是否会降低对原告之社会评价之标准予以自由裁量，这就有效地克服了原告在举证问题上的困难，从而能较为有效地保护受害人的名誉权。

在暴力威胁侵权中，这一点也得到体现。因为，在行为人对受害人实施暴力威胁的情况下，受害人往往只是遭遇了不同程度的精神上的恐惧和担忧，大部分情况下并未造成明显的身体健康方面的症状。[14] 在该情况下，受害人之损害主要体现为一种恐惧和担忧的精神状态，如法律要求受害人具体举证证明该损害状态的存在，除非受害人因暴力威胁发生了晕厥、心脏病发作、流产等极端情形，否则在大部分情况下实际是无法做到的。故将该类侵权设计为行为自身可诉侵权可以有效克服受害人在举证上的困难，从而有效保护其人身安全。

（三）行为自身可诉侵权制度可以在一定程度上使得侵权法和其他部门法对同一行为的处理更趋于一致或差异性缩小

这一点最典型体现于侵犯土地侵权和侵犯动产侵权类型中。因为，侵犯土地与侵犯动产系属对绝对性财产权的侵害，其保护很多时候会涉及财产法或曰物权法、合同法等其他法律部门，如侵入他人土地，即使尚未造成实际损害，财产法或物权法也要求被告承担停止侵害、排除妨害、恢复

〔14〕 根据英美侵权法，如行为人先实施暴力威胁，继而实施暴力侵犯，则分别构成暴力威胁和暴力侵犯两种侵权。

原状的义务，将该类侵权设计为自身可诉侵权，就使得侵权法与物权法对同一行为的处理更趋于一致。因为，在被告承担上述财产法或物权法上责任时，原告是无需证明被告行为造成了其何种具体或实际损害的。又如某人买票进入他人展馆参观，但却不顾展览人的明示禁令而抚摸其展品，这实际上也构成了违约责任，将该类侵权设计为自身可诉侵权则可以在很大程度上使得侵权法保护与合同法保护的差异性缩小。因为，如果原告选择合同法保护，则只需证明被告存在违约行为，被告即要承担违约责任，而无需原告进一步证明被告行为造成了其何种实际或具体损失。当然，在其他保护人身权的侵权类型上，这一点也是有所体现的。如医生未经患者同意而为其实施截肢手术，即使是为了拯救其生命也会构成暴力侵犯侵权。而一般情况下，医生未经患者同意的治疗行为也会构成违约责任。故将暴力侵犯设计为自身可诉侵权，可以缩小侵权法与合同法对同一行为在处理上的差异性，因追究违约责任并不需要原告证明被告行为造成了其何种实际或具体损害，只需证明被告实施了违约行为即可。

总之，可以看出，行为自身可诉侵权之制度设计，可以在一定程度上使得侵权法和其他部门法对同一行为在处理上的差异性缩小，这也使得法律从整体社会效果而言更具合理性。

三、我国立法对英美法行为自诉可诉侵权制度的合理借鉴

（一）我国立法合理借鉴英美法行为自身可诉侵权制度既是必要的也是可行的

长期以来，我国法律界一直肯定和强调在侵权损害赔偿诉讼中，一直肯定和强调证明损害事实的存在是受害人或原告的法定义务或责任。因为，从理论角度而言，我们知道，我国与其他许多大陆法系国家一样，关于一般侵权责任的构成要件的理论有四要件说与三要件说，前者是认为一般侵权责任的构成要件包括：损害事实、违法行为、因果关系、过错四要件；后者则认为过错应当吸收违法性，一般侵权责任的构成要件应该是：损害事实、过错、因果关系。而无论是三要件论者还是四要件论者均认为在一般情况下，上述要件均应由受害人或原告举证证明，但特殊情况下，过错乃至因果关系要件可实行举证责任倒置，但鲜见有人对损害事实的证明提出类似的主张。从立法角度而言，从1986年颁布的《中华人民共和国民法通则》（以下简称《民法通则》）到2009年12月颁布的《中华人民共和国侵权责任法》（以下简称《侵权责任法》），以及最高人民法院颁布的相关司

法解释等，均不乏关于过错乃至因果关系举证责任倒置的规定，[15] 但却没有任何规定排除受害人对损害事实的证明责任或规定对此实行举证责任倒置或推定。

“他山之石，可以攻玉”。尽管我国侵权法无论在法律模式还是规范结构上与英美法系国家的法律传统存在很大差别，我国的政治、经济、社会文化、道德价值观等的历史和现实情况与英美等国也有很大差别，但无论如何，同属人类社会大家族的各个组成成员之间，在一些基本的或核心的价值理念上是不可避免地会存在不少共性和相同之处的，如立法应该对自然人最重要的民事权益如生命健康权、自由权等予以特别严格的保护；对客观上难以举证证明损害存在的侵权类型宜做特殊的制度设计等以合理保护受害人权益等均如此。这就决定了英美侵权法上的行为自身可诉侵权制度对我国的立法应存在启发与借鉴的价值和余地。

进而言之，我国立法合理借鉴英美法行为自身可诉侵权制度，不仅是必要的也是完全可行的。理由在于：其一，从立法方面看，尽管我国立法并没有明确规定行为自身可诉侵权制度，但可以说其相关规定中隐含了英美侵权法上的行为自身可诉侵权制度的萌芽，如我国《民法通则》第 134 条规定了承担民事责任的十种方式，其中前三种方式为：停止侵害、排除妨碍、消除危险。虽然《民法通则》并没有进一步规定在何种情况下适用该三种责任方式，但在司法实践中，只要侵权人正在实施已经危及或有可能危及他人人身和财产权益的行为，受害人即可要求法院责令行为人承担上述责任，而无需证明自己已经遭受了实际的人身或财产损害。换言之，只要有受损之虞，受害人便可请求法院提供相应保护。我国《侵权责任法》第 21 条不仅继承了《民法通则》的上述规定，而且进一步明确了上述三种侵权责任的适用条件，该条的具体内容是：“侵权行为危及他人人身、财产安全的，被侵权人可以请求侵权人承担停止侵害、排除妨碍、消除危险等侵权责任。”据此可知，在侵权人行为危及他人人身、财产安全的情况下，受害人只需向法院证明行为人实施了或正在实施相关行为即可要求法院责令行为人承担上述责任，在此情况下，并不要求受害人证明其遭受了具体或实际损害。其二，从理论角度而言，尽管我国理论界长期以来一直肯定

〔15〕 参见《民法通则》第 126 条、最高人民法院《关于民事诉讼证据的若干规定》第 4 条、《侵权责任法》第 66 条等。

和强调在侵权损害赔偿诉讼中，证明损害事实的存在是受害人或原告的法定义务或责任，但令人欣慰的是，近年来，我国已有学者注意到这一绝对化的做法并不妥当，如梁慧星教授主持制定的《中国民法典草案建议稿》第1546条规定：受害人对损害的范围、程度负有举证责任，但法律规定无须举证的除外。[16] 可以说，上述立法规定与学者建议为我国立法合理借鉴英美法行为自身可诉侵权制度奠定了可行性基础。

当然，从我国上述立法规定来看，尽管隐含了英美侵权法行为自身可诉制度的萌芽，但并不是基于对该制度的一种自觉认识或有意识借鉴的反映，因我国立法既没有任何关于行为自身可诉侵权的明确规定，也没有对任何种类的侵权赔偿诉讼排除受害人对损害事实的证明责任。而上述学者主持制定的民法典草案建议稿尽管注意到了现实生活中应该存在无需受害人举证证明损害的情形，但并没有进一步规定或指出哪些具体侵权行为的损害事实无需受害人举证证明。因此，深入研究英美侵权法上的行为自身可诉侵权制度，在此基础上，提出既符合我国现实国情，又能有机融入我国既有制度框架内的合理借鉴的具体意见和建议，无论对我国《侵权法责任法》本身乃至对我国未来民法典的完善，还是对我国最高人民法院在不久的将来制定指导侵权责任法实施的相关意见，以及当下人民法院的相关司法实践，均不无积极意义。

（二）合理借鉴英美法行为自身可诉侵权制度以完善我国《侵权责任法》的具体意见和建议

根据我国现实国情，并考虑到我国既有的制度框架与英美侵权法的差异，结合上述对英美侵权法行为自身可诉侵权制度的分析，笔者提出如下立法意见和建议，希望能有助于我国《侵权责任法》的完善和实施：

1. 建议明确规定在特殊情况下受害人无需证明损害事实的一般条款

我国现行《侵权责任法》以及《民法通则》和其他相关司法解释均未明确规定损害事实存在的举证责任问题，但从理论界和司法实践长期以来的一贯主张和做法来看，除《侵权责任法》第21条规定可请求法院责令侵权人承担停止侵权、排除妨碍、消除危险的情形，在其他侵权诉讼中，均是采取由受害人举证证明存在损害事实的主张和做法的，这实际已成为含

---

〔16〕 中国民法典立法研究课题组（课题组负责人梁慧星）：《中国民法典草案建议稿》，法律出版社2003年版，第306页。

我国在内的许多大陆法系国家不言而喻的立场和做法。但这样的立场和做法并不能很好地保护受害人的合法权益，如在损害客观上无法举证证明的情况下，这样的规定不但无法有效保护受害人合法权益，也不可避免地导致了司法实践中的混乱。故此，建议我国立法在将来修改《侵权责任法》或将其纳入未来民法典中时，借鉴英美侵权法上的行为自身可诉侵权制度的有益经验，增设关于特定情况下受害人可以无需承担损害事实存在的证明义务的一般条款，如可规定“在侵权诉讼中，受害人或原告有义务证明损害事实的存在，但法律另有规定的除外。”这样的一般条款〔17〕的设置为立法根据具体情况规定和设计行为自身可诉侵权类型预留了法律空间。我国现行《侵权责任法》第 21 条的规定可以看作该除外规定的一种情形，但必须看到，该种情形只适用于停止侵害、排除妨碍、消除危险之诉，〔18〕而不适用于侵权损害赔偿之诉，故我国立法亟须合理借鉴英美侵权法行为自身可诉侵权制度，完善侵权损害赔偿制度的相关规定。

2. 建议明确规定损害名誉侵权诉讼中的名誉损害由法官直接根据合理人标准自由裁量认定，而无需受害人承担举证责任

名誉侵权诉讼中的名誉损害是指社会公众得知被告的不实陈述而降低了对受害人的社会评价。从客观上而言，要原告对此损害予以证明是不可能的，理由有二：其一，公众是否降低了对受害人的社会评价是存在于每个公众内心中的一种意识活动，客观上无法以外在证据予以确凿证明。因为，即使原告采用调查问卷或一一询问的方式了解公众的感知，也会存在有公众出于种种原因不表达真实意愿的情况。其二，如果被告的不实陈述散布范围很广，比如通过全国性媒体乃至互联网散布，则原告根本不可能一一了解征询有可能知悉被告陈述的公众对该陈述的感受。实际上，第二

---

〔17〕严格地说，这样的规定属于损害举证责任的一般规定，而关于无需受害人举证损害的规定属于该一般规定的除外规定，但相对于本文的立法建议而言，该除外规定具有一般条款之意义。简言之，也可理解为该除外规定对其他具体的自身可诉侵权类型的规定而言具有一般条款的意义。

〔18〕我国理论界对这三种责任形式是否属于侵权责任历来存在激烈争论，但从英美法系国家的经验来看，这种争论并无多大实际意义，因英美侵权法对一些传统的侵犯人身和财产权的行为（如暴力威胁、暴力侵犯、错误拘禁、侵犯土地、侵犯动产等）均规定为自身可诉侵权，这就意味着无论将这些责任形式理解为是这些权利本身应有的请求权救济形式还是侵权责任的救济形式，对受害人而言并无实际意义上的不同。从这一角度而言，笔者认为我国理论界的两种主张完全可以并存不悖，而没有必要一定要用一种主张取代另一种主张，更没有必要为此争论得“势不两立”“不可开交”。

种情况下，原告连究竟有哪些人知悉了该不实陈述都无法确凿掌握，更何谈了解和证明其感受——其是否降低了对受害人的社会评价。因此，损害名誉侵权之诉中的名誉损害只能是由法院依据一定的标准和方式予以自由裁量认定，而英美侵权法之所以将该侵权类型设置为行为自身可诉侵权的原因也正在于此。

由于我国法律界长期以来一直坚持侵权损害赔偿之诉的损害事实必须由原告举证证明，故在损害名誉侵权之诉中这一点也不例外。如 1993 年颁布的最高人民法院《关于审理名誉权案件若干问题的解答》第 7 条即明确规定“是否构成侵害名誉权的责任，应当根据受害人确有名誉被损害的事实、行为人行为违法、违法行为与损害后果之间有因果关系、行为人主观上有过错来认定。”在这样的法律理论和立法背景之下，在处理损害名誉侵权的司法实践中，法院在认定受害人是否确实遭受了名誉损害的做法上五花八门，这就不可避免地导致了同样或类似的不实陈述行为在不同的法院，乃至同一法院不同法官处理时会出现迥异的结果，这不仅影响到对受害人合法权益的保护，也影响到了法律的公正和权威。故笔者建议我国立法借鉴英美侵权法的做法，明确规定损害名誉侵权之诉的名誉损害的事实无需由原告举证证明，而直接由法官根据合理人标准予以自由裁量认定，即如果法官认为一个社会一般正常人知悉被告的陈述后是会降低对原告的社会评价的，则认定被告行为构成对原告名誉的损害，反之则否。

3. 建议明确规定我国《侵权责任法》第 22 条的“严重精神损害”由法官直接根据“合理人标准”自由裁量确定，而无需受害人承担举证责任

我国《侵权责任法》第 22 条规定：“侵害他人人身权益，造成他人严重精神损害的，被侵权人可以请求精神损害赔偿。”该条体现了我国立法对人身权保护的高度重视，是非常有意义的。但根据我国长期以来的理论与实践，如果该损害需要受害人举证证明，则必将导致受害人权益难以得到有效保障的局面，因为精神损害不像身体健康和生命权损害那样有客观外在的显示和表征，而与名誉损害一样具有客观上很难证明的属性。故我国立法宜规定在受害人以此条为依据提起损害赔偿诉讼时，只需对被告实施了侵权行为、该侵权行为与其损害具有因果关系等予以举证，而无需承担证明该损害确凿存在的责任。至于受害人是否存在该条所要求的“严重精神损害”则由法官根据被告行为的严重程度、主观恶性、其他损害后果

(如身体致残、死亡)[19] 等依合理人标准予以综合考虑认定，如认为社会一般正常人处在受害人之位置是会遭受严重精神损害的即予认定，反之则否。[20]

从前述对英美侵权法之行为自身可诉侵权的介绍与阐述中可以发现，其与我国《侵权责任法》第22条能找到对应联系的侵权类型包括暴力威胁、暴力侵犯、错误拘禁、损害名誉四类侵权。由于我国并非像英美法系那样是依照侵权行为本身的特征而是以法律所保护的合法权益为特征构建侵权责任体系的，故英美法上述四类侵权对应于我国的侵权类型应该是：侵犯生命权、[21] 侵犯健康权、[22] 侵犯身体权[23]、侵犯自由权[24]、损害名誉侵权五种。对比分析可以发现，在英美侵权法中，这些侵权中的一部分只要被告实施了相关行为即构成，如暴力侵犯侵权与错误拘禁侵权，另一部分则要满足合理人标准。而我国立法则一律规定必须达到造成“严重精神损害”的程度，可见我国立法对这些侵权类型的责任构成要求比英美侵权法的要高。因此，根据我国立法的规定来看，是不可能出现像英美法国家那样的“一元钱”性质的名义赔偿的。

显然，根据我国《侵权责任法》第22条，可以要求赔偿的侵权类型应该不限于上述几类侵权，对其他侵犯人身权的行为也同样适用，[25] 如侵犯他人姓名权，肖像权、配偶权、监护权等。在侵犯这些人身权时，受害人如依据《侵权责任法》第22条起诉，应该也只需就侵权责任的其他事项承担举证责任，如对被告所实施的相关行为，该相关行为与其精神损害之间具有因果关系等予以举证，至于受害人是否确实遭受了“严重精神损害”

---

[19] 如造成生命权、健康权损害的，该事实应作为主要考虑因素。

[20] 当然，为合理限制法官的自由裁量权，最高人民法院可以司法解释的形式对可能产生严重精神损害的案件类型加以规定。

[21] 暴力侵犯侵权可导致该损害类型。

[22] 暴力侵犯侵权可导致该损害类型。

[23] 暴力侵犯侵权可导致该损害类型（因英美法暴力侵犯侵权包括任何未经允许的身体接触行为）。

[24] 暴力威胁与错误拘禁可导致自由权损害（前者可导致所谓的意志自由损害，后者可导致行为自由损害——自由权是自然人极为重要的民事权益，但我国《侵权责任法》第2条在受保护的权益列举中“遗漏”了该权益，这不能不说是十分令人遗憾的——尽管这种遗漏并不意味着自由权不受保护）。

[25] 我国理论界对“精神损害之诉”是否还应包括某些特定情况下的侵犯财产权的情形仍有争议，限于篇幅和本文主旨，本文对此不予展开。

则只能由法官根据合理人标准予以自由裁量认定。当然，如受害人或原告可以出具关于损害事实的证明，则自然有权向法院提出。因为，行为自身可诉侵权的特点即在于原告无义务但却有权利向法院提出有关损害事实的证明。

综上所述，本文认为，从合理借鉴英美侵权法行为自身可诉侵权制度的有益经验出发，并结合我国的现实国情，我国立法宜在未来修改《侵权责任法》或在将其纳入未来民法典时，明确规定特殊情况下，受害人提起侵权之诉可以无需承担损害证明的责任。同时规定，该特殊情况除现行《侵权责任法》第 21 条规定的情形外，还包括损害名誉侵权之诉，以及根据现行《侵权责任法》第 22 条提起的“严重精神损害之诉”。在此之前，如最高人民法院制定关于《侵权责任法》实施的司法解释，建议能对此予以明确。而我国人民法院在相关立法或司法解释出台前，在处理相关案件时，建议能有意识地合理借鉴英美侵权法关于行为自身可诉侵权制度的有益经验，从而更合理有效地保护受害人合法权益，维护社会秩序，促进社会的和谐与稳定。

图书在版编目（CIP）数据

中国比较法学. 改革开放与比较法：2018年卷/高鸿钧主编. —北京：中国政法大学出版社，2019. 10
ISBN 978-7-5620-9202-5

Ⅰ. ①中…　Ⅱ. ①高…　Ⅲ. ①比较法—中国—文集　Ⅳ. ①D920. 0-53

中国版本图书馆CIP数据核字(2019)第190225号

出版者　中国政法大学出版社
地　　址　北京市海淀区西土城路25号
邮寄地址　北京100088信箱8034分箱　邮编100088
网　　址　http://www.cuplpress.com (网络实名：中国政法大学出版社)
电　　话　010-58908289(编辑部) 58908334(邮购部)
承　　印　固安华明印业有限公司
开　　本　720mm×960mm　1/16
印　　张　18.25
字　　数　300千字
版　　次　2019年10月第1版
印　　次　2019年10月第1次印刷
定　　价　59.00元